HERIBERT CHRISTIAN SCHEEBEN · ALBERTUS MAGNUS

Titelbild: Albertus Magnus, von Gerhard Marcks, vor der Kölner Universität

Heribert Christian Scheeben

Albertus Magnus

Alle Rechte vorbehalten
Rheinau Verlag Dr. Helmut Müller
Mucher Straße 4, 5000 Köln 91
Gesamtherstellung: Heiderdruck Bergisch Gladbach
ISBN 3-922475-01-9

VORWORT

Die erste Auflage des »Albertus Magnus« von Heribert Christian Scheeben ist 1934 in der Bonner Buchgemeinde erschienen, die zweite Auflage 1955 im Bachem-Verlag in Köln. Die dritte erscheint, nur unwesentlich überarbeitet, im Rheinau-Verlag.

Auch zu dieser Auflage kann man sagen, daß die Biographie Alberts seit den 50er Jahren keine wesentliche Erweiterung erfahren und keine wichtigen neuen Erkenntnisse gebracht hat. Es lag deshalb nahe, angesichts des 700. Todestages von Albertus Magnus auf die Arbeiten von Heribert Christian Scheeben zurückzugreifen, die nicht nur durch Quellenstudien und wissenschaftliche Methode fundiert sind, sondern auch den ungeheuren Vorzug haben, Albert und seine Zeit lebendig und packend zu schildern. Der Autor hat Albertus Magnus nicht nur als gelehrten Ordensmann und Bischof dargestellt, sondern auch als den Mann des Volkes, der er in Wirklichkeit war.

Im Vorwort zu den früheren Auflagen verweist der Autor auf die Heiligsprechung, die durch Pius XI. am 16. Dezember 1931 erfolgte. »Eine Heiligsprechung bedeutet nicht nur einen Anlaß, Kirchenfeiern zu veranstalten, und es genügt nicht, den Heiligenkalender und die Allerheiligenlitanei um den Namen des heiligen Albert zu erweitern. Sie schließt in sich auch eine hohe Aufgabe, besonders für das Volk, dem der Heilige entstammt. So bedeutet die Heiligsprechung des Albertus Magnus eine ernste Aufforderung für uns Deutsche, daß wir uns bemühen, die Werte aus seinem Leben herauszuholen, die im privaten und öffentlichen Leben unserer Zeit zur Entfaltung gebracht werden müssen. Diese Mission und diese Lebenswerte sichtbar werden zu lassen, ist das Ziel dieser Biographie. Mit Absicht wurde das Hauptgewicht auf die Darstellung von Alberts Leben gelegt, weniger auf seine Bedeutung für die Wissenschaft, weil hierüber eine umfangreiche Literatur vorliegt.«

Der Herausgeber des Jahres 1980, dem der Autor in väterlicher Freundschaft verbunden war, möchte mit diesem Buch an das segensreiche Wirken von Heribert Christian Scheeben im historischen Bereich erinnern und daran, wie der Mann des Widerstandes nach dem letzten Krieg sich für das Engagement der jungen Generation im politischen Raum einsetzte. Ich danke Frau Maria Scheeben, die mir das Vertrauen schenkte, den »Albertus Magnus« ihres 1968 verstorbenen Gatten wieder herauszugeben.

Köln, im September 1980   DR. HELMUT MÜLLER

EINFÜHRUNG

VOR DEM GEISTE vieler steht das Mittelalter als eine Zeit, da ein heiliger Franz von Assisi unter dem ewig blauen Himmel Umbriens Fischen und Vögeln predigte, wo eine heilige Elisabeth als Engel der Barmherzigkeit Wohltaten spendend herabstieg von der Wartburg in die Lehmhütten und Höhlen der Armen und Aussätzigen, wo man in überschäumender religiöser Begeisterung das bisher sorgsam gehütete Sakrament der Liebe zur öffentlichen Verehrung auf die Altäre stellte und die unsterblichen Hymnen des heiligen Thomas von Aquino sang. Man denkt an die lieblichen Mystiker in deutschen Landen, Heinrich Seuse, Johann Tauler, Margaretha Ebner, die als Führer zahlreicher Scharen von Mystikern im Fleische schon der Freuden des Himmels teilhaftig zu sein schienen. Man denkt an die grandiose Offenbarung abendländischen Zusammengehörigkeitsbewußtseins, edler Ritterlichkeit und märtyrerhafter Opferbereitschaft in den Kreuzzügen. Man sieht die Völker des Okzidents in der Einheit christlichen Glaubens verbunden und sicher und sorglos geborgen unter dem Mantel des Nachfolgers des heiligen Petrus. Man glaubt, nach den Wirren der Völkerwanderungen und nach der Christianisierung Europas habe der Bogen des ewigen Friedens über dem Abendlande gestanden, wie er einst nach der Sintflut von Gott als Zeichen seines Bundes mit der Menschheit an den Himmel gesetzt wurde.

Gewiß, das Mittelalter unseres Abendlandes bietet so viel Erhebendes, Lichtvolles und Beglückendes, daß wir mit Stolz erfüllt sein dürfen über diese Schöpfung christlichen Glaubens. Man soll aber auch der eigenen Zeit gegenüber gerecht sein und soll nicht die Lichtseiten des Mittelalters in Vergleich stellen mit den Schattenseiten unserer Zeit. Und man soll vor allen Dingen nicht vergessen, daß ein Kennzeichen der katholischen Kirche die Heiligkeit ist, Heiligkeit also auch in unserer vielgeschmähten Zeit gefunden werden muß und sich tatsächlich findet, eine Heiligkeit allerdings, die bei der Zusammenballung der Menschen nicht so leicht in den Brennpunkt des öffentlichen Lebens tritt, wie es in früheren Zeiten der Fall war. Tatsächlich weist gerade das dreizehnte Jahrhundert, das man als die Blüte des Mittelalters zu bezeichnen pflegt, so viele Parallelen mit unserer Zeit auf, daß wir es als eine dankbare Aufgabe empfinden sollten, dem Leben der Großen jener Zeit nachzuspüren, um von ihnen zu lernen, die Probleme zu lösen, die eine jede Zeit den Menschen in ewiger Gleichheit stellt. Einer dieser Großen, vielleicht der Größte des Germanentums im Mittelalter, ist der Schwabe Albert von Lauingen, Albertus Magnus, von dessen langem Leben achtzig Jahre dem dreizehnten Jahrhundert angehören. Für sein Leben den gesamtgeschichtlichen Hintergrund zu zeichnen, ist das Ziel dieser Einführung. Es soll hier nicht ein erschöpfendes Gesamtbild des Mittelalters gegeben werden, es sollen nur die Linien aufgezeichnet werden, in die Alberts Leben eingemündet ist. Das dreizehnte Jahrhundert bringt in politischer Hinsicht den letzten Akt des erschütterndsten Dramas, das die Weltgeschichte kennt: den Untergang des glanzvollsten Kaiserhauses deutscher Geschichte, der Staufen, und damit das Ausscheiden des »Heiligen Reiches« aus der Vorrangstellung im Abendland. Der Kampf zwischen Papsttum und Kaisertum hebt an mit dem großen Reformpapst Gregor VII., der die Parole ausgab: Reform und Freiheit der Kirche. Den Investiturstreit, bei dem es um die Befreiung der Bischöfe von der fast absoluten Abhängigkeit von den deutschen Königen ging, hat das Papsttum siegreich durchgeführt. Die Trennung der geistlichen und weltlichen Gewalt war wenigstens theoretisch erreicht, die Gefahr der Bevormundung des Papsttums durch das Kaisertum schien gebannt. Aber bald schon traten weitere Ziele in den Gesichtskreis der politischen Kabinette der Päpste. Begünstigt durch einen immer stärker werdenden Zeitgeist strebte das Papsttum, anfangs vielleicht weniger bewußt und klar, später aber mit allen Mitteln der Diplomatie und geistlicher Gewalt, nach der Oberherrschaft über alle weltlichen Mächte. In gerader Linie führte diese Politik zu Papst Innozenz III. (gestorben 1216), der wie ein Herr des Abendlandes geschaltet hat und Königreiche verlieh und nahm nach seinem Gutdünken. Ein Kaiser also wie Friedrich II., der versuchte, von Sizilien aus ganz Italien unter seine Gewalt zu bringen, mußte notwendig mit dem Papsttum in Konflikt geraten. Ein einiges Italien unter kaiserlicher Gewalt war zweifellos eine Gefahr für die Freiheit der Päpste, die nur zu leicht zu Hofkaplänen der Kaiser degradiert werden konnten. Denn dies war das große Ziel des Papsttums im Jahrhundert der Staufen, sich selbst eine starke politische Macht zu schaffen oder aber die Macht des Kaisertums in Italien in engen Schranken zu halten. Aber die Staufen hielten als Süddeutsche ihren Blick stets auf Italien gerichtet im Gegensatz zu den Welfen, die die wichtigste Aufgabe des Reiches im Osten sahen, in der Erweiterung des Lebensraumes der Germanen über Elbe und Oder hinaus. Man mag die Politik der Staufen als utopisch verurteilen, jedenfalls war die Idee des »Heiligen Reiches« eine grandiose Konzeption, geboren aus der Verbindung germanischen und römischen Geistes. Die Not des Papsttums hat die Grundlegung dieses »Heiligen Reiches« im Jahre 800 veranlaßt, die Furcht desselben Papsttums vor diesem Reich hat den Untergang herbeigeführt.

Friedrich II., der seiner ganzen Erziehung nach dem Süden angehörte und zu Deutschland nur in einem losen Verhältnis stand, hat die mehr als dreißig Jahre seines Kaisertums fast ununterbrochen in Italien verbracht und sich mit allen Mitteln der Gewalt und Diplomatie der Verwirklichung seiner hochfahrenden Pläne gewidmet. Auf dem Päpstlichen Stuhl aber saß damals der gewaltige Gregor IX. und nach ihm der unerbittliche, kluge Innozenz IV. Der Kampf zwischen solchen Parteien konnte nur mit der völligen Vernichtung des Gegners enden; ein Ausgleich war einfach unmöglich, und die Führung des Kampfes hat gezeigt, daß von keiner Seite eine friedliche, alle Teile befriedigende Lösung gesucht wurde, vielleicht nicht einmal angestrebt werden konnte. Das Ende wurde eingeleitet, als Papst Innozenz IV. auf dem Konzil von Lyon im Jahre 1245 Kaiser Friedrich II. exkommunizierte, für abgesetzt erklärte und alle seine Untertanen gegen ihn aufrief. Es war im selben Jahre, als Albert der Große an der Universität Paris zur Würde eines Doktors der Theologie erhoben wurde und von der Lehrkanzel aus seine wahrhaft abendländische Mission antrat. Das »Heilige Reich« fiel auseinander, zerbröckelte, wurde die Beute habgieriger Fürsten. Es kam die »kaiserlose, die schreckliche Zeit« des Interregnums, das in seinen destruktiven Auswirkungen mit jeder Revolution verglichen werden kann. Der letzte Staufe, der Knabe Konrad, wurde am 29. Oktober 1268 wie ein Verbrecher hingerichtet auf Befehl des vom Papst zu Hilfe gerufenen Karl von Anjou. In Deutschland aber wurden Königsmacht und Königswürde zum Handelsobjekt beutegieriger Fürsten, die Krone und Schwert an den Meistbietenden verkauften. Keine starke Königsmacht bändigte die Leidenschaften der Großen im Reich. Die Könige waren Puppen in den Händen der Fürsten, die sie auf den Thron erhoben hatten. Die Fürsten aber waren einig nur in der Verteilung des Schandgeldes, das die Königswahl ihnen eingetragen hatte. Friede und Ordnung waren ausgezogen aus den Städten und Dörfern. Adelige standen gegen Adelige, vereint fielen sie über Kirchen- und Kaufmannsgut her. Das Bürgertum suchte die Gewalt seiner Herren abzuschütteln. Es war ein Kampf aller gegen alle. Und in dieser kriegdurchtobten, rechtlosen Zeit, die das Reich an den Rand des Abgrundes führte, stieg im Westen die Macht herauf, die in die Vorrangstellung des »Heiligen Reiches« einrücken sollte, Frankreich, von den Päpsten gegen die Staufen gerufen. Aber in dieser Anlehnung an Frankreich lag der Beginn der harten Strafe, die auch über das Papsttum verhängt wurde. Es hatte sich zu tief in die politischen Händel eingelassen und wurde bald durch Frankreich tief gedemütigt und abgeführt in die »Gefangenschaft von Avignon«.

Der Untergang des glorreichen Kaiserhauses der Staufen und das Ausscheiden des »Heiligen Reiches« aus seiner Vorrangstellung im Abendland haben das deutsche Volk gewiß sehr schwer getroffen, haben aber die Wurzeln seiner Kraft nicht zu zerstören vermocht. Wohl wurde jetzt die große Umschichtung voll erkennbar, die sich seit langer Zeit vollzogen hatte. Es wurde offenbar, daß mit dem Zerfall der Königsmacht sich Kräfte

zu entfalten begonnen hatten, die auch über schwere Katastrophen hinweg-
zuführen und die Grundlagen einer gesicherten Zukunft zu schaffen vermochten.

Der Zerfall der Königsmacht hatte unmittelbar die Ausbildung des Terri-
torialwesens im Gefolge, das eine Eigenart deutschen politischen Lebens
geworden ist. Während in Frankreich die einzelnen Territorien allmählich
von einer starken Königsmacht aufgesogen wurden, vollzog sich in
Deutschland eine Aufteilung des Landes in zahllose Einzelterritorien unter
der Herrschaft ebenso zahlloser Adelsgeschlechter. Maßgebend hierfür
waren aber nicht etwa die Eigenarten der einzelnen deutschen Stämme,
sondern rein dynastische Rücksichten. Betrachtet man die politische Lage
des gesamten Abendlandes, so wird man zugeben müssen, daß dieses Terri-
torialwesen sich verhängnisvoll für das deutsche Volk ausgewirkt hat.
Denn das »Heilige Reich« war fortan nicht mehr der Träger einer groß-
zügigen, abendländischen Politik, sondern lediglich eine Institution, innerhalb derer die Territorialherren ihre eigene Politik verfolgten, nämlich eine recht egoistische Hauspolitik, die den Krieg aller gegen alle ver-
ewigte.

Von den Territorien, nicht vom Reich aus, ist aber jene glanzvolle Bewegung ausgegangen, die die Grenzen des Germanentums weit nach Osten
und Südosten vorgeschoben hat. Im 12. und 13. Jahrhundert sind die Gebiete jenseits der Elbe mit deutschen Bauern besiedelt worden; damals
stießen deutsche Siedler nach Österreich, Siebenbürgen und Ungarn vor
und gründeten die Niederlassungen in Böhmen. Mönche und Bauern
haben sich hier vereinigt. Diese Kolonisationsbewegung gipfelte in der
Gründung zahlreicher Städte, die die meist friedlichen Eroberungen
sicherten durch die Pflege deutscher Kultur und den Anschluß an Wirtschaft und Handel des Stammlandes.

Die Entwicklung der Städte hatte sich in den ursprünglich germanischen
Gebieten sehr langsam angebahnt. Wo die Römer feste Niederlassungen
gegründet hatten, siedelten sich auch die Germanen in größerer Zahl an.
Da diese Stätten meist auch Sitze kirchlicher Instanzen wurden und über-
dies wichtige Punkte an den Verkehrswegen waren, erhielten sie eine immer größer werdende Bedeutung. Ebenso siedelten sich um die Burgen der
Könige und Adeligen Menschen an und bildeten gegenüber den über das
Land weit zerstreut liegenden Bauernhöfen verhältnismäßig große und
volkreiche Siedlungen. Von der Burg haben die Bewohner der späteren
Städte ihren Namen »Bürger« erhalten. Entscheidend für die Bildung der
Städte war jedoch nicht die mehr oder weniger große Zahl der Siedler, sondern fast ausschließlich der Marktverkehr. Die Städte waren Marktplätze,
der Handel bestimmte die weitere Entwicklung und die Verwaltung. Un-

abhängig von dem Grundherrn, dem Bischof in den alten Bischofsstädten und den Königen und Fürsten, vollzog sich die Entwicklung zum Markt, und ohne ihre Förderung und vielfach sogar gegen sie bildeten sich die Verwaltungen. Die bürgerliche Gewalt lag in den Händen derer, die auf den Markt entscheidenden Einfluß hatten. Es überrascht daher nicht, daß in den Stadtverwaltungen, wie immer sie geartet sein mochten, die Kaufleute das Wort führten. Die Nähe der Burg aber gibt zum guten Teil die Erklärung dafür, daß die führenden Kaufmannsgeschlechter einen gewissen Adel für sich in Anspruch nahmen und einen Bürgeradel begründeten, der an Ritterlichkeit und Mut nicht hinter dem Grundadel zurückstand.

Daß sich die Städte ziemlich rasch durchzusetzen vermochten, ist in erster Linie ihrer großen Kapitalkraft zu verdanken. Gewerbe, Handel und Verkehr hatten mit der fortschreitenden Zivilisation und besonders durch die Verbindung mit dem Orient, die die Kreuzzüge hergestellt hatten, einen ungeheuren Aufschwung genommen. Gefördert wurde dieser Aufstieg durch die allmählich zum Durchbruch kommende Geldwirtschaft, die den Handelsverkehr wesentlich erleichterte. Der Reichtum der Städte wuchs und damit die Möglichkeit, sich Könige und Fürsten zu verpflichten. Geld und kluge Diplomatie führten allmählich alle Rechte, die der Grundherr entweder selbst oder durch seinen Vogt über die Städte ausübte, in den Besitz der Bürger über: Münzgerechtsame, Zollverwaltung, Gerichtsbarkeit, schließlich sogar die Vogtei selbst. Die Erwerbung dieser Hoheitsrechte vollzog sich nicht in allen Städten gleichmäßig. Manche Städte wurden schon im 12. Jahrhundert zu Freien Reichsstädten erhoben, andere kämpften noch im 13. Jahrhundert um ihre Selbständigkeit.

Die Städte haben im Laufe des 13. Jahrhunderts eine außerordentliche Bedeutung erlangt. Sie schoben sich neben Klerus und Adel in herrschende Stellungen ein und vermochten während des Interregnums im Rheinischen Städtebund auf die Reichspolitik Einfluß zu gewinnen. Vor allem aber wurden sie Pflanzstätten der Kultur und damit die Träger der deutschen Zukunft.

Es ist hier nicht der Ort, ein Bild der gesamten Kultur des Mittelalters zu zeichnen. Eines jedoch muß in diesem Zusammenhang kurz angedeutet werden: die geistige Situation an den Universitäten. Die Kreuzzüge, die neue Wege nach dem Orient eröffnet hatten, und die schrittweise Befreiung Spaniens von der Herrschaft der Mauren brachten das Abendland in Verbindung mit dem bisher fast völlig unbekannten Kulturgut der Griechen, Juden und Araber. Über Spanien und Griechenland gelangte vor allen Dingen die grandiose Philosophie des Aristoteles an die Universitäten, in erster Linie an die Universität Paris, wo man bisher die auf den Kirchenvätern ruhende Theologie mit Hilfe der dialektischen Methode neu aufzubauen versucht hatte. Der neuen christlichen Theologie hatte man aber ein christliches philosophisches System nicht an die Seite gesetzt. Nun aber trat den christlichen Denkern ein heidnisches philosophisches System gegenüber, das in seiner Geschlossenheit und scheinbaren Unwiderlegbarkeit zur Stellungnahme zwang. Wir werden uns im Verlauf der Darstellung noch eingehend mit den Problemen zu befassen haben, die sich aus dieser Situation ergaben. Hier sei nur zur Kennzeichnung der Gesamtlage im 13. Jahrhundert darauf hingewiesen, daß sich auch auf geistig-kulturellem Gebiet ähnliche Umwälzungen vollzogen wie auf politischem, wirtschaftlichem und sozialem Gebiet, daß also diese Zeit in Wahrheit keine Periode der Ruhe und Gemächlichkeit war, sondern der Entfaltung höchster Energien, der machtvollen Aufwärtsentwicklung und der Grundlegung einer neuen Zeit.

Das Mittelalter ist keineswegs das Urbild von Einheit und Einmütigkeit im Glauben. Die Verstrickung des Papsttums und der Kirche in die Händel dieser Welt, ihre gewaltige politische Macht und ihr Reichtum, vor allem aber die sträfliche Vernachlässigung der Seelsorge führten schon im 12. Jahrhundert zu bedenklichen priesterfeindlichen Bewegungen, die mit dem Namen Arnolds von Brescia nur angedeutet seien. Vom Orient aber kam eine Häresie, die die Grundlagen der Kirche und der gesellschaftlichen Ordnung untergrub, der Manichäismus, der in Oberitalien und Südfrankreich eine große Ausbreitung gewann und unter dem Namen des Albigensertums eine lange Zeit hindurch Päpste und Bischöfe in Sorge und Aufregung hielt. Erst die Kreuzzüge gegen die Albigenser mit ihren furchtbaren Greueln und ihrer peinlichen Verquickung von persönlichen und nationalfranzösischen Interessen mit rein religiösen schienen dieses Verhängnis von Kirche und Gesellschaft abzuwenden. In Südfrankreich und Oberitalien entstand auch die Bewegung der Waldenser, die vom Evangelium ausging und innerhalb der Kirche eine Reform der Seelsorge anstrebte. Diese Bewegung, in ihrem Ziel und auch in ihrer Methode durchaus zu begrüßen, war durch Petrus Waldes nur zu ungeschickt geleitet und mußte notwendig bald in Konflikt geraten mit dem Episkopat und dem Papsttum. Wie sehr sie aber den berechtigten Forderungen der Zeit entgegenkam, wie sehr ihr Ruf nach Reform der Seelsorge, nach vertiefter Frömmigkeit, nach Rückkehr zum Leben der Apostel und der Urkirche der traurigen Situation der seelsorglichen Verhältnisse entsprang, zeigt die enorme Verbreitung, die sie im Abendland gefunden hat.

Aus Anlaß dieser waldensischen Bewegung sind zwei katholische Orden entstanden, die dem dreizehnten Jahrhundert in religiöser Hinsicht den

Stempel aufgedrückt haben, die Minoriten und die Predigerbrüder. Während der heilige Franz von Assisi als Laie zunächst nur eine große Volksbewegung entfachte, also die Laien selbst unter einer religiösen Lebensregel sammelte und sie zur gegenseitigen Seelsorge anhielt, trat der heilige Dominikus als Priester an die Reform der Seelsorge heran. Er gründete einen Orden von Priestern, den ersten Priesterorden der Kirche, und stellte ihm als einziges Ziel die Seelsorge; aber nicht eine Seelsorge, die an eine Pfarrkirche gebunden war, sondern die sich in voller Freiheit in der ganzen Christenheit entfalten sollte. War dieses Ziel für die damalige Zeit und für einen katholischen Orden völlig neu, so noch mehr die Mittel, die der heilige Dominikus für diese Seelsorge wählte. Seine Brüder sollten Predigerbrüder sein, die Seelsorge also in erster Linie durch die Predigt ausüben; die Predigt aber war bisher ein Vorrecht der Bischöfe, über das sie eifrig wachten. Und weiter, seine Predigerbrüder sollten nicht nur persönlich, sondern auch als Gemeinschaft auf jedes ertragbringende Vermögen verzichten und ihren Lebensunterhalt durch Almosen bestreiten. An die Predigt stellte der heilige Dominikus sehr hohe Anforderungen. Mit Rücksicht auf die hohe Kultur in den Städten und auf die dadurch gesteigerten Forderungen an die Seelsorge, die religiöse Bildung — der Predigerorden ist seiner Entstehung nach ein Orden für die Städte und das Bürgertum —, verlangte er von seinen Brüdern eine gründliche theologische Ausbildung und daher den Besuch der Universität Paris. Als erster katholischer Orden hat der Predigerorden das Studium ins Programm aufgenommen und von Paris aus eine theologische Studienorganisation geschaffen, die eine zeitgemäße Ausbildung seiner Brüder gewährleistete. Aber auch das Studium war nur Mittel zum großen Zweck des Ordens, nämlich der Seelsorge. Sie stand beherrschend im Mittelpunkt des gesamten Ordenslebens, der Seeleneifer war das belebende Element aller Arbeiten der Brüder, der Seeleneifer ist das große Merkmal des heiligen Dominikus und aller seiner großen Brüder, so auch des Albertus Magnus, gewesen.

Die große Reformtat des heiligen Dominikus hat dem religiösen Leben des dreizehnten Jahrhunderts das Gepräge gegeben. Nachdem die Minderbrüder des heiligen Franz von Assisi sich in Zielsetzung und Organisation weitgehend an die Predigerbrüder angeschlossen hatten, kämpften beide Orden vereint für eine Reform der Seelsorge und sind dadurch die Führer des Volkes geworden durch die Wirrnisse der Zeit.

DIE JUGENDZEIT

In seiner heutigen Form geht Lauingen zum größten Teil zurück auf das 16. und 17. Jahrhundert. Nur einzelne Teile künden von einer früheren Zeit. Die Reste der Stadtbefestigung erinnern an die Stadtherrlichkeit des späten Mittelalters. Der Schimmelturm an einem der schönsten Plätze Süddeutschlands, dem Albertus-Magnus-Platz, weist durch seinen Namen und durch die Bilder, die ihn einst schmückten, in eine Zeit, da die Chronikenschreiber in Lauingen noch nicht an der Arbeit waren, sondern das Volk selbst die Nachrichten aus der Vorzeit in seinen Erzählungen festhielt. Dieser Turm, das Wahrzeichen Lauingens, wurde von dem reichen Bürger Imhoff in den Jahren 1457 bis 1478 erbaut. Er diente als Wachtturm, sollte aber auch dem Fremdling Zeugnis ablegen von der Macht und dem Selbstbewußtsein der Bürger und ihm Nachricht geben aus der ruhmreichen Geschichte der Stadt. Auf der dem Markt zugewandten Seite des Turmes prangten drei große Gemälde, Darstellungen aus der Geschichte Lauingens. Wiederholt wurden diese Bilder im Laufe der Jahrhunderte erneuert. Erst das 19. Jahrhundert fand in der Bürgerschaft nicht mehr so viel Sinn für die eigene Vergangenheit, um die durch Wind und Wetter verdorbenen Bilder den Nachfahren zu erhalten. Nur das Bild des untersten Stockwerkes ließ man durch Johann Thurner kopieren und im Städtischen Museum aufstellen. Dieses Bild zeigt Albert den Großen und die Gräfin Gisela von Schwabeck. In der Anordnung mag diese Kopie übereinstimmen mit dem Gemälde von 1478, die Figuren aber sind nicht im Stile des 15. Jahrhunderts gemalt. Bereits im 18. Jahrhundert hatte der Maler Änderle die Erneuerung der Bilder ganz im Stile seiner Zeit vorgenommen. Im Mittelschild des Bildes berichtet die Inschrift von der Geschichte des Turmes: »Solchen Thurmbau hat man in anno 1457 am Montag nach dem weißen Sonntag den ersten Stein geleget und am Mittwoch nach dem Tag des heiligen Galli in anno 1478 selbigen vollendet, wie man dann diese hiebei vorgestöllte Antiquitäten und Gemähl in anno 1571 und dann in anno 1615 wie auch in anno 1695 und in anno 1764 den ganzen Thurm ohne das Gemähl renovieren und erneuern lassen; anno 1782 im Monat September seint die Mahlereien ganz abgekrazet und durch Mahler Änderle frisch gemahlen worden.« Die lateinische Inschrift zum Bilde Alberts preist den großen Gelehrten als den berühmtesten Sohn der Stadt und erklärt, dies Bild zeige ihn, wie er als Greis ausgesehen habe. Von einer Porträtähnlichkeit konnte selbstverständlich schon im Jahre 1478 keine Rede sein, denn bis zur Renaissance hat man nicht verstanden, lebenswahre Bildnisse zu malen. Es gibt überhaupt kein lebenswahres Bild von Albert dem Großen. Die deutsche Inschrift sagt: »Albertus Magnus, in anno 1193 in der Stadt Lauingen geboren, war wegen bekhommener wunderbahrlichen Doktrin, Geschicklichkeit und Wissenschaft vor den gelehrtisten und berüehmtisten Mann der Welt damahlen gehalten, auch entlichen zur bischöflichen Würde erhoben worden; hat gelebt 87 Jahre lang.«

Das Bild auf der rechten Seite zeigt die Gräfin Gisela von Schwabeck, die sich die ewige Dankbarkeit der Lauinger erworben hat durch die Schenkung wertvollen Grundbesitzes. Sie stiftete später das Kloster Edelstetten und starb im Jahre 1132. Die deutsche Inschrift sagt von ihr: »Im Jahr 1250 (!) hat Geisslina, ein gefürste gräfliche Freilein von Schwabeckh und selbiger Zeit dem gemeinen Rueff nach das verständigste, schönste und größte Weibsbild in Europa, zu der Statt Lauingen, worinnen sie damals gewohnt, unterschiedliche Feldguetter verehret und gestüftet, dero Bildnis hiehero gemahlt und vorgestöllt worden.« Die übrigen Bilder am Schimmelturm haben zwar zu Albert keine Beziehung, zeugen jedoch von dem reichen Schatz der Sagen und Legenden, die heute noch Gemeingut der Lauinger sind. Am zweiten Stockwerk der Turmes war ein Zweikampf zwischen einem Schuhmacher von Lauingen und einem Mohren dargestellt. Die Inschrift meldete: »Ein Bürger von Lauingen, von Statur sehr khlein, hat den stärkhsten und gleich einem Riesen großen und grausamb gewesen Mann in dem Kampff erlegt, dannenhero Ihro Keyserliche Mayestät wegen begangener dieser mannpaaren und wunderlichen That der Statt Lauingen die Gnad ertheillt, vor Ihre Wappen den Mohrenkopf zu führen und mit rothem Wax zu siglen.«

Die Geschichte dieses Zweikampfes war bereits im 15. Jahrhundert von einem Dominikaner Felix aufgezeichnet worden. Das dritte Stockwerk des Turmes zierte das Bild eines riesigen Pferdes: »Im Jahre 1260, zur Zeit Alberti Magni, war in Lauingen ein weißes Pferd gebohren, so vom Leib sehr groß und hoch, auch 15 Schuech lang worden, und seines schnellen Lauffes und hochem Springens halben sehr wundersammb gewesen.« Dieser Schimmel hat dem Turm den Namen gegeben. Nach einer anderen Sage soll Albert als Knabe diesen Schimmel gezähmt haben.

Fragt man in Lauingen nach der Gründungsgeschichte der Stadt, so verweist man gern auf das Städtische Museum, wo zahlreiche Funde aus römischer Zeit aufbewahrt werden. In dem bei Lauingen gelegenen Faimingen hat tatsächlich ein kleines römisches Kastell gestanden, daß aber Lauingen selbst ein römischer Militärposten war, ist nicht sicher. Jedenfalls haben die Römer zum Schutz ihrer Grenzen die Donau entlang Vorposten unterhalten, aber die Zeiten waren stets zu unruhig, um die römische Kultur dort Fuß fassen zu lassen; und wenn sich bei den eingeborenen Germanen römische Sitten eingebürgert hatten, so sind sie durch die vordringenden Alemannen restlos ausgetilgt worden. Die Alemannen oder Schwaben saßen ursprünglich an Havel und Spree, drangen dann in Sachsen und Thüringen ein und schoben sich um das Jahr 100 vor Christi Geburt über den Main nach Süddeutschland vor. Unter ihrem Führer Ariovist griffen sie sogar nach Gallien hinüber, wurden aber von Cäsar, dem Eroberer Galliens, am 14. September 58 v. Chr. geschlagen. Diese Schlacht hat über das Schicksal Galliens entschieden und damit über das Schicksal eines großen Teiles von Europa. Wären die Schwaben siegreich geblieben, ganz Gallien würde von ihnen überflutet worden sein, das heutige Frankreich wäre von Germanen besiedelt worden und das Romanentum wohl auf die südlichen Länder beschränkt geblieben.

Die Grenzkämpfe zwischen Römern und Schwaben haben dann noch Jahrhunderte hindurch gedauert, bis schließlich um das Jahr 275 die Donaulinie endgültig in den Besitz der Schwaben kam und der Zutritt zu den Ländern bis zu den Alpen hin eröffnet wurde. In dieser Zeit wird der Alemanne Loug oder Laug sich an der Donau niedergelassen und Lauingen gegründet haben.

In späterer Zeit finden wir Lauingen im Besitz der berühmten von den Heiligen Bonifaz und Sturmius gegründeten Abtei Fulda, der es der Frankenkönig geschenkt hatte. Die Abtei übertrug Lauingen den Grafen von Giengen. Von diesen gelangte das Lehen durch Heiratsvertrag an die Staufer, und zwar an Friedrich von Staufen, den späteren Kaiser Barbarossa. Bei den Staufern ist Lauingen geblieben bis zum Tode Konradins, des letzten Vertreters dieses erhabenen Geschlechts, der seine sämtlichen Güter den Herzögen von Bayern vermachte. Unter den Staufern scheint Lauingen die Stadtrechte erworben zu haben. In seinem Wappen führte es anscheinend eine Infel, die die Abhängigkeit von der Abtei Fulda andeutete.

In dieser Staufischen Stadt ist Albert der Große um das Jahr 1193 geboren. Über die Familie, der er entstammt, und über seine Jugend machen die Chronisten so dürftige Angaben, daß man über Vermutungen kaum hinausgelangt, eine Tatsache übrigens, die man bei fast allen berühmten Männer und Frauen des Mittelalters feststellen muß. Der Mensch im Mittelalter fragte nämlich nicht nach Herkunft und Geburt, ihm galt vor allem der Mensch in seinen Leistungen und in seiner sittlichen Größe.

Der einzige, der uns etwas über die Familie Alberts mitteilt, ist der Dominikaner Heinrich von Herford, der um 1350 eine Weltchronik schrieb. Er behauptet, Albert stamme »ex militaribus«. Man hat dies schon mit »Soldatenstand« übersetzt oder mit »Rittergeschlecht«. Wir werden aber der

Wahrheit am nächsten kommen, wenn wir es mit »Beamtenfamilie« übersetzen. Der Vater Alberts war also wohl Beamter in Diensten der Staufer und verwaltete für sie das Lauinger Lehen.

Daß Albert nicht einem Adelsgeschlecht entstammt, ergibt sich eindeutig aus seinem Namen. Sowohl in seinem Siegel, das er als Professor der Theologie führte, wie auch in einer Urkunde nennt er sich »Albert von Lauingen«, und sein Bruder, der später Dominikaner wurde, nennt sich »Heinrich von Lauingen«. Es gibt aber kein Adelsgeschlecht »von Lauingen«, und die zusätzliche Bezeichnung »von Lauingen« bei Albert und Heinrich bedeutet nichts anderes als »aus Lauingen stammend«. Es gab ja damals noch keine Familiennamen. In der Heimat genügte jedem der Taufname; nur die Adeligen fügten ihm den Namen des Stammsitzes hinzu. Sobald aber jemand außer Landes ging, nannte er sich nach seiner Geburtsstadt, ohne damit aber zum Ausdruck bringen zu wollen, daß er adeliger Herkunft sei. So wollte auch Albert mit dem Zusatz »von Lauingen« nur erklären, daß er in Lauingen geboren sei. Noch im 17. Jahrhundert findet man viele Bürgerliche, die sich nach ihrer Geburtsstadt nennen. Das Wörtchen »von« ist erst spät zum Adelsprädikat geworden. Gegen Ende des 15. Jahrhunderts taucht noch einmal die Angabe auf, Albert entstamme dem Rittergeschlecht von Bollstadt. Aber abgesehen davon, daß ein Rittergeschlecht von Bollstadt im 12. Jahrhundert nicht nachweisbar ist, steht dieser Mitteilung der eigentliche Name Alberts entgegen. Wie bereits erwähnt, nennt Albert sich nicht etwa Albert von Bollstadt, sondern Albert von Lauingen.

Über das Geburtshaus Alberts sind wir ausnahmsweise gut unterrichtet. Allerdings muß auch hier zunächst ein Irrtum abgelehnt werden. Heute noch weist man in Lauingen auf ein zwar altes, aber kaum in das 16. Jahrhundert hinaufreichendes Haus hin, das das Geburtshaus Alberts sein soll. Dieses Haus war bis nach dem Kriege durch eine Gedenktafel ausgezeichnet, und in einem Zimmer wurde vor einem Andachtsaltar in der Oktav des Albertfestes jeden Abend eine Albertandacht gehalten. Das wirkliche Geburtshaus aber ist anderswo zu suchen. Es wurde im Jahre 1604 abgerissen und auf seinen Fundamenten eine Schule errichtet. In dem im Jahre 1604 abgerissenen Gebäude befand sich im Erdgeschoß eine Kapelle, die man schon im 14. Jahrhundert zu Ehren Alberts eingerichtet hatte. Über der Kapelle aber befand sich ein Kornspeicher. Läßt schon diese Anordnung erkennen, daß es sich ursprünglich um ein Privathaus handelte, in dem nachträglich eine Albertkapelle eingerichtet wurde, so gewinnen wir aus einer Urkunde des Jahres 1483 die Gewißheit, daß in diesem Hause Albert geboren wurde. In diesem Jahre nämlich errichtete eine Lauingerin, Frau Ursula Rupp, eine Meßstiftung in der Albertkapelle, und zwar »auff dem altar zu der gerechten seytten... der genembt wirt Magnus Albertus Altar unnd auff der selbigen hoffstat geboren ist wordenn«. Albert ist in dem Hause geboren, das später in eine Albertskapelle umgewandelt wurde und auf dessen Fundamenten heute die Knabenschule steht.

Über die Jugend Alberts erfahren wir aus den Chroniken überhaupt nichts. Dagegen berichtet Albert selbst in späteren Jahren wiederholt aus seiner Jugend. Bezeichnenderweise sind es nur Tiergeschichten, die er uns bietet. Diese Erzählungen vermitteln uns einen Einblick in die Jugend Alberts. Lauingen war damals noch ein Ort, dessen Einwohner von der Landwirtschaft und der Jagd lebten. Mit städtischer Kultur ist Albert also erst viel später bekannt geworden. Dagegen ist er mit Begeisterung in den Wäldern seiner Heimat umhergestreift, ist mit den Knechten seines Vaters zur Jagd ausgezogen, hat sich von Vogelstellern Jagdgeschichten erzählen und sich in der Abrichtung von Jagdfalken unterrichten lassen. Er tummelte sich in den klaren Fluten der Donau und spürte den Fischen nach. Sein Leben in der Natur wird aber schon bald ein Leben mit der Natur. Die Liebe zur Natur, die in begleitet hat bis in sein hohes Alter, ist damals in sein Herz gepflanzt worden. Die Eindrücke, die er in seiner Jugend empfangen, wurden nicht verwischt, sondern wohl gepflegt und behütet. Die Lösung einer großen wissenschaftlichen Aufgabe wurde in der Jugend schon vorbereitet.

Es wäre aber irrig, anzunehmen, Albert sei gleichsam als Wildling aufgewachsen und habe in seiner Jugend nur der Jagd gelebt. Gewiß war er kein Stubenhocker, und die Liebe zur Wissenschaft ist offenbar erst sehr spät in ihm aufgebrochen. Aber als Beamtensohn hat er sicherlich eine den Umständen entsprechende Schulbildung erhalten.

Wie aber waren die Schulverhältnisse in der damaligen Zeit?

Volksschulen im modernen Sinne hat es zur Zeit Alberts nicht gegeben. Es gab keine allgemeine Schulpflicht, es gab keinen Stand von Lehrern, die sich nur der Bildung der Volksjugend widmeten. Man legte viel größeren Wert auf die Erziehung, die man dem natürlichen und göttlichen Gesetz entsprechend den Eltern und dem Priester übertrug, und verzichtete im allgemeinen auf eine Schulbildung in unserem Sinne, weil man kein Bedürfnis danach hatte und weil sie für den Kampf ums Dasein nicht erforderlich war. Die Lebensverhältnisse waren bedeutend einfacher als heute. Fast die gesamte Bevölkerung lebte von der Landwirtschaft, nur ein kleiner Bruchteil von Handel und Gewerbe. Dieser rein materielle Gesichtspunkt verband sich mit der allgemeinen Auffassung, daß Wissen allein nicht glücklich mache, und so erklärt sich die geringere Bedeutung der Schulbildung in damaliger Zeit. Wo jedoch ein bestimmter Beruf eine Ausbildung ver-

langte, hat das Mittelalter alle hierzu erforderlichen Einrichtungen geschaffen. Hierher gehören die Zünfte mit ihrer straffen Organisation und
ihren strengen Vorschriften über Berufsausbildung. Hierher gehören auch
alle die Schuleinrichtungen, die auf die akademischen Berufe hingeordnet
waren.

Einen großen Vorzug vor unserer Zeit hatte jedoch das Mittelalter. Einem
befähigten jungen Menschen waren die Wege zu höherer Schulbildung in
jeder Weise geöffnet und erleichtert. Die Auswahl der Tüchtigen vollzog
sich ganz von selbst, weil die Kirche damals noch die Macht und die Mittel
besaß, den wirklich befähigten Menschen das Studium zu ermöglichen. Es
ist nicht zuviel behauptet, wenn man sagt, daß im Mittelalter die meisten
Schüler und Studenten auf Kosten der Kirche ihre Studien gemacht haben.
Die Kirche errichtete und unterhielt viele Universitäten, in ihrer Hand lagen die Organisation und der Unterhalt der höheren und unteren Schulen,
aus ihrem reichen Pfründenbesitz teilte sie freigebig an bedürftige Studenten aus. Das gesamte Schulwesen war beherrscht und getragen von der
Kirche.

Nach den kirchlichen Bestimmungen sollte eigentlich jede Pfarrei einen
Kaplan haben, der die Jugend unterrichtete. Dem Pfarrer war der Reli-
gionsunterricht vorbehalten. Gewiß ist diese Vorschrift vielfach nicht beobachtet worden, so daß man höchstens annehmen darf, daß die Jugend im
allgemeinen nur in den Anfangsgründen der Religion unterrichtet wurde.
Dagegen wissen wir von vielen Stadt- und Klosterschulen, die in hoher
Blüte standen. Berühmter aber sind viele Domschulen, wie die von Köln,
an der im 13. Jahrhundert ganz bedeutende Lehrer gewirkt haben. Es mag
sein, daß viele dieser Schulen nur der Vorbereitung auf den Priesterberuf
dienten. An sich aber stand jede Schule jedem offen, ohne daß er gezwungen gewesen wäre, einen bestimmten Beruf zu ergreifen. Ob in Lauingen
eine Schule bestanden hat, wissen wir nicht. Dagegen haben wir Nachrichten von einer bedeutenden Stadtschule in Gundelfingen, nicht weit von
Lauingen, von einer vielbesuchten Klosterschule in Donauwörth und einer
Domschule in Augsburg. Daß Albert eine dieser Schulen besucht hat, ist
möglich. Dagegen scheint er nicht in seiner früheren Jugend für einen
wissenschaftlichen Beruf bestimmt worden zu sein, so daß er nicht etwa im
Anschluß an den Besuch der höheren Schule in Gundelfingen, Donauwörth
oder Augsburg eine Universität aufgesucht hätte. Denn wir finden ihn erst
in weit vorgerücktem Alter an einer Universität. Vielleicht sollte er, wie
sein Vater, in den Beamtendienst eintreten oder gar sich dem Kriegsdienst
widmen.

Im Jahre 1222 treffen wir Albert in Oberitalien. Im Winter dieses Jahres
war er Zeuge des verheerenden Erdbebens, das so viele Städte der Lombar-

dei in Trümmer legte. Nach über dreißig Jahren erinnerte er sich noch lebhaft dieser Naturkatastrophe. Am ersten Weihnachtstage 1222 vernichtete ein Erdbeben fast die ganze Stadt Brescia. An zwölftausend Menschen sollen allein in dieser Stadt umgekommen sein. Die Bewohner von Mailand verließen ihre Stadt und hausten in Zelten auf freiem Felde, weil die Erderschütterungen sich täglich wiederholten und fast vierzig Tage anhielten. Bergamo, Como, Venedig und Reggio litten nicht minder unter den Schrecken der Erdbeben. Wie uns Cäsarius von Heisterbach berichtet, wurden am 11. Januar 1223 auch Köln und das Rheinland von einem Ausläufer dieses Erdbebens heimgesucht. Bis nach Griechenland und Kleinasien erbebte die Erde.

Damals war Albert bereits in Oberitalien. Was ihn dort hingeführt hat? Er war fast neunundzwanzig Jahre alt; man sollte also annehmen, daß er schon einen bestimmten Beruf erwählt hatte. Aber weder er selbst noch ein Chronist berichtet etwas hierüber. Wir wissen, daß er sich im Jahre 1229 bei seinem Oheim in Padua aufhielt. Sollte er diesem Oheim etwa nach dem Tode des Vaters nach Italien gefolgt sein? Wir wissen aber nicht, ob dieser Oheim als Kaufmann oder Beamter oder gar als Kriegsmann nach Padua gekommen ist, und vermögen daher nicht, aus diesem Zusammenleben etwas zu erschließen. Ich möchte als wahrscheinlich annehmen, daß Albert bis zum Beginn eines geregelten Universitätsstudiums ein Wanderleben geführt hat. Er spricht einmal in seiner »Gesteinslehre« von Reisen zu Bergwerken, die er unternommen hat und die wohl in die Zeit vor seinem Eintritt in den Orden anzusetzen sind. Er wanderte durch die Welt, um Gottes herrliche Natur kennenzulernen und zu beobachten. Zur Natur fühlte er sich gewaltig hingezogen, sie wollte er ergründen. Und weil keine Schule der damaligen Zeit in die Naturbetrachtung einzuführen imstande war, machte er sich auf die Wanderschaft, um zu lernen, wozu sein Herz ihn drängte.

Man sage nicht, eine solche Annahme widerstreite allem, was wir von dem Bildungswesen der damaligen Zeit und von dem mittelalterlichen Menschen überhaupt wissen. Wir preisen doch den heiligen Franz von Assisi als einen Bewunderer der Natur. Wir kennen die wundersamen Legenden, die ihn uns schildern, wie er den Fischen und Vögeln predigt, wie er mit den Tieren verkehrt, als wären es menschliche Wesen, wie er sie als Brüder begrüßt und wie er seinen unsterblichen Sonnengesang dichtet. Man hat daher Albert schon in Vergleich gestellt zum heiligen Franz. Aber weiter, nicht nur nach dem Urteil der späteren Zeit ist Albert als Naturforscher eine ganz einzigartige Persönlichkeit, der niemand im 13. Jahrhundert an die Seite gestellt werden kann; sein eigenes Jahrhundert hat ihn wegen seiner Naturwissenschaft als überragenden Menschen gefeiert. Albert ist also tatsächlich durch seine Beschäftigung mit der Natur eine Erscheinung, die man nicht restlos aus ihrer Zeit heraus erklären kann. Es ist durchaus wahrscheinlich, daß Albert dieses ernste wissenschaftliche Interesse an der Natur schon in seiner Jugend gepflegt und zur Erforschung der Natur lange Jahre hindurch Wanderungen unternommen hat. Diese Wanderungen werden ihn auch nach Oberitalien geführt haben.

Mit dem Jahre 1229 betreten wir etwas festeren Boden. Wir finden Albert in diesem Jahre als Student an der Universität Padua. Er mag schon einige Jahre vorher das Universitätsstudium begonnen haben. Sofort erhebt sich die Frage, welches Studium sich denn Albert erwählt habe. Da er sich bald dem Predigerorden anschloß, könnte man vermuten, er habe Theologie studiert, also Priester werden wollen. Das ist aber nicht richtig; denn die Universität Padua besaß keine theologische Fakultät, wie überhaupt das theologische Studium in damaliger Zeit in Italien nur an den Dom- und Klosterschulen betrieben wurde. Die Universität Padua ist im Jahre 1222 entstanden. Die meisten Universitäten des Mittelalters leiteten ihren Ursprung auf einen päpstlichen oder landesherrlichen Stiftungsbrief zurück. Padua dagegen und einige wenige andere entstanden durch Auswanderung, in einer Weise also, die uns heute vollständig fremd ist. In dem genannten Jahr zogen mehrere Professoren und einige hundert Studenten von Bologna weg und ließen sich in Padua nieder. Ob sie sich nicht mehr mit der Stadtobrigkeit vertragen konnten oder Wohnungsmangel sie zum Abzug zwang, wissen wir nicht. Da sie aber aus Bologna kamen, können sie nur den Fakultäten angehört haben, die in Bologna bestanden, also den beiden juristischen, der medizinischen und der philosophischen, von denen die beiden letzteren keine allzu große Bedeutung besaßen.

Wir vermögen uns ungefähr ein Bild von der Entstehung der Universität von Padua zu machen auf Grund eines Vertrages, der im Jahre 1228 zwischen den Rektoren der Studenten von Padua und der Stadtverwaltung von Vercelli abgeschlossen wurde; denn dieser Vertrag behandelt die Auswanderung von Studenten von Padua nach Vercelli. Die Stadtverwaltung von Vercelli verpflichtete sich, den Studenten und der neuen Universität fünfhundert der besten Wohnungen zur Verfügung zu stellen. Der Mietpreis sollte von zwei Studenten und zwei Bürgern bestimmt werden; im Falle von Uneinigkeit war der Bischof oder ein Domherr anzurufen. Die teuerste Wohnung durfte den Preis von 19 Lire nicht übersteigen. Nur die Wohnungen, die bei Märkten für die Gäste benötigt wurden, durften von den Studenten nicht in Anspruch genommen werden. Die Studenten erhielten von der Stadt ein Darlehen von 10 000 Lire. Lebensmittel durften aus dem Stadtgebiet nicht ausgeführt werden. Getreide mußte den Studenten zum Großhandelspreis abgegeben werden. Die Stadt versprach ferner, die Gehälter der Professoren zu zahlen, die von den vier Rektoren der nationalen Studentenverbände der Franzosen, Italiener, Deutschen und Provenzalen gewählt werden sollten, und zwar für einen Theologen, drei für Zivilrecht, vier für kanonisches Recht, für zwei Mediziner, zwei Dialektiker und zwei Grammatiker. In Zivilstreitigkeiten sollten die Studenten den Rektoren, in Strafsachen der Stadtobrigkeit unterworfen sein. Im übrigen sollten die Studenten genau wie die Bürger behandelt werden und auf den weitesten Schutz und das größte Entgegenkommen der Stadt rechnen dürfen. Dieser Vertrag wurde zunächst für acht Jahre abgeschlossen.

In ähnlicher Weise werden die Studenten, die im Jahre 1222 von Bologna nach Padua kamen, aufgenommen worden sein. Für uns ist jedoch besonders wichtig, daß im Jahre 1228 in Padua die Studenten in vier Nationen, d. h. in Verbänden zusammengeschlossen waren, die die Studenten der betreffenden Nationen aufnahmen. Diese Nationen mit je einem Rektor waren die juristischen Vertretungen der Studenten und spielten innerhalb der Universität eine große Rolle. Albert gehörte seiner Abstammung entsprechend der »Deutschen Nation« an.

Über das Leben der Studenten vermögen wir uns kein genaues Bild zu machen. Es ist hier wie in vielen anderen Fällen aus lang zurückliegender Zeit; die Chronisten berichten nicht über das Normale und Alltägliche, wohl aber über Ausschreitungen. In vielen Fällen, wo uns über die Studenten berichtet wird, erfahren wir daher nicht gerade erbauliche Dinge. Meist sind es Schlägereien mit Bürgern und der Stadtpolizei, die manchmal zur Auswanderung der Studenten führten. Sicherlich waren nicht alle Studenten Heilige. Aber wie im ganzen Mittelalter, so lagen auch bei den Studenten die Extreme nahe beieinander. Roheit und Verkommenheit bei den einen standen tiefste Frömmigkeit und wahrer Heroismus der anderen gegenüber. Wir wissen von Studenten, die vor Anbruch des Tages zur Kirche gingen, um am Chorgebet teilzunehmen, andere durchzechten die Nacht in zweifelhafter Gesellschaft.

In Padua bestand schon seit Jahren ein Kloster der Predigerbrüder oder, wie sie heute meist genannt werden, der Dominikaner. Ihren Orden haben wir bereits im Einleitungskapitel kennengelernt. Daß die Predigerbrüder sich gerade in Padua niedergelassen hatten, hat einen besonderen Grund. Wir wissen, daß der heilige Dominikus an die wissenschaftliche Ausbildung seiner Brüder sehr hohe Anforderungen stellte. Ihm genügte nicht die bisher übliche Ausbildung der Priester. Er sandte seine Brüder an die Universität Paris, damit sie dort Theologie studierten. Seine Predigerbrüder sollten also eine akademische Ausbildung erhalten. Dieses Ziel hatte aber zur Voraussetzung, daß stets genügend Brüder vorhanden waren, die für das akademische Studium tauglich waren. Wo konnte er diese Leute leichter finden als an den Universitäten! Daher gründete er selbst schon in der Universitätsstadt Bologna ein Kloster, und unter seinem Nachfolger in der Ordensleitung erhielten fast alle Universitätsstädte ein Predigerkloster. Wie Dominikus, so haben sich alle Predigerbrüder mit besonderem Eifer der Seelsorge unter den Studenten gewidmet, und aus der Schar der Studenten und Professoren haben sie ihre besten Kräfte geholt. Sobald nun in Padua die Universität gegründet war, folgten die Predigerbrüder in kurzer Zeit. Hier in Padua ist Albert in nähere Beziehungen zu den Predigerbrüdern getreten. Wie so viele andere hat er sich der großen Werbekraft, die von ihrem Orden ausging, nicht entziehen können. Bevor wir jedoch die Entwicklung seines Verhältnisses zu den Predigerbrüdern weiterverfolgen, müssen wir einen Mann vorstellen, dessen Erscheinen in jeder Universitätsstadt einen heiligen Aufruhr unter Professoren und Studenten zu erregen pflegte und der entscheidend in das Leben Alberts eingegriffen hat, Jordan von Sachsen, den bedeutendsten Ordensmeister, der nach dem heiligen Dominikus die Predigerbrüder geführt hat. Jordan war als Sohn eines Kleinbauern in der Grafschaft Dassel geboren, hatte in Paris die »Künste«, vor allem Sprachwissenschaft, studiert und war nach dem ersten theologischen Examen, dem Bakkalaureat, am 11. Februar 1220 mit seinem Freunde Heinrich von Köln und einem weiteren Deutschen mit Namen Leo in Paris in den Predigerorden eingetreten. Im folgenden Jahre schon wurde er zum Prior der lombardischen Ordensprovinz ernannt und im Jahre 1222 nach dem Tode des hl. Dominikus auf dem Generalkapitel des Ordens in Paris zum Ordensmeister gewählt. In dieser Wahl nach einer etwas mehr als zweijährigen Zugehörigkeit zum Orden liegt das klarste Zeugnis für die überragende Größe dieses Mannes. Wenn der Orden in der Folgezeit bis zum Ende des 13. Jahrhunderts eine so gewaltige innere und äußere Entfaltung erlebt und seine ihm von Gott zugedachte Aufgabe in diesem Jahrhundert so glänzend erfüllt hat, ist das nicht zuletzt das Verdienst Jordans von Sachsen. Fünfzehn Jahre lang hat er als Ordensmeister Europa bereist, hat Ordensniederlassungen gegründet und seine Brüder im Ordensgeist bestärkt. Er hat die Organisation des Ordens ausgebaut und das Ordensrecht geschaffen. Er hat seine Ordensbrüder in die Missionen unter den Ungläubigen geführt. Unter ihm wurden die ersten Predigerbrüder als Professoren an die Universität Paris berufen und damit jene gewaltige Bewegung mit vorbereitet, die die Hochscholastik heraufgeführt hat. Mit einem Wort: Jordan von Sachsen hat die Gründung des Predigerordens vollendet und ihn auf alle Arbeitsgebiete geführt, die ihm fortan geblieben sind. Diese ungeheure Tätigkeit hat ihn zu einem unsteten, aufreibenden Wanderleben gezwungen. Wenn nicht Krankheit ihn ans Bett fesselte, weilte er nie länger als zwei Monate an einem Ort. Immer wieder griff er zum Wanderstab, um seine Brüder zu besuchen, die über ganz Europa zerstreut waren. Auf einer Reise zu seinen Brüdern in Palästina ist er im Jahre 1237 bei einem Schiffbruch ums Leben gekommen. Das Geheimnis seiner reichen Persönlichkeit liegt in einer wunderbaren Verbindung von natürlichen Gaben mit einer lodernden paulinischen Liebe zu den Seelen, die ihrerseits wieder hervorfließt aus einer alles beherrschenden und alles überwindenden Christusliebe. Dieser Seeleneifer führt ihn in den Predigerorden, bestimmt seine Tätigkeit als Ordensmeister, befähigt ihn über seine gewaltige Regierungstätigkeit hinaus zu unermüdlicher Seelsorge unter Gebildeten und Ungebildeten. Jordan war ein hinreißender Prediger, ein Mann von geradezu unwiderstehlicher Liebenswürdigkeit. Er besaß in ganz außerordentlichem Maße die Gabe der Unterscheidung der Geister, eine Macht über die Seelen und eine Menschenkenntnis, wie wir sie nur bei den ganz großen Führern finden. Der Raum gestattet leider nicht, näher auf diesen großen Deutschen einzugehen; im Hinblick auf Albert aber sollen hier einige kurze Berichte wiedergegeben werden, die in die Tätigkeit Jordans unter den Studenten einführen.

Jordan besuchte mit Vorliebe die Universitätsstädte, besonders Paris und Bologna, wo abwechselnd jedes Jahr das Generalkapitel des Predigerordens gehalten wurde. Hier predigte er den Professoren und Studenten. In hellen Scharen drängten sie sich zu seinen Predigten und zu den vertrauten Unterredungen im Kloster und in den Quartieren der Studenten. Wenn von ihm berichtet wird, er habe über tausend Studenten für den Orden gewonnen, so ist dies durchaus glaubwürdig. Er verstand eben wie kein zweiter die Jugend. Er wußte sie zu begeistern für die hohen Ideale seines Ordens. Seine Worte und seine Ratschläge erschienen seinen Zuhörern wie göttliche Offenbarungen, denen sie rückhaltlos vertrauen durften. Das »Leben der Brüder des Predigerordens« erzählt nun: »Zur Verkündung des Gotteswortes war der Meister in so hohem Maße begnadet und er widmete sich der Predigt mit einem so großen Eifer, daß kaum einer ihm gleichkam. Der Herr hatte ihm besondere Gnaden verliehen nicht nur für die Predigt, sondern auch für jede Unterhaltung, so daß er in allen seinen Reden von begeisternden Worten überströmte, durch ganz originelle und packende Beispiele zu fesseln wußte, mit einem jeden nach seinen besonderen Verhältnissen sprach, jedermanns Erwartungen erfüllte, jeden anregte. Darum verlangte man stets nach einem Wort, nach einer Predigt von ihm. Am liebsten hielt er sich in denjenigen Städten auf, wo Universitäten waren. So hielt er die Fastenpredigten abwechselnd in Paris und Bologna. Die Klöster der Predigerbrüder in diesen Städten glichen dann geradezu einem Bienenhaus; so viele kamen dann, um das Ordenskleid zu nehmen; so viele wurden dann in die fernen Ordensprovinzen hinausgesandt. Wenn Jordan ankam, ließ er sofort eine Menge Ordenshabite anfertigen, da er auf Gott fest vertraute, daß er ihm wieder eine große Zahl neuer Brüder zuführen werde. Häufig aber traten so viele neue Brüder in den Orden ein, daß die nötigen Ordenskleider nicht aufzutreiben waren. So hat der Meister einmal in Paris an Mariä Lichtmeß einundzwanzig Studenten aufgenommen, und es war ein gar großes Weinen. Die Brüder weinten vor Freude, daß wieder so viele junge Kräfte zu ihnen kamen, die Studenten aber weinten, weil sie sich nun von ihren Lieben trennen sollten. Unter den neuen Brüdern aber waren viele, die nachher an verschiedenen Universitäten Lehrstühle innehatten. Einer war ein junger Deutscher, den der Meister schon mehrere Male wegen seiner großen Jugend zurückgewiesen hatte. Als er nun aber wieder erschien, nahm ihn der Meister auf; denn es standen fast tausend Studenten um ihn. Jordan aber bemerkte lächelnd: »Einer von euch stiehlt uns den Orden« und meinte damit den jungen Deutschen. Der Bruder Schneidermeister hatte für diese feierliche Aufnahme nur zwanzig Ordenshabite bereitgelegt. Da sie nicht ausreichten, mußten die Brüder von ihren Kleidern abgeben, der eine den Mantel, der andere das Skapulier, ein dritter den Rock. Denn der Bruder Schneidermeister vermochte sich nicht durch die Menge der Studenten hindurchzudrängen und in der Kleiderkammer neue Habite zu holen. Der junge Deutsche aber wurde später ein tüchtiger Lehrmeister und vorzüglicher Prediger. Oft genug hat Jordan auch seine Bibel versetzt, um vom Erlös die Schulden von Studenten zu bezahlen, die eintreten wollten.«

Das prächtigste Zeugnis für die Anziehungskraft seiner Persönlichkeit und die Gewalt seines Wortes erhalten wir aber aus Vercelli, einer Universitätsstadt Oberitaliens: »Eines Tages hörte Walter der Deutsche, Professor der Freien Künste und berühmter Arzt in Vercelli, Jordan sei angekommen und werde predigen. Er warnte seine Studenten eindringlich: »Geht nicht zu seiner Predigt und meidet seine Unterhaltung. Denn er legt seine Rede stets darauf an, Menschen zu fangen.« Aber seltsam, Walter, der seine Studenten gewarnt, war einer der ersten, die von Jordan für den Orden gewonnen wurden. Ähnlich ist es vielen anderen ergangen. Sie vermochten sich nicht der Gewalt seiner Persönlichkeit und seiner Worte zu entziehen.

Ein wie feiner Seelenkenner er aber war und wie gut er besonders die Jugend verstand, zeigen folgende Beispiele, die aus vielen anderen wahllos herausgegriffen seien.

Man fragte den Meister Jordan einmal, wie es doch komme, daß die Studenten der Philosophie in großer Zahl in den Orden einträten, die Studenten der Theologie und des kanonischen Rechts aber nur zögernd. Da antwortete er: »Der Bauer trinkt sich an gutem Wein viel leichter einen Rausch an als die Bürger und Adeligen, da er gewöhnlich nur Wasser trinkt und an Wein nicht gewöhnt ist. So trinken die Studenten der Philosophie die ganze Woche hindurch das Wasser des Aristoteles und der anderen Philosophen. Wenn sie daher am Sonntag oder an einem Feiertag in der Predigt das Wort Gottes hören, werden sie leicht trunken von dem Wein des Heiligen Geistes und geben sich gefangen und schenken nicht nur Hab und Gut, sondern sich selber dem lieben Gott. Die Theologen aber hören derartiges häufig, und deshalb geht es ihnen wie einem Küster auf dem Lande, der so oft an dem Altar vorbeigeht, daß er schließlich die Ehrfurcht verliert und dem Altar oft den Rücken zukehrt, während Fremde sich ehrfürchtig vor dem Altar verneigen.«

Als einmal ein Bruder, der das Amt des Prokurators, also den Klosterhaushalt, zu verwalten hatte, Jordan um Enthebung bat, gab der Ordensmeister ihm sofort die Antwort: »Mit den Ämtern sind gewöhnlich vier Dinge verbunden: Nachlässigkeit, Ungeduld, viel Arbeit und Verdienst. Von den beiden ersten enthebe ich dich, die beiden anderen lege ich dir auf zur Buße für deine Sünden.« Ein andermal sagte er: »Wenn ich in einer anderen Wissenschaft so lange studiert hätte wie über das Wort des Apostels »Allen bin ich alles geworden«, dann hätte ich längst Meister darin sein können. Denn ich habe allzeit studiert, wie ich mich, ohne meine Pflichten zu vernachlässigen, andern anpassen könne, indem ich mich bald einem Kriegsmann, bald einer Ordensperson, bald einem Geistlichen, bald einem Schwergeprüften gleichstellte.«

Wie er aber junge Ordensbrüder behandelte, zeigt der folgende Bericht: »Als der Meister einmal viele Novizen aufgenommen hatte und sie zu einem Kloster des Ordens geleitete, mußte er mit ihnen in einer Herberge übernachten. Während nun die Novizen die Komplet beteten, fing einer der jungen Leute ob der Ungewohntheit der Zeremonien zu lachen an, und als die anderen dies sahen, lachten sie ebenfalls. Ein älterer Bruder aber verwies es ihnen; aber je heftiger er mahnte, desto ausgelassener lachten sie.

Als dann die Komplet zu Ende war, nahm Jordan diesen Bruder auf die Seite und schalt ihn: »Wer hat Euch zum Novizenmeister bestellt? Ist es Eure Sache, sie zurechtzuweisen?« Zu den Novizen aber sprach er: »Meine Lieben, lachet nur immerzu und laßt euch durch diesen Bruder nicht stören. Ich gebe euch die Erlaubnis zu lachen; denn ihr habt allen Grund, euch zu freuen und zu lachen, denn ihr seid den Fallstricken des Teufels entronnen. Nochmals sage ich euch, lachet immerzu.« Diese Worte

27

trösteten die Novizen; aber fortan lachte niemand mehr während des Gebetes.«

Jordan kam im Jahre 1229 nach Padua. In den ersten Tagen war ihm keine große Ernte unter den Studenten beschert. Dann aber meldeten sich die jungen Leute zum Eintritt und unter ihnen auch Albert. Doch hören wir den Bericht, der auf Albert selbst zurückgeht und im »Leben der Brüder« erhalten ist:

»Ein berühmter und heiligmäßiger Bruder, der ein hervorragender Naturphilosoph war und Prior der deutschen Ordensprovinz, Bruder Albert der Deutsche, Professor der Theologie, studierte in seiner Jugend in Padua. Durch die Ermahnung der Brüder, besonders aber durch die Predigten Jordans war in ihm schon oft die Absicht aufgekommen, in den Predigerorden einzutreten, er hatte sich aber nicht zu einem festen Entschluß aufraffen können. Sein Onkel nämlich, der ebenfalls in Padua weilte, widersprach ihm und nötigte ihm das Versprechen ab, innerhalb einer bestimmten Zeit das Kloster der Brüder nicht zu besuchen. Nach Ablauf dieser Frist kam er aber wieder öfters zu den Brüdern und bestärkte sich in dem Entschluß, das Ordenskleid zu nehmen. Die Furcht aber, er möchte später wieder den Orden verlassen, machte ihn immer wieder wankend. Eines Nachts aber hatte er einen Traum: Er war in den Predigerorden eingetreten, hatte ihn dann aber schon bald wieder verlassen. Als er erwachte, freute er sich, daß er das Ordenskleid nicht genommen hatte, und sprach bei sich: »Nun sehe ich, daß meine Befürchtung berechtigt ist, wenn ich Predigerbruder würde.«

Am selben Tage aber hörte er eine Predigt des Ordensmeisters Jordan, der unter anderem auch von der Versuchung durch den Teufel und seinen gefährlichen Täuschungsversuchen sprach: »Es gibt Leute, die sich vornehmen, die Welt zu verlassen und in einen Orden einzutreten. Der Teufel aber stellt ihnen im Traum vor, wie sie in einen Orden eintreten und ihn später wieder verlassen, Reitsport treiben, in kostbaren Kleidern einhergehen und sich mit Freunden vergnügen. Und all das, um ihnen Furcht vor dem Eintritt einzuflößen und ihnen die Überzeugung einzureden, sie würden im Orden nicht ausharren; oder wenn sie bereits eingetreten sind, sie zu verwirren und einzuschüchtern.« Der junge Albert war bestürzt über diese Worte. Nach der Predigt kam er zu Jordan und sprach: »Meister, wer hat Euch mein Herz offenbart?« Und er erzählte von seinen Plänen und seinem Traum. Der Ordensmeister aber antwortete voll Zuversicht: »Ich verspreche dir, mein Sohn, wenn du in unseren Orden eintrittst, wirst du ihn niemals verlassen.« Mehrmals wiederholte er diese Worte. Albert aber wandte sich auf diese bestimmte Versicherung hin von ganzem Herzen dem Predigerorden zu und trat sofort ins Kloster ein. Bruder Albert hat dies vielen Brüdern erzählt und hinzugefügt: Wenn er später im Laufe seines Ordenslebens vom Teufel oder von der Welt versucht worden sei, habe er in dieser Zusicherung des Ordensmeisters Jordan eine kräftige Stütze gefunden.«

Dieser schlichte Bericht vermittelt uns einen Einblick in die Seelenkämpfe, die der Wahl des Berufes vorausgingen. Albert studiert an der Universität Padua, und zwar, wie wir als sicher annehmen dürfen, nicht Jurisprudenz, sondern die Freien Künste. Er hat also sein Wanderleben aufgegeben und sich für ein geregeltes Universitätsstudium entschieden. Sehr lange wird jedoch dieses Studium nicht gedauert haben, da Albert kein Examen gemacht hat. Über dem Studium hat er aber die Religion nicht vergessen. Wie so viele seiner Mitstudenten ist er häufig zur Kirche der Predigerbrüder gepilgert, hat ihre Predigten gehört, hat in ihrem Kloster verkehrt und sich dem gewaltigen Einfluß, der von der Idee des hl. Dominikus ausging, nicht entziehen können. Auf Hab und Gut, auf Titel und Ehren und auf eine aussichtsreiche Laufbahn an einer Universität verzichten und sein Leben der Seelsorge widmen in einem Orden, der nur von Almosen lebt, das war ein Ziel, das auch Albert locken konnte. Was Jordan von Sachsen von den Studenten der Philosophie und Jurisprudenz gesagt, daß sie viel leichter vom Wort Gottes gefangen werden, das traf auch auf ihn zu. Er hatte die Welt durchwandert und im Buche der Natur gelesen, und nun weist ihn der Orden der Seelsorge auf die Krone der Schöpfung, die Menschenseele und ihre Unsterblichkeit, ihre Bestimmung für den Himmel und ihre Erlösungssehnsucht, weist ihn hin auf die hohe Aufgabe der Seelsorge, den höchsten und edelsten Beruf, dem sich ein Mensch widmen kann. Albert war aber kein junger Mann mehr, der in überschäumender Begeisterung und ohne Sorgen um die Zukunft hineinspringt in einen Beruf und erst später durch aufsteigende Schwierigkeiten zur Selbstbesinnung und Selbstprüfung geführt wird. Er war zu besonnen und zu ernst veranlagt, um eine Entscheidung über sein ganzes Leben zu treffen, ohne vorher sich gründlich geprüft zu haben. War das Ziel nicht zu hoch, das Leben im Predigerorden nicht zu schwer? Würde er es überhaupt aushalten in diesem Orden? Er schwankt und schwankt und vermag sich nicht zu einem Entschluß durchzuringen. In echt kindlicher Frömmigkeit, die alles, auch die Träume, als von Gott gesandt betrachtet, glaubt er schließlich die Gewißheit gefunden zu haben, daß er doch nicht für den Predigerorden passe. Da ergreift ihn die göttliche Vorsehung, hebt ihn heraus aus seinen Zweifeln und stellt ihn hinein in den Predigerorden. Sie gibt ihm den Beruf, den er aus sich nicht finden kann. Durch Jordan von Sachsen verkündet sie ihm ihren Ratschluß: »Du wirst den Predigerorden niemals verlassen.« Solch unermeßlicher Segen geht von einem gotterfüllten Manne aus, der in die Seelen-

kämpfe junger Menschen eingreift und in feinem Verständnis für das
Seelenleben und in der Kraft der vom Heiligen Geist verliehenen Gabe der
Unterscheidung der Geister eine Entscheidung trifft, die alle Zweifel löst,
alle Hindernisse wegräumt und einen klaren, geraden Weg vorzeichnet für
das ganze Leben. Auf sich selbst gestellt vermag Albert zu keinem Entschluß zu kommen. Jordan aber erkennt als wahrer Seelenkenner und
Seelsorger sofort, wie es um ihn steht. Das Wort dieses Heiligen ist Albert
Evangelium und Gewähr für die Richtigkeit des Entschlusses, der nun
unerschütterlich in ihm ruht.

Nur bei wenigen Heiligen jener Zeit sind wir über die Schwierigkeiten der
Berufswahl so genau unterrichtet wie bei Albert. Es wäre aber verfehlt, ja
geradezu unsinnig, aus dem Bericht Alberts über seine Berufswahl zu
schließen, er sei eine allzeit schwankende, zaghafte Natur gewesen, die sich
nie zu einem festen Entschluß habe aufraffen können. Albert war eben ein
ernster Schwabe, er war ein gereifter Mann, als er vor die schwere Frage der
Berufswahl gestellt wurde. Sein späteres Leben bringt genug Beispiele
seiner Energie, seiner Entschlußfreudigkeit und seines Willens zur Verantwortung.

Im Sommer des Jahres 1229 hat Albert in Padua aus der Hand Jordans von
Sachsen das Ordenskleid erhalten. Jordan verließ die Universitätsstadt
schon bald, um über Vercelli nach Frankreich und weiter nach Deutschland zu gehen. Albert blieb vielleicht kurze Zeit in Padua, ging dann aber
nach Köln, wohin Jordan ihn bestimmt hatte. Es wird nicht berichtet, daß
diese beiden Männer später noch einmal zusammengetroffen sind. Es ist
möglich, daß Albert bereits in Köln weilte, als der Prior des dortigen
Predigerklosters am 23. Oktober 1229 in den Armen Jordans starb. Wahrscheinlich aber haben sich die beiden während des Sommers 1234 gesehen,
als Jordan die deutsche Ordensprovinz visitierte. Eines ist jedoch sicher,
und Albert selbst hat es wiederholt erklärt: Er hat seinem geistlichen Vater
Jordan stets ein dankbares Herz bewahrt; seinem Segen und seiner Zusicherung hat er es zugeschrieben, wenn er alle später auftretenden Schwierigkeiten mit Leichtigkeit überwand.

Weshalb aber sandte Jordan den neuen Ordensbruder Albert nach Köln?
Es war Gepflogenheit im Orden, die Ordensbrüder in ihre Heimat zu
senden, weil sie dort, mit Sprache und Sitte vertraut, am besten in der
Seelsorge Verwendung finden konnten. So hatte es der heilige Dominikus
gehalten, so handelte auch Jordan von Sachsen. Es kam aber noch ein
weiterer Grund hinzu. Bei den Mönchsorden, z. B. den Benediktinern und
Zisterziensern, waren die Ordensbrüder durch ein feierliches Gelübde an
ein bestimmtes Kloster gebunden. Eine Versetzung von einem Kloster zum
anderen gab es im allgemeinen nicht. Die Predigerbrüder hatten diese

Gebundenheit aufgegeben, weil sie sich mit ihrer Predigttätigkeit nicht vereinbaren ließ. Sie unterstanden dem Ordensmeister und gelobten nicht die Gebundenheit an ein bestimmtes Kloster, sondern nur Gebundenheit an den Orden. Der Predigerbruder konnte also jederzeit aus seinem Kloster gerufen und in andere Länder geschickt werden, wie es eben seine Fähigkeiten und die Aufgaben des Ordens erforderten. Trotzdem hat man auch bei den Predigerbrüdern eine gewisse Gebundenheit an ein bestimmtes Kloster beibehalten. Jeder Predigerbruder wurde bei der Einkleidung einem bestimmten Kloster zugeteilt, er wurde diesem Kloster affiliiert, als Sohn überschrieben. Nach diesem Mutterkloster wurden die Brüder vielfach benannt, wenigstens innerhalb ihrer Ordensprovinz. So erklärt sich auch die Bezeichnung Alberts als »Albert von Köln«. Durch die Zuteilung zum Kölner Konvent ist Albert gleichsam Kölner Bürger geworden. Wir werden später sehen, wie der Name »Albert von Köln« einen viel tieferen Sinn erhielt durch die ungeheueren Verdienste, die sich Albert um diese Stadt erwarb.

Diese volkreichste Stadt Deutschlands bot damals ein wesentlich anderes Bild als heute. Die Hauptstraßen bestanden auch damals schon, sie waren von den Römern angelegt worden. Von den alten Römerbefestigungen war nicht viel mehr vorhanden, man hatte ihre Steinmassen zu gut bei der Aufführung der neuen Stadtmauern verwenden können. Diese einzigartige, furchteinflößende, hochragende Mauer mit ihren mächtigen Toren und Türmen ist von den Bürgern erbaut worden zum Schutz gegen feindliche Überfälle in den dauernden Streitigkeiten zwischen den Gegenkönigen in Deutschland und vielleicht auch in der Voraussicht einer gewaltsamen Auseinandersetzung zwischen Bürgertum und Erzbischof. Aber nicht nur in dieser Stadtmauer, von der heute leider nur drei Tore und einige Mauerreste stehen, offenbarten sich Bürgerkraft und Bürgerstolz. Näherte sich der Fremde von Westen her der Stadt, so gebot ihm die trutzige, festungsartige Apostelkirche halt, sie trat ihm entgegen als Ausdruck der Kraft und Wehrhaftigkeit eines aufstrebenden Bürgertums. Nach Osten aber hatte die Kirche Groß-St.-Martin die Rolle des Wächters und Beschützers übernommen. Noch stand der alte Dom, eine geräumige, vieltürmige Basilika, die den ganzen Domhügel bedeckte. An sie lehnten sich die Pfalz des Erzbischofs und die Kurien an, die Wohnungen der Domherren. Das Bürgerhaus aber, später Rathaus genannt, lag in der Judengasse, ein kleines Gebäude, das erst im 14. Jahrhundert eine würdige Ausgestaltung erhielt.

Um das Jahr 1230 zählte die Stadt etwa 54 Kirchen und Klöster, darunter 13 Pfarrkirchen. Die kirchliche Bedeutung Kölns lag damals jedoch in den Klöstern und Stiften. Die Pröpste der großen Stifte Gereon, Andreas,

Aposteln, Severin spielten eine große Rolle auch in der Kirchenregierung. Die Benediktinerabteien Pantaleon und Groß-St.-Martin vertraten das alte Mönchtum. Aus den Frauenklöstern sind vor allem zu nennen die beiden Benediktinerinnenklöster zu den hl. Machabäern und St. Mauritius und das Stift St. Ursula. Köln war also mit Klöstern reichlich versehen. Trotzdem wird man nicht von einem fühlbaren Einfluß der Ordensleute und Stiftsherren in religiöser Hinsicht sprechen können. Es ist auffallend, daß die große Reformbewegung, die unter Papst Gregor VII. eingesetzt und auch das ganze 12. Jahrhundert hindurch zur Reform zahlreicher Augustinerstifte geführt hat, an Köln spurlos vorübergegangen ist. Die Kölner der damaligen Zeit waren überaus konservativ, Neuerungen abhold, und diese Haltung zeigte sich auch, wenn es galt, gute Reformen einzuführen. Köln war gewiß die bedeutendste Stadt des mittelalterlichen Deutschlands, aber es ist nie der Ausgangspunkt großer religiöser Ideen gewesen. Dagegen durfte es mit einem gewissen Stolz auf seine Domschule hinweisen. Aber auch sie war nicht berühmt durch die Pflege der theologischen Wissenschaften, sondern war bekannt geworden durch den Mathematiker Ragimbold und den Erfinder des Mensuralgesanges Franko. Die Bürger der Stadt lebten zum großen Teil noch von Landwirtschaft. Die Grundlagen des Reichtums und der politischen Macht der Stadt aber waren Handel und Gewerbe. Köln war der große Umschlagplatz für die Güter, die vom Osten und Süden nach dem Westen und vor allem nach England geführt wurden. Die Handelsbeziehungen der Kölner Kaufherren reichten in alle Länder des Abendlandes. Die innigsten Beziehungen aber bestanden nach Flandern, Brabant und England. Der Kölner Handel beschränkte sich jedoch nicht auf die Vermittlung von Gütern. Die Ausfuhr von Kölner Produkten spielte eine mindestens ebenso große Rolle. Die Kölner Spinner, Weber und Färber, die Waffenschmiede und Goldschmiede erfreuten sich des besten Rufes im ganzen Abendland. Handel und Gewerbe lagen zum größten Teil in den Händen der vornehmsten Familien, von denen manche ihren Ursprung auf die alten Römer zurückzuführen beliebten. Diese vornehmen Kaufleute, die das Volk die »guten Leute« oder Patrizier nannte, bildeten die Oberschicht in der Bürgerschaft, den Bürgeradel. Sie standen an ritterlicher Tüchtigkeit dem Landadel nicht nach und haben in mancher Schlacht sich den Ruf kriegerischer Tüchtigkeit erworben.

In diese Stadt kamen im Sommer 1221 die ersten Predigerbrüder. Der heilige Dominikus hatte sie von Bologna hierher gesandt, daß sie von der Metropole der Kölner Kirchenprovinz aus den Orden organisieren sollten im ganzen Westen Deutschlands. Die Brüder Salomo und Christian fanden bei den Stiftsherren von St. Andreas die herzlichste Aufnahme. Stiftsherren und Predigerbrüder lebten nach der Regel des heiligen Augustin, durften sich also gleichsam als Brüder fühlen. Die Stiftsherren schenkten den Predigerbrüdern die Kapelle und das Hospiz zur heiligen Maria Magdalena in der Stolkgasse, die ein Stiftsherr Peter erbaut hatte. Im folgenden Jahre übernahm Heinrich von Köln, der mit Jordan von Sachsen in Paris das Ordenskleid genommen hatte, die Leitung der Predigerbrüder. Heinrich stammte wahrscheinlich aus Köln und war daher mit den örtlichen Verhältnissen vertraut. Er war ein hervorragender Prediger und ein untadelhafter, seeleneifriger Priester. In kurzer Zeit gewann er die Herzen der Bürger. Das Predigerkloster in der Stolkgasse wurde ein Zentrum religiösen Lebens und eifrigster Seelsorge. Wir werden später sehen, wie rasch Heinrich von Köln und seine Brüder im Volk an Boden gewonnen und ihre Niederlassung zu einer blühenden Pflanzstätte der Seelsorge entwickelt haben.

Bald aber traten schon die Gegner auf. Wie in vielen anderen Städten, so regten sich auch in Köln Neid und Eifersucht. Manche Pfarrer verfolgten mit wachsender Sorge die Entwicklung des Predigerklosters. Sie empfanden es als eine öffentliche Rüge und Zurücksetzung, daß das Volk in Scharen zu den Predigten der Predigerbrüder lief, ihre eigenen Kirchen aber leer blieben. Wie sollten sie ihre Stellung wahren? Sie erinnerten sich einer Predigt, die die heilige Hildegard vor Jahrzehnten vor dem Kölner Klerus gehalten hatte, und glaubten das Mittel gefunden zu haben, die lästige Konkurrenz der Predigerbrüder erledigen zu können. Sie kamen vor den Erzbischof Engelbert I. von Berg und trugen ihm ihre Bedenken gegen die Predigerbrüder vor. Die heilige Hildegard habe seinerzeit von Häretikern gesprochen, die unter dem Deckmantel des Seeleneifers nach Köln kommen und das Volk verführen würden. Die Predigerbrüder seien diese Häretiker, man müsse gegen sie vorgehen und ihnen die Predigt verbieten. Der Erzbischof aber, der mit tiefer Freude und größter Genugtuung die Arbeit der Predigerbrüder begrüßt und sehr wahrscheinlich den Stifter des Predigerordens auf dem Kreuzzug gegen die Albigenser persönlich kennengelernt hatte, sah sofort, daß nicht die Sorge um die Reinheit des Glaubens, sondern Eifersucht die Pfarrer zu ihrem Schritt veranlaßt hatte. Er gab ihnen daher die ironische Antwort: »Wenn die heilige Hildegard alles das prophezeit hat, so muß es auch in Erfüllung gehen.« Damit entließ er die Pfarrer, die Predigerbrüder aber ließ man in Ruhe, solange Engelbert lebte.

Als aber der große Erzbischof im November 1225 unter den Schwertern seiner Feinde bei einem meuchlerischen Überfall den Tod gefunden hatte und ein päpstlicher Legat in Köln eine Synode abhielt, wagten sich die Gegner der Prediger- und Minderbrüder wieder vor, und ein Pfarrer führte vor dem Legaten Konrad von Urach heftige Beschwerde, weil sie seine Pfarrkinder der Pfarrei entfremdeten und in ihre eigenen Kirchen zögen. Der Legat besaß anscheinend nicht die feine Ironie Engelberts, er trat dem Pfarrer in ganz anderer Weise entgegen. »Wie viele Seelen zählt deine Pfarrei?« fragte er ihn. Der Pfarrer antwortete: »Neuntausend.« Der Legat bekreuzigte sich und sprach: »Wer bist du, daß du dich getraust, so viele tausend Seelen mit der nötigen Liebe und Sorge zu umgeben? Weißt du nicht, daß du vor dem Richterstuhl Gottes Rechenschaft ablegen mußt für jede dir anvertraute Seele? Und nun beklagst du dich, daß so viele Helfer dir die Last abnehmen, unter der du zusammenbrechen mußt? Deine Klage beweist, daß du unwürdig bist, Pfarrer zu sein, ich nehme dir daher dieses Amt.« Diese scharfe Lektion hat geholfen, man ließ die Bettelmönche in Ruhe. Als am 23. Oktober 1229 der Prior Heinrich in den Armen seines Freundes Jordan von Sachsen verschied, waren die Predigerbrüder geliebt und geachtet in der ganzen Stadt. Ihr Kloster war die bedeutendste Niederlassung des Ordens in Deutschland.

Über den Tod dieses Priors Heinrich schrieb Jordan in einem Brief an eine Nonne in Trier: »Mehr über die Liebe zu schreiben, würde mich die Liebe selbst lehren, ja zwingen; aber ach, nun ist unser Geliebter fortgegangen und entwichen, und die Blume ist verwelkt, so daß unser Weinberg nicht mehr den süßen Duft gibt, sondern den Hauch der Verwesung. Und fürwahr, die Stimme der Turteltaube ist verstummt in unserem Lande. Steh auf und eile mit mir; beweine die Blume, die verwelkt, und die Turteltaube, die verstummt ist. Wen anders meine ich damit als Deinen, nein meinen Heinrich? Dein will ich ihn nennen und mein, aber auch mein und Dein soll er heißen; richtiger der Heinrich aller, weil er allen alles geworden war, um Christus zu gewinnen. Unter den Blumen muß man ihn mit der Lilie und der Rose vergleichen und nicht unpassend mit der weißstrahlenden Lilie der Unschuld. Das bezeuge ich und weiß, daß das Zeugnis wahrhaftig ist. Denn ich habe, obwohl unwürdig, da ich die letzten Blumen im Garten seines Herzens pflückte, unbefleckte Keuschheit des Herzens und des Körpers gefunden, für die er von frühester Jugend an eiferte und die er bis zum Tode unversehrt bewahrte. Ich habe nicht minder die frühlingprangende Rose der Liebe gefunden. Was für ein Duft aus beiden emporstieg, das habe nicht nur ich empfunden, sondern die ganze Provinz, die in seinem Dufte dahinlief, gerüstet zum Wettkampf. Weine darum mit mir, auf daß ich den beweine, um den ganz Köln, ja ganz Deutschland weinte; aber nicht wie die übrigen, die keine Hoffnung haben. Ich gestehe Dir, daß ich, wie ich glaube, niemals so reichlich Tränen um den Tod eines Menschen vergossen habe; vor seinem Tode, bei seinem Tode und nach seinem Tode habe ich geweint, und ich hätte noch mehr weinen mögen, weil mir nicht Tränen der Trostlosigkeit, sondern der Tröstung entströmten. Tränen, sage ich, nicht wie sie einer vergießt, der einen Toten beklagt und betrauert, sondern wie einer, der betet und Andacht zu dem lebendigen Gott hat, so wie es bisweilen den Frommen zu gehen pflegt, wenn die Kirche den Geburtstag der Heiligen, ihrer Patrone, begeht.

Es war nämlich der Tag des heiligen Severin, des Erzbischofs von Köln, dessen wahrer Geburtstag, und dieser ist, da er aus dieser Zeitlichkeit schied, der Welt zwar gestorben, aber für Gott geboren worden, nämlich am 23. Oktober; da bin ich in der Nacht, als es schon zur Matutin geläutet hatte, bevor ich ins Chor mich begab, zu ihm gegangen; als ich sah, daß er schwer litt und schon mit der Krisis rang, fragte ich ihn, ob er die heilige Ölung wünsche. Er antwortete, er verlange sehr darnach; aber wir hätten auch seinem Verlangen entsprochen, bevor wir die Matutin begonnen hätten. Die heilige Ölung schien er sich eher selber zu spenden als von andern zu empfangen, weil er die Gebete aufs frömmste für sich hersagte. Nach Spendung der Letzten Ölung gingen wir zur Matutin und sagten zu Ehren des heiligen Severin, des Patrons von Köln, die neun Lesungen; als ich bemerkte, daß sie alle von einem schon auf dem Wege zum Vaterlande Befindlichen handelten, also auch von Heinrich, legte mein Herz auch den Gesang in diesem Sinne aus. Daher kam mir ein Strom unterdrückter Tränen und fing an mehr und mehr zu fließen, reich und süß. Darnach, als ich wieder zu ihm kam, fand ich ihn, wie er über Gott und mit Gott inbrünstig redete, sang und sich und die anderen zur Sehnsucht nach dem Vaterlande aufrief, das Elend dieser Erdenzeit heftig verwünschte, die umstehenden Brüder tröstete und sprach: »Brüder, meine Seele ist weit geworden über euch.« Bei diesem Worte jubelte er auf im Geiste, sang auch und wiederholte öfters den Spruch: »Bitte für uns, Jungfrau, um uns jenes himmlischen Brotes würdig zu machen.« Dann an jene gerichtet, die schon wie Lichter in der Welt und wie Sterne am Fimament glänzen: »Euch hat Gott erwählt zu seinem Besitztum.« So sprach er und mancherlei dergleichen, indem er den Tod herbeisehnte und uns zu einem guten Leben ermahnte; und als seine liebe Seele sich schon auf das Abscheiden bereitete und von dem Herrn gerufen und vor dem Feind bewahrt wurde, der alle in die Ferse zu treffen trachtete, sprach er mit Jakob: »Wenn der Herr mit mir ist auf dem Wege, den ich gehe, und mich sicher führt und mir Brot zum Essen gibt und Kleidung, mit der ich mich bedecken kann, wird der Herr mir zum Gott sein und das Kreuz Christi zum Zeichen.« Dann aber, nachdem er noch einiges gesprochen hatte, sagte er: »Es kommt der Fürst dieser Welt, aber auf mich hat er kein Anrecht.« Als er dies und noch viel mehr des Gedenkens Wertes gesagt hatte, verfiel er in Todeskampf, und wir begannen, seine Seele Gott zu empfehlen, zu klagen und zu weinen. Stöhnen unterbrach seine Worte, und bisweilen trat Schweigen ein. Was war das für ein Wehklagen, was für ein Tränenvergießen, da nicht sowohl ein guter Vater so geliebte Söhne verließ, sondern vielmehr die Söhne ihren Vater verloren! Und auch ich, der ich ja eigentlich der Vater bin, habe einen mir so unentbehrlichen Sohn verloren, habe den, den ich ohne Schmerz geboren, nicht ohne Schmerz verloren. Diesen aber habe ich doch nicht eigentlich verloren, sondern nur vorausgeschickt; er ist, obgleich noch jung, mit reicher Frucht der Tage nicht gestorben, sondern entschlafen im Herrn. Das tröstet mich mehr, als sein Fernsein mich betrübt; und so tröste auch Du Dich. Du hast nun bei Christus einen treuen Boten und Fürsprecher; so bete auch Du für ihn zum Herrn, damit er, wenn es nötig sein sollte, schneller gereinigt werde und gereinigt für Dich zu Gott bete.«

Dieser Brief ist ein unvergängliches Denkmal der Freundschaft zweier Deutscher, die sich in der Fremde gefunden, unter dem Schutz der Gottesmutter in den Predigerorden eintraten und in treuer Freundschaft sich gegenseitig aneiferten im Dienste der Seelen. In Paris hatten sie gesprochen: »Wir wollen zusammenstehen«; der Ruf Gottes aber hatte sie auseinandergeführt, Jordan nach der Lombardei und in die weite Welt seines Ordens, Heinrich nach Köln. Beim Tode des Freundes aber war Jordan zugegen und leistete ihm die letzten Freundschaftsdienste.

Dieser Brief unterrichtet uns besser über die großen Predigerbrüder jener Zeit als lange gelehrte Darlegungen. Er führt uns auch ein in den Geist, der im Predigerkloster zu Köln herrschte und in dessen Bann Albert als junger Predigerbruder kam. Der dritte im Bunde, Leo, der mit Jordan und Heinrich in Paris in den Orden eingetreten war, übernahm das Erbe Heinrichs in Köln; er wurde Prior und damit der Vorgesetzte Alberts.

Das erste halbe Jahr des Ordenslebens diente der Prüfung. Der Orden prüfte den jungen Ordensmann, ob er tauglich sei für den schweren Dienst des Ordenslebens und der Seelsorge, der Novize aber sollte in dieser Zeit das Leben kennenlernen, das er bis zum Tode führen wollte, sollte sich Rechenschaft ablegen über die Echtheit seines Berufes und in seinem Herzen den Boden bereiten, in den die Güte Gottes alle Gaben hineinsenken will, die zur Erfüllung des hohen Berufes befähigen. Albert hatte die große Selbstprüfung schon in Padua vorgenommen, er kam ins Noviziat mit dem festen Entschluß, mit der Gnade Gottes alle Schwierigkeiten zu überwinden, er kam im Vertrauen auf das Wort seines geistlichen Vaters Jordan von Sachsen. Das Leben der Brüder kannte er von Padua her, seine kraftvolle Gesundheit ließ ihn alle Mühen und Lasten des Klosterlebens unschwer ertragen, und wenn Schwierigkeiten auftraten, half ihm Gebet darüber hinweg.

Reichtum und Wohlleben waren unbekannt im Predigerkloster zu Köln.

Man lebte von Almosen. Fleisch sah der junge Ordensmann nie auf der Tafel. Brot, Fisch und Gemüse zierten die Speisekarte, zu denen Bier oder in Köln gewachsener, herber Wein gegeben wurde. Nach Mitternacht versammelte sich der ganze Konvent, die Gemeinschaft aller Brüder, im Chor zur Matutin, dem nächtlichen Stundengebet. Am frühen Morgen, sobald es Tag wurde, wurden die Prim und die Konventsmesse gefeiert. Ein Morgenfrühstück gab es nicht. Der Vormittag und ein großer Teil des Nachmittags waren den Studien gewidmet, die unterbrochen wurden durch Chorgebet und die Mittagsmahlzeit. Das Komplet mit der damals schon eingeführten Salve-Regina-Prozession beschloß das Tagewerk. Häufig wurden die Brüder hinausgesandt in die Stadt und aufs Land, um von Tür zu Tür Almosen zu erbitten, die meist in Lebensmitteln oder Kleidungsstücken gegeben wurden. Es gab aber auch Stunden der Erholung, wo die Brüder sich im Klostergarten ergingen und sich unterhielten oder Spaziergänge machten an den Rhein und in die Wälder, die Köln umgaben.

Die Probezeit fand ihren Abschluß mit dem feierlichen Gelübde der Armut, Keuchheit und des Gehorsams. Die Predigerbrüder hatten in ihre Prozeßformel nur den Gehorsam aufgenommen, weil in diesem Gelübde alle anderen enthalten waren. Die Worte, durch die sich Albert auf immer an den Predigerorden band, lauteten: »Ich, Bruder Albert, mache das Gelübde und verspreche Gehorsam Gott und der heiligen Maria und Dir, Leo, Prior des Konvents in Köln, an Stelle Jordans, des Meisters des Predigerordens und seiner Nachfolger, nach der Regel des heiligen Augustin und nach den Satzungen des Predigerordens, daß ich gehorsam sein werde Dir und Deinen Nachfolgern bis zum Tode.«

Während der Probezeit wurde naturgemäß das Hauptgewicht gelegt auf die Einführung des Novizen in das Ordensleben; die wissenschaftliche Ausbildung setzte erst richtig ein nach der Profeß. Sie dauerte je nach der Vorbildung der Novizen etwa vier bis acht Jahre. Da Albert bereits an der Universität Padua studiert hatte, wird er sofort das theologische Studium begonnen haben. Wer ihn in die Theologie eingeführt hat, wissen wir nicht. Von einem so hochstehenden Studienbetrieb, wie wir ihn später im Kölner Predigerkloster treffen, war damals noch keine Rede. Man beschränkte sich darauf, den jungen Brüdern die praktische Theologie vorzutragen, Erklärung der Heiligen Schrift und Moral, die ja vor allem für die Seelsorge wichtig waren. Vier Jahre hat Albert dem theologischen Studium gewidmet und während dieser Zeit auch die Priesterweihe empfangen.

Das Priestertum war in damaliger Zeit nur verhältnismäßig wenigen vorbehalten. Es gab gewiß eine Unzahl von Klerikern, d. h. von Dienern der Kirche, die nur die Tonsur oder die niederen Weihen erhalten hatten. Tonsur und niedere Weihen aber verpflichteten weder zur Armut noch zur Ehelosigkeit. Man darf das nicht vergessen, wenn im Mittelalter von Klerikern die Rede ist. Die Priesterweihe wurde nur denjenigen erteilt, die in der priesterlichen Seelsorge verwandt wurden. Daher waren die großen Orden bis zum 13. Jahrhundert keine Priesterorden. Benediktiner, Zisterzienser, Kartäuser waren Mönche, aber keine Priester; nur die Mönche, die in ihrer Abtei die Seelsorge versahen, waren Priester. Genauso war es in den Augustinerstiften und in den Domkapiteln. Selbst im Kardinalskollegium gab es nur wenige Priester. Im Predigerorden aber waren die Priester viel zahlreicher; normalerweise wurde jeder Predigerbruder, der nicht Laienbruder war, zum Priester geweiht, da der Predigerorden ein Orden der Seelsorge war. Die Minderbrüder, die Franziskaner, sind ihnen hierin gefolgt, sobald sie sich in derselben Weise der Seelsorge widmeten.

Für Albert bedeutete also die Priesterweihe den Abschluß der Vorbereitungszeit und den Beginn der hohen Mission, die diese Weihe verleiht. Er trat in die Öffentlichkeit als Predigerbruder, als Seelsorger.

ALS PROFESSOR IN PARIS

DIE SATZUNGEN des Predigerordens enthielten in dem Artikel über die Gründung neuer Konvente die Bestimmung, daß kein Konvent errichtet werden dürfe, der nicht einen Lektor, also einen Lehrer oder Lesemeister besitze. Wenn eine Niederlassung die vorgeschriebene Zahl von zwölf Brüdern besaß und zum Konvent erhoben wurde, bestellte der Ordensobere neben dem Prior einen Lektor. Seine Aufgabe war, die Brüder, die in der Seelsorge tätig waren, zu unterrichten. Jedes Kloster der Predigerbrüder war also eine Stätte des Studiums. Der Unterricht, zu dem alle Brüder, auch der Prior, erscheinen mußten, hatte im Gegensatz zu den Vorlesungen für die Theologiestudenten in den großen Studienhäusern den Zweck, die Seelsorger weiterzubilden und sie immer wieder durch die Wissensgebiete zu führen, die für die praktische Seelsorge von Bedeutung waren. Die Praxis der Seelsorge, die Predigt und die Sakramentenspendung bestimmten daher Inhalt und Methode des Unterrichts in den Konventen.

Im Jahre 1234 errichteten die Predigerbrüder in Hildesheim einen Konvent. Bruder Albert von Köln wurde Lektor. Er hatte seine Ausbildung in Köln vollendet und wurde nun sofort in die dürftigen Verhältnisse eines neuen Konvents versetzt, wo er sich als Lektor im praktisch-theologischen Unterricht versuchen sollte. Am Anfang seiner wissenschaftlichen Laufbahn steht also die praktische Theologie, der Unterricht für Brüder, die in der Seelsorge bereits tätig waren, die also verlangten, daß ihnen nicht gelehrte, spitzfindige Untersuchungen geboten wurden, sondern eine Lehre, die sofort in der Seelsorge praktisch anwendbar und von der Seelsorgspraxis her bestimmt war. Hier herrschte also nicht der Schulbetrieb der Studienkonvente, wo in gründlichen Kursen die gesamte Theologie nach der üblichen Schulmethode vorgetragen wurde. Albert war zum wissenschaftlichen Beirat der Seelsorger bestellt, zum treuen Führer durch die Schwierigkeiten, die die praktische Seelsorge alle Tage mit sich brachte. Während der folgenden Jahre war er in den Konventen von Freiburg im Breisgau, Regensburg und Straßburg tätig. In Regensburg weilte er zwei Jahre. Vielleicht ist er auch noch in anderen Konventen als Lektor verwandt worden. Es ist jedoch wichtig, zu betonen, daß Albert bis zu seiner Tätigkeit in Straßburg und der bald darauf erfolgten Berufung an die Universität Paris in erster Linie die Fortbildung der Seelsorger und die Förderung der Seelsorgspraxis als Aufgabe zugewiesen erhalten hat. Denn diese Verbindung mit der praktischen Seelsorge hat in ihm die von Jordan von Sachsen angefachte Begeisterung für die Seelsorgsmission wach erhalten, hat ihm die ganze Größe der dominikanischen Idee aufgehen lassen und in späteren Jahren die Abfassung von kostbaren Werken veranlaßt, die heute noch zu den Fundgruben für praktische Theologie gehören.

Wir besitzen noch einige Schriften aus dieser ersten Lehrtätigkeit Alberts: das berühmte »Marienlob«, das in zahllosen Handschriften verbreitet und unter den ersten Schöpfungen der Buchdruckerkunst zu finden ist, sodann ein Werk über die Natur des Guten, in dem Albert den Anfang einer Tugendlehre bietet, aber auch hier wieder einen großen Abschnitt der Gottesmutter widmet. Auch seine Auslegung des Englischen Grußes stammt wohl aus dieser ersten Zeit. Die überragende Stellung der Gottesmutter in den frühen Schriften Alberts ist nicht allein aus den Bedürfnissen der Seelsorgepatres zu erklären. Wenn Albert immer und immer wieder das Lob der Gottesmutter singt und in seinen rein wissenschaftlichen Werken der späteren Zeit gerade der Mutter der Gnaden so ausgedehnte Traktate widmet und keine Gelegenheit vorübergehen läßt, auf sie hinzuweisen, und zwar unter Häufung von Lobeserhebungen, so folgt er hierin dem Drange seines Herzens. Wir werden später noch auf die einzigartige Verehrung Alberts zur Gottesmutter zurückkommen.

Im Anfang des Jahres 1240 weilte Albert in Norddeutschland. Hier beobachtete er einen großen Kometen, der lange Zeit im Westen stand und dessen Schweif sich weit über den Himmel hinzog. Dieser Komet wurde um den 25. Januar 1240 sichtbar. Er hatte eine braunrote Farbe. Sein Schweif ging von Westen nach Südosten. Bis weit in den April hinein beherrschte er den Abendhimmel. Dieses riesige, furchterregende Gestirn hat selbstverständlich bei den Chronisten der ganzen damaligen Welt den größten Eindruck gemacht. In England, Italien, Kleinasien und im fernen China hat man diesen Boten des Unglücks, für den man damals schon Kometen und Sonnenfinsternisse hielt, mit Zittern in den Tagebüchern angemerkt.

Zu welchem Zweck Albert sich im Jahre 1240 in Sachsen aufgehalten hat, ist uns nicht berichtet. Dagegen sind wir besser unterrichtet über eine Reise Alberts nach Bologna in Oberitalien.

Im Anfang des Monats März 1237 gelangte die Trauerbotschaft nach Europa, der Ordensmeister Jordan von Sachsen sei bei einem Schiffbruch an der syrischen Küste ums Leben gekommen. Jordan hatte mit Bruder Gerhard und dem Laienbruder Iwan die Ordensprovinz Palästina visitiert und sich in Akkon nach Europa eingeschifft. Am 13. Februar 1237 geriet das Schiff in einen Sturm und wurde als Wrack an die Küste geworfen. Jordan, seine Begleiter und neunundneunzig andere Personen fanden den Tod. Die Leichen wurden am folgenden Tage ans Ufer gespült. Die Predigerbrüder aus Akkon wurden herbeigerufen. Sie kamen und übertrugen die Leiche ihres geliebten Ordensmeisters in ihre Kirche in Akkon. Dort hat der große Apostel und Heilige seine letzte Ruhestätte gefunden, fern von seiner sächsischen Heimat und fern von seinen zahllosen Freunden im Abendland.

Für den Orden ergab sich nun die Notwendigkeit, sich einen neuen Ordensmeister zu geben. Das Generalkapitel von 1237 fiel aus, weil die Wahl des Ordensmeisters nicht mehr rechtzeitig ausgeschrieben werden konnte. Zu Pfingsten 1238 versammelten sich dann die Provinzialprioren des Ordens und je zwei Wähler aus jeder Provinz zur Wahl des neuen Ordensmeisters. Aus der deutschen Ordensprovinz kam der Prior Berthold Drache, der dem Konvent in Gent entstammte; unter den Wahlmännern der Provinz befand sich höchstwahrscheinlich auch Albert von Köln. Über die Wahl besitzen wir einen Bericht, der im großen und ganzen zuverlässig sein dürfte. Ein großer Teil der Wähler war gewillt, dem deutschen Ordensmeister Jordan einen deutschen Nachfolger zu geben, und schlug zur Wahl niemand anders vor als Albert von Köln. Eine andere Partei dagegen wollte einen Franzosen an die Spitze des Ordens bringen und präsentierte den Theologieprofessor und Prior der französischen Ordensprovinz, Hugo von Saint-Cher. Im ersten Wahlgang sollen sich die Stimmen gleichmäßig auf Albert und Hugo verteilt haben, so daß ein zweiter Wahlgang notwendig wurde. In diesem zweiten Wahlgang soll dann sofort der Katalane Raymund von Penaforte gewählt worden sein, der dem Konvent von Barcelona angehörte. Diese Wahl war offenbar der Ausweg aus den Schwierigkeiten, die sich aus den Vorschlägen der beiden Parteien ergeben hatten. Raymund von Penaforte hat den Orden nur zwei Jahre regiert und dann abgedankt. Ihm folgte im Jahre 1241 wieder ein Deutscher, Johann von Wildeshausen, der vorher Bischof von Bosnien gewesen und bei seiner Wahl Prior der lombardischen Ordensprovinz war.

Die Wahl von 1238 ist für uns so wichtig, weil sie zeigt, zu einem wie hohen Ansehen Bruder Albert in kurzen Jahren bei seinen deutschen Ordensbrüdern gelangt war. Nichts Aufsehenerregendes, keine Großtat wird uns aus den ersten Jahren von Alberts Ordensleben berichtet. In aller Stille scheint sich sein Wirken zu vollziehen, bis auf einmal die Wahl von 1238 für einen Augenblick den Schleier wegzieht und uns Albert in einem Lichte zeigt, das ihn würdig erscheinen läßt, Nachfolger des heiligen Dominikus und Jordans von Sachsen zu werden. Hier haben wir den Beweis, daß die überragende Autorität, die Albert in späteren Jahren als Seelsorger und Politiker genoß, nicht auf seinem Ruf als Gelehrter beruhte, sondern in seiner untadelhaften, alle in ihren Bann ziehenden, großen Persönlichkeit begründet war.

Eine Wende im Leben Alberts bedeutet anscheinend seine Sendung als Lektor an das Studienhaus des Ordens in Straßburg. Hier trat er zum ersten Mal als Lehrer von jungen Leuten auf und fand damit Gelegenheit, im Wissenschaftsbetrieb einer theologischen Schule seine Kräfte zu üben. In dieser Zeit mag seine Schrift über die Seelenkräfte entstanden sein, die uns Albert von einer ganz anderen Seite zeigt als die früheren Schriften. Aber auch diese Schrift läßt noch nicht ahnen, welche Kräfte in dem Schwaben steckten. Er war schon achtundvierzig Jahre alt geworden, also in ein Lebensalter getreten, wo die meisten anderen Gelehrten ihre stärksten Werke schon vollendet oder wenigstens in Angriff genommen haben. Wenn wir nun in den folgenden Jahren sehen, wie Albert in kürzester Zeit die Welt mit epochemachenden Werken überrascht, wie er in kurzen fünf Jahren zu einer wissenschaftlichen Größe von abendländischer Bedeutung emporwächst, so haben wir die Erklärung für die Legende, Albert sei durch Vermittlung der Gottesmutter aus einem dummen, gänzlich untalentierten Manne in einen Weltweisen umgewandelt worden.

Die Lehrtätigkeit in einem Studienhaus des Ordens öffnete Albert die Bahn zu höheren wissenschaftlichen Ämtern. Der Ordensmeister Johann von Wildeshausen, der mit aller Kraft die Universalität des Predigerordens zu betonen bestrebt war und deshalb auch die Generalkapitel nicht mehr nur in Bologna und Paris, sondern auch in anderen bedeutenden Konventen des Abendlandes abhielt, brach auch mit dem Brauch, auf die Lehrstühle des Ordens an der Universität Paris nur Mitglieder der französischen Ordensprovinz zu berufen. Um das Jahr 1242 berief er den ersten Nichtfranzosen auf einen Lehrstuhl in Paris, und dieser erste war Albert von Köln.

Wir kennen die große Wertschätzung, die der heilige Dominikus dem theologischen Studium entgegenbrachte. Im Jahre 1217 hatte er den größten Teil seiner Brüder an die Universität Paris zum Studium gesandt. Sie hatten sich in die theologische Fakultät einschreiben lassen. An der Universität war es etwas ganz Neues, daß ein Orden offiziell seine Brüder für das Studium bestimmte. Mit Freuden wurden die Predigerbrüder daher aufgenommen. Die Universität und ein früherer Theologieprofessor, Johann Barrastre, schenkten ihnen sogar ein Studentenhospiz und ermöglichten dadurch die Gründung des später so berühmten Klosters Sankt Jakob. Papst Honorius III. berief Johann Barrastre, der damals schon Dechant von Saint-Quentin war, nach Paris und übertrug ihm den theologischen Unterricht in Sankt Jakob. Damit waren die Predigerbrüder nicht nur Studenten der Universität, sie bildeten sogar mit ihrem Professor eine besondere Schule innerhalb der Hochschule. Aber bis ein Predigerbruder selbst eine Professur an der Universität erhielt, war noch ein guter Weg.

Eine Schlägerei zwischen Studenten und Bürgern von Paris und ihre Folgen bereiteten den Predigerbrüdern den Weg zu den theologischen Lehrstühlen der Universität. Nach alter Sitte vergnügten sich die Studenten am Karnevalsdienstag des Jahres 1229 in der Vorstadt Saint-Marcel von Paris. Nach Schluß ihres tollen Treibens zogen sie in eine Kneipe, um einen guten Trunk zu tun. Der Wein war gut und süffig, aber um den Geldbeutel war es weniger gut bestellt. Es kommt zum Wortwechsel zwischen dem Wirt und einigen Studenten. Bürger mischen sich ein und ergreifen die Partei des Wirtes. Es folgt eine große Rauferei, bei der die Studenten den kürzeren ziehen und in das Studentenviertel zurückgetrieben werden. Sie sinnen auf Rache. Am folgenden Tage mobilisieren sie ihre Freunde, ziehen wieder nach Saint-Marcel, dringen in die Wirtschaft ein, schlagen die Weinfässer auf, betrinken sich weidlich und fallen dann über den Wirt her. Dann geht's hinaus auf die Straße, und was sich an Bürgern und Bürgerinnen der Vorstadt dort findet, wird verprügelt und halbtot geschlagen. Eine solche Aschermittwochsveranstaltung war aber doch mehr, als sich auch eine Universitätsstadt bieten lassen konnte. Die Königinregentin Blanka, der päpstliche Legat, die Polizei wurden angerufen. Die Stadtpolizei drang in das Studentenviertel ein und verhaftete wahllos, wer ihr in die Hände fiel. Einige Studenten wurden sogar getötet, viele verwundet. Wahrscheinlich hatten manche Bürger sich an der Strafexpedition beteiligt, um endlich einmal gebührend Rache zu nehmen für die vielen Übergriffe, die sie sich fast täglich hatten gefallen lassen müssen. Nun aber begann der Kampf erst recht. Polizei war in die Studentenquartiere eingedrungen und hatte damit ein wichtiges Privileg der Universität verletzt. Die Gesamtheit der Professoren und Studenten erhob sich in Einmütigkeit zum Protest. Sämtliche Vorlesungen wurden abgesagt, der Generalstreik erklärt. Aber die Königinregentin, der Legat und der Bischof von Paris zeigten kein Entgegenkommen, die Ausschreitungen waren zu schlimm gewesen. Man wollte endlich ein Beispiel statuieren und Vorkehrungen gegen eine Wiederholung derartiger Überfälle treffen.

Die Universität aber zeigte nun, daß sie auch gegen die Staatsgewalt aufzutreten gewillt war. Am 27. März 1229 veröffentlichten einundzwanzig Professoren ein Dekret, durch das allen Professoren und Studenten für die nächsten sechs Jahre verboten wurde, in Paris zu dozieren oder zu studieren, wenn nicht innerhalb eines Monates der Universität Genugtuung geleistet sei. Die Genugtuung wurde nicht geleistet, die Professoren verließen zum größten Teil die Stadt und kehrten in ihre Heimat zurück, nach Frankreich, England, Deutschland und Italien.

Die Universität Paris hatte zu bestehen aufgehört. Wenigstens schien es so, denn nicht alle Professoren waren in den Streik getreten. Der Professor der

Theologie Johann von Saint-Gilles, ein Engländer, war in Paris geblieben, und manche andere ebenfalls. Sie genügten jedoch nicht, um das alte Ansehen der Universität wiederherzustellen. Der Bischof von Paris, dem die Universität unterstand und der das Recht zur Errichtung neuer Lehrstühle und zur Promovierung besaß, suchte daher unter anderem auch bei den Predigerbrüdern Ersatz. Bruder Roland von Cremona wurde als Bakkalaureus, also als Privatdozent zugelassen und bereitete sich unter der Leitung des Professors Johann auf das Doktorat vor. Nach einem Jahr etwa stellte er sich dem Bischof zur Prüfung, erhielt die Vollmacht, als Professor zu dozieren, und gleichzeitig einen Lehrstuhl für Theologie an der Universität. So gelangte der erste Predigerbruder zur Würde eines Doktors der Theologie, der Orden aber erhielt das Recht, seine Mitglieder für einen Lehrstuhl der Universität dem Bischof zu präsentieren. Nach kurzer Zeit trat Professor Johann von Saint-Gilles in den Predigerorden ein und brachte damit einen zweiten Lehrstuhl an den Orden. Diese überaus glückliche Wendung war nicht zuletzt dem Wohlwollen des Bischofs von Paris, Wilhelm von Auvergne, zu verdanken.

Die Universität Paris besaß nicht ein großes, alle Fakultäten fassendes Gebäude. Universität bedeutete einfach die Gesamtheit der Professoren und Studenten, also einen Verein, dessen Hörsäle zwar alle in einem bestimmten Stadtteil lagen, aber von den Professoren nach Gutdünken ausgewählt wurden. Das Predigerkloster Sankt Jakob lag im Universitätsviertel, dem heutigen »Quartier latin«. Die beiden Professoren aus dem Orden hielten selbstverständlich ihre Vorlesungen im Kloster. Da sie aber öffentliche Professoren waren, hatten auch Studenten, die nicht zum Orden gehörten, Zutritt zum Kloster und zu den Vorlesungen. Man wird die Bedeutung dieser Entwicklung nicht leicht überschätzen können. Mehr als bisher besaßen die Predigerbrüder Verbindung mit den Studenten. Der Orden war als Orden in seiner Bedeutung für die Pflege der Wissenschaft offiziell anerkannt. Andererseits war er als Faktor in die wissenschaftliche Bewegung eingeschaltet und besaß jetzt die Möglichkeit, entscheidend auf diese Bewegung einzuwirken. Denn Wissenschaft wurde auch damals, wenn auch nicht so ausschließlich wie heute, im engsten Anschluß an die Universitäten und großen Studienanstalten betrieben. Ohne die Lehrstühle an der Universität Paris hätte der Predigerorden niemals seine hohe wissenschaftliche Mission erfüllen können, hätte es wahrscheinlich niemals einen Albertus Magnus und Thomas von Aquino gegeben.

Wie hoch der Orden die Bedeutung der beiden Lehrstühle anschlug, ergibt sich aus der Tatsache, daß die Besetzung dem Ordensmeister oder dem Generalkapitel vorbehalten wurde. Der Ordensmeister bestimmte die

Brüder, die sich unter den beiden Ordensprofessoren auf das Doktorat vorbereiteten, also Bakkalaureus wurden, er präsentierte sie auch dem Bischof von Paris zum Lizentiat, d. h. zur Erteilung der Erlaubnis, überall als Professor Theologie vorzutragen. Der Ordensmeister bestimmte auch die Brüder, die als Professor an der Universität Paris dozierten.

Albert von Köln wurde vom Ordensmeister als Bakkalaureus nach Paris berufen. Unter welchem Professor er sich auf die Professur vorbereitete, ist nicht sicher. Wir wissen auch nicht, wie lange die Vorbereitungszeit gedauert hat, da erst für eine spätere Zeit drei Jahre vorgeschrieben waren. Von manchen Bestimmungen, die für die Vorbereitung der Doktoranden aus dem Weltklerus galten, war der Ordensklerus dispensiert. Albert hat also sofort mit der Vorlesung über das klassische Lehrbuch der Theologie der damaligen Zeit, die »Sentenzen« des Petrus Lombardus, begonnen. Zu Beginn des Jahres 1245 wurde er dem Bischof von Paris zum Examen vorgestellt, erhielt die Erlaubnis, als Professor zu dozieren, und übernahm zu Beginn des Studienjahres 1245/46, am 1. September, einen der beiden Lehrstühle in Sankt Jakob. Drei volle Jahre hat Albert die Professur innegehabt, bis zum Schluß des Studienjahres 1248, dem 29. Juni.

Was über die Pariser Zeit Alberts berichtet wird, ist bald erzählt. In seiner Mineralogie berichtet Albert selbst: »Als ich in Paris als Professor dozierte, kam ein Sohn des Königs von Kastilien zum Studium an die Universität. Als dessen Diener eines Tages Fische einkauften, erhielten sie auch einen Fisch, der im Lateinischen Pecten, im Deutschen aber Pleidis (eine Buttenart) genannt wird. Er war aber sehr groß für seine Art. Als man ihn ausweidete, fand man in seinem Innern die Muschel einer großen Meerschnecke (Auster), die der Königssohn mir schenkte. Sie war innen glatt, außen rauh. Innen zeigte sie das Bild dreier Schlangen, das vollkommen ausgeführt war, sogar die Augen waren vorhanden. Auf der Außenseite der Muschel war die Zeichnung von über zehn Schlangen sichtbar. Sie waren am Hals zusammengebunden, an den Köpfen und Leibern aber frei. Bei jedem Bild war sogar die Öffnung am Mund und am Schwanze sichtbar. Diese Muschel habe ich lange Zeit besessen und vielen gezeigt. Später habe ich sie jemandem in Deutschland als Geschenk zugesandt.« Den Ruf als Freund der Naturwissenschaft, den Albert sich bereits in Italien erworben, finden wir in Paris bestätigt. Albert ist also seiner alten Liebe treu geblieben und hat offenbar in Paris nicht allein Theologie doziert. Er hat auch seine naturwissenschaftlichen Kenntnisse zu erweitern gesucht, vielleicht sogar in seinen Vorlesungen gelegentlich über naturwissenschaftliche Fragen gesprochen. Daß der genannte Sohn des Königs von Kastilien zu den Schülern Alberts gehörte, ist sehr gut möglich, selbst wenn er nicht Theologie studiert hat.

Von den zahlreichen Schülern, die in Paris zu Füßen Alberts gesessen, sind uns nur wenige bekannt geworden. Unter ihnen ragt besonders hervor der Predigerbruder Ambrosius von Siena, der im Jahre 1245 mit zwei Brüdern aus der römischen Ordensprovinz nach Paris zum Studium gesandt wurde. Ambrosius hat sich nicht durch gelehrte Schriften verewigt, dagegen strahlt er am Himmel der italienischen Seligen als der große Friedensstifter und Apostel, der in edelster Form die apostolische Idee seines Ordensstifters Dominikus zur Darstellung gebracht hat.

Die wenigen Nachrichten über die Pariser Zeit Alberts lassen nicht entfernt vermuten, eine wie ungeheure Bedeutung die Lehrtätigkeit an der Universität für ihn gehabt hat. Um die große Wende in seiner wissenschaftlichen Richtung und seine abendländische Kulturmission richtig würdigen zu können, ist ein kurzer Rückblick erforderlich.

Die Frühscholastik, die um das Jahr 1200 endet, hatte dem 13. Jahrhundert, der Hochscholastik, als wichtigstes Erbe die »Sentenzen« hinterlassen. Sie waren systematische Zusammenfassungen der gesamten Theologie, die sich in erster Linie auf den Sentenzen, den Lehren der Kirchenväter, aufbauten. Ihr Inhalt war also wesentlich von den Kirchenvätern her bestimmt, vor allem vom heiligen Augustin. Die Systematisierung wurde hier durchgeführt mit Hilfe der dialektischen Methode, wie sie vor allem von Peter Abälard ausgebaut worden war. Die dialektische Behandlung der Glaubenswahrheiten war schon im 12. Jahrhundert so weit entwickelt, daß die Hochscholastik nicht viel mehr zu tun übrig fand. Von einer Pflege der Philosophie als selbständiger Wissenschaft oder gar von einem philosophischen System konnte dagegen keine Rede sein. Die Unruhe, die von philosophischen Köpfen in die Theologie hineingetragen worden war, war durch die Schöpfung der dialektischen Methode gebannt worden. Die Theologie der Väter blieb in ihrer Substanz unberührt. Augustin war der unbestrittene Führer und Lehrmeister.

Neben den Sententiariern, unter denen Petrus Lombardus mit seinen »Sentenzen« alle überragte und auf Jahrhunderte hinaus eine beherrschende Stellung in den theologischen Schulen einnahm, gab es noch eine zweite theologische Richtung, die der Viktoriner. Die Schule der Regularkanoniker von Sankt Viktor in Paris pflegte neben der dialektischen Methode mit Vorliebe die Mystik. Ihre mystische Theologie verzichtete auf die starren Formen der Dialektik und suchte in dem persönlichen Erleben und Erfahren, in der Beschauung, einen ebenso sicheren Weg zur Wahrheitserkenntnis. Aber auch bei ihnen stand der heilige Augustin beherrschend im Mittelpunkt.

Die Hochscholastik trägt wesentlich andere Merkmale. Man setzt ihren Beginn um das Jahr 1200, also in die Zeit, da die Universität Paris, die erste theologische Hochschule, gegründet wurde. Damit ist ein zwar nur äußeres, rein organisatorisches Moment angegeben, aber auch ein sehr wichtiges. In der Frühscholastik trat die Pflege der Theologie nur sporadisch auf. Ein philosophisches oder theologisches Licht leuchtete plötzlich auf, um bald ebenso rasch wieder zu verschwinden. Die berühmten Schulen von Chartres und Sankt Viktor und andere waren Gründungen, die an sich nichts mit den Korporationen zu tun hatten, die hinter ihnen standen. Es gab keinen Orden und keine andere Institution, die sich offiziell mit der Pflege der theologischen Wissenschaften befaßt hätte. Die Gründung der Universität Paris durch König Philipp August von Frankreich brachte hierin eine entscheidende Wendung. Es war eine Stätte geschaffen, wo die Theologie rein wissenschaftlich betrieben wurde und wo wissenschaftliche Bewegungen eine Repräsentanz finden konnten und gleichzeitig die Möglichkeit, sich organisch zu entwickeln. Diese äußeren günstigen Vorbedingungen allein würden jedoch kaum eine Höherentwicklung der Theologie bewirkt haben, wenn nicht wiederum von der Philosophie her eine Unruhe in die Theologie hineingetragen worden wäre. Diese Unruhe trat auf mit dem Vordringen des arabischen und jüdischen Aristotelismus ins Abendland.

Der Aristotelismus war in einigen logischen Schriften schon lange vorher im Abendland bekannt gewesen und hatte bei der Ausbildung der dialektischen Methode entscheidend mitgewirkt. In Spanien hatte man im 12. Jahrhundert in großem Umfang die Schriften von jüdischen und arabischen Philosophen ins Lateinische übersetzt, die in der Hauptsache auf den Aristotelismus aufbauten. Auch aristotelische Schriften wurden durch die Übersetzer in Spanien den abendländischen Gelehrten zugänglich gemacht. Nicht also der Orient, der durch die Kreuzzüge mit dem Abendland in Verbindung gebracht worden war, sondern Kastilien, das Grenzgebiet des Abendlandes zum Reich der Almohaden, war die Brücke, auf der eine Unsumme wissenschaftlicher Erkenntnisse und ein geschlossenes philosophisches System an die abendländischen Gelehrten herangeführt wurde. An sich war diese Befruchtung abendländischen Philosophierens durchaus zu begrüßen. Eine Gefahr aber drohte riesengroß, weil das philosophische System des Aristoteles zunächst in einer Form geboten wurde, die nicht ohne weiteres annehmbar war. Juden und Araber hatten den Aristotelismus in ihrem Sinne verbogen, hatten ihn für ihre Systeme umgebaut, so daß er für die christlichen Gelehrten nur schwer zu verwerten war. Denn, forderte schon das aristotelische System allein einen kongenialen Geist, wenn es in seiner Gesamtheit für die christliche Wissenschaft

47

verwertbar gemacht werden sollte, so wuchsen die Schwierigkeiten ins Ungemessene, sobald dieses System in der jüdischen und arabischen Gestalt beurteilt werden mußte.

Mehrere Jahrzehnte haben sich die Gelehrten an der Universität Paris um den Aristotelismus bemüht und sind der Schwierigkeiten nicht Herr geworden. Aristoteles wurde eine ernste Gefahr für das christliche Denken. Naturwissenschaftliche und metaphysische Schriften wurden anscheinend der Ausgangspunkt für theologische Irrtümer. Die Einheit im theologischen Denken geriet in Gefahr; neben der Theologie richtete sich eine neue Wissenschaft auf, die Philosophie, die Gleichberechtigung verlangte. Um eine allzu stürmische Entwicklung zu verhindern und die Gefahren für die Theologie zu bannen, verbot der päpstliche Legat im Jahre 1215, die naturwissenschaftlichen Schriften und die Metaphysik des Aristoteles in den Vorlesungen an der Universität Paris zu benutzen. Noch im Jahre 1231 erneuerte Papst Gregor IX. dieses Verbot, beauftragte jedoch einige Gelehrte mit der Reinigung der naturwissenschaftlichen Schriften, damit sie für die Vorlesungen brauchbar würden. Diese Reinigung ist jedoch nicht vorgenommen worden. Trotz des Verbotes wurden die genannten Schriften auch in Paris immer mehr herangezogen und als Quelle und Autorität benutzt, wo es sich mit der traditionellen Lehre vereinbaren ließ. Von einer Übernahme des aristotelischen Systems in seiner Gesamtheit aber war auch damals keine Rede.

Von dieser ganzen Bewegung war Albert unberührt geblieben. Als er aber um das Jahr 1242 nach Paris kam, stürmte die unübersehbare Übersetzungsliteratur auf ihn ein. Er sah sich dem Riesen Aristoteles gegenübergestellt und mag sich anfangs wie der Knabe David vorgekommen sein, der einem Goliath mit einer Schleuder entgegentreten mußte. Sicherlich hat er um das Verbot der wichtigsten aristotelischen Schriften gewußt. Er hat aber auch Kenntnis gehabt von dem Auftrag des Papstes, diese Schriften von Irrtümern zu reinigen, und das war für ihn Grund genug, sich kopfüber in die jüdisch-arabische und aristotelische Philosophie zu stürzen und in eisernem Fleiß zunächst für sich die Prüfung des aristotelischen Systems vorzunehmen. Nicht die eine oder andere Lehre, die sich ohne Schwierigkeit übernehmen ließ, sondern der ganze Aristoteles sollte es sein. So wuchs Albert in die hohe Mission, die ihm die Vorsehung für die Geisteskultur des Mittelalters zugewiesen hatte.

Wir kennen die Schriften, die Albert in Paris verfaßte oder vorbereitete, und sind in der Lage, zu verfolgen, wie er sich an dem Riesen Aristoteles aufgerichtet hat und selbst zum Riesen geworden ist. Sie geben auch die Erklärung dafür, daß Albert über die theologische Fakultät hinauswuchs und in der philosophischen eine nicht geringere Autorität genoß als in seiner eigenen. Der erste Deutsche auf einem theologischen Lehrstuhl an der Universität, der mit Brevier, Bibel und den Sentenzen des Petrus Lombardus nach Paris gekommen war und neben einem guten Willen nur die bescheidene Ausbildung besaß, die eine Studienanstalt der Provinz zu bieten vermochte, erhob sich in wenigen Jahren zu einer wissenschaftlichen Größe, die ihn über alle Gelehrten in Paris und im ganzen Abendland stellte. Kein Wunder, daß die Studenten in hellen Scharen zu seinen Vorlesungen strömten und kein Hörsaal groß genug war, allen Raum zu bieten. Kein Wunder, daß man in Albert den Bannerträger des Aristotelismus verehrte und ihn den großen Autoritäten der Theologie und Philosophie gleichsetzte.

Albert ist seiner aristotelischen Mission treu geblieben und hat in jahrelangem Bemühen den Sieg dieses Systems organisiert. In der entsagungsvollen Kärrnerarbeit des Forschers hat er das gesamte System den abendländischen Gelehrten vorgelegt. Zwar hat er die große Synthese von aristotelischer Philosophie und christlicher Theologie nur zum Teil durchführen können, er hat aber die Grundlagen geschaffen, auf deren sein Schüler Thomas von Aquino weiterbauend das System des christlichen Aristotelismus schuf, das stets mit dem Namen Alberts verbunden bleiben wird.

DER LESEMEISTER IN KÖLN

IM SOMMER des Jahres 1248 betrat Albert nach langjähriger Abwesenheit wieder seine Stadt Köln. Hier hatte sich äußerlich nicht viel verändert. Nur die herrliche Basilika von St. Peter, der Dom, stand nicht mehr. Der größte Teil war niedergelegt, um Platz zu machen für einen Bau, der der Bedeutung der Stadt und des erzbischöflichen Stuhles angemessener war. Schon Engelbert I. von Berg hatte an einen Neubau gedacht; sein Biograph erzählt: »So sehr liebte und ersehnte er mit dem heiligen David die Zierde des Hauses Gottes, daß er die Brüder (d. h. die Geistlichkeit und besonders das Domkapitel) ermahnte, die Kirche des heiligen Petrus, die Mutter aller Kirchen der Kölner Provinz, zu erneuern; und er versprach, gleich zu Beginn 500 Mark zu geben und jährlich bis zur Vollendung die gleiche Summe.« Sein Tod im Jahre 1225 wird jedoch diesen Plan zurückgestellt haben; denn wir hören nichts mehr davon bis zum 13. April 1248. An diesem Tage wurde im Hause des Domdechanten Goswin vor zahlreichen Zeugen eine Urkunde folgenden Inhalts aufgenommen: Da durch einhelligen Beschluß des Domkapitels bestimmt worden war, daß die Domkirche durch eine neue ersetzt werden sollte, baten der Dechant und viele andere Domherren den Schatzmeister des Domes Philipp, die auf dem Petrusaltar außerhalb der Messe dargebrachten Gaben auf sechs Jahre der Baukasse zu überweisen gegen eine jährliche Entschädigung von 30 Mark, die der Domkustodie zukommen sollten. Dies ist die erste Nachricht von dem Neubau des Domes. Wenige Wochen später wurden die Arbeiten begonnen. Bei diesen Abbrucharbeiten ist der alte Dom zum größten Teil abgebrannt, und zwar am 30. April. Hierüber und über die Grundsteinlegung des neuen Domes am 15. August 1248 berichten die berühmten Annalen von St. Pantaleon in Köln:
»In diesem Jahre hatte das Domkapitel unter Zustimmung des Erzbischofs und der Prioren beschlossen, die alte Domkirche abzubrechen und eine neue, bessere zu errichten. Schon bald gingen die Werkmeister daran, die Ostmauer der Kirche zu unterhöhlen, wobei sie aber die Fundamente durch starke Holzstützen gegen Einsturz schützten. Sie wollten dann diese Holzstützen anzünden und auf diese Weise die Mauern zum Einsturz bringen. Bei der Legung des Feuers aber waren sie unvorsichtig zu Werke gegangen. Durch den Ostwind wurde das Feuer in das Innere der Kirche getragen. Es entstand eine furchtbare Feuersbrunst, die die ganze Kirche bis auf die Mauern zerstörte. Auch die beiden goldenen Kronleuchter wurden vernichtet. Das Walten der göttlichen Vorsehung offenbarte sich bei dieser Feuersbrunst in glänzender Weise. Denn der Schrein mit den Reliquien der

heiligen Dreikönige war vor der Legung des Feuers aus der Mitte der Kirche, wo er zu stehen pflegte, nach dem Eingang geschafft worden. Denn man fürchtete, er würde durch die einstürzenden Mauern beschädigt werden. Der Schrein konnte so, wenn auch mit großer Mühe — die ganze Kirche war mit Rauch angefüllt — in Sicherheit gebracht werden, ohne daß er eine Beschädigung erlitt.

Erzbischof Konrad lud nun die Prälaten der Kirche und die Edlen des Landes und seine Beamten ein, zog eine ungeheuere Volksmenge durch eigens hierzu bestellte Prediger an und legte am Fest Mariä Himmelfahrt nach der feierlichen Messe den Grundstein zur neuen Domkirche. Der Papst, Erzbischof Konrad, die Legaten und alle Bischöfe der Kölner Kirchenprovinz hatten unerhört große Ablässe verliehen denjenigen, die zum Bau der Kirche ein Almosen beisteuerten.

In dieser Zeit also wurde das Fundament der neuen Basilika des hl. Petrus, der Domkirche von Köln, einer Kirche von wunderbaren Maßen, mit großen Kosten begonnen.«

Diese eingehende Schilderung mußte gegeben werden, weil seit einem Jahrhundert vielfach Albert der Große in Verbindung gebracht wird mit der Errichtung des neuen Domes. Veranlassung hierzu mag eine nicht mehr erhaltene Urkunde sein, in der Bischof Albert einen Ablaß verlieh allen denen, die zum Bau des Domes ein Scherflein beitrugen. Tatsächlich sind aber die Baupläne lange vor dem Beginn der Abbrucharbeiten entworfen worden, in einer Zeit also, als Albert in Paris weilte. Soviel wir wissen, hat Albert sich überhaupt nie mit praktischer Baukunst befaßt; auch in seinen Schriften findet sich keine Spur einer besonderen künstlerischen Begabung, wenigstens nicht in den bisher gedruckten Schriften. Wohl wird er der Bauausführung sein Interesse entgegengebracht haben. Auf den Dombau bezieht sich wohl der Bericht Alberts in seiner Schrift über die Eigenschaften der Elemente: »In Köln sah ich, wie sehr tiefe Gruben ausgehoben wurden. Tief unten fand man Gerätschaften von auffallender Gestalt und Verzierung, die offenbar in alter Zeit von Menschen angefertigt und von den Trümmern menschlicher Behausungen verschüttet wurden.« Die Funde, von denen Albert spricht, entstammten wahrscheinlich der römischen Zeit.

Die Aufgabe, die Albert in Köln zu lösen hatte, war nicht ganz einfach. Er war von Paris abberufen worden, einmal, weil er schon drei Jahre als Professor gelehrt hatte und einem anderen Kandidaten Platz machen sollte, dann aber vor allem, weil er in Köln eine Ordensschule einrichten sollte.

Bis zum Jahre 1248 besaß der Predigerorden eine eigentliche Hochschule nur in Paris. Dieses Studienhaus war gleichsam eine Ordensuniversität, an die jede Ordensprovinz drei ihrer Mitglieder zum Studium entsenden durfte. Es hieß gewöhnlich »feierliches Studium«; Studium wurde also auch als Bezeichnung für die Studienanstalt gebraucht. Unter Papst Innozenz IV. bürgerte sich ein neuer Name für die Universitäten ein, sie hießen fortan gewöhnlich »studium generale«, d. h. allgemeines Studium, allgemeine Studienanstalt. Die Predigerbrüder übernahmen diesen Namen auch für ihr Studienhaus in Paris, das nun Generalstudium hieß. Wenn auch der Name gemeinsam war, so konnten Universitäten und das Generalstudium des Ordens in Paris nur in einem Punkte verglichen werden. Wie die Universitäten allen Studenten offenstanden, so war das Generalstudium der Predigerbrüder für den ganzen Orden bestimmt. Die Rechte einer Universität besaß es nicht, konnte also auch nicht die akademischen Grade verleihen.

Was den heiligen Dominikus veranlaßt hatte, gerade in Paris ein Generalstudium für den Orden zu gründen, ist ganz klar. Die Universität Paris war die vornehmste theologische Schule, die es im Abendlande gab. Dort sollten also auch die Predigerbrüder, vor allem die Lehrer der Theologie, herangebildet werden. Von hier aus sollte der ganze Wissenschaftsbetrieb im Orden aufgebaut und ausgebreitet werden. Es war nur eine Frage der Zeit oder der persönlichen Tüchtigkeit der in Paris vorgebildeten Lehrer des Ordens, ob die Vorrangstellung des Pariser Studienhauses aufgehoben wurde. Auf die Dauer vermochte das Pariser Haus die großen Ansprüche nicht zu befriedigen. Die Ordensprovinzen mochten sich nicht mehr damit zufriedengeben, nur alle vier Jahre drei Lehrer von Paris aus zur Verfügung gestellt zu erhalten. Zudem mag sich allmählich in einzelnen Ordenshäusern nach dem Vorbild der Universität Paris der Ausbau des Studienbetriebs vollzogen haben, so daß sie mit dem Pariser Studienhaus in Wettbewerb treten konnten. Der Ordensmeister Johann von Wildeshausen nun, der auch die Vorrangstellung der beiden Konvente Bologna und Paris für die Feier der Generalkapitel aufgehoben hatte, setzte auch die Beseitigung der Ausnahmestellung des Pariser Studienhauses durch. Im Jahre 1248 beschloß das Generalkapitel, daß vier weitere Ordensprovinzen je ein Generalstudium errichten sollten, zu denen jede Ordensprovinz je zwei Studenten senden durfte. Damit wurde das Studienwesen im Orden auf eine breitere Grundlage gestellt. Die Auswahl der Tüchtigen wurde erleichtert, den Professoren wurde Gelegenheit geboten, ihre Fähigkeiten richtig zu entfalten und in der Zusammenarbeit mit ausgesucht fähigen Studenten zu großen Leistungen emporzuwachsen. Daß bei der Einrichtung der neuen Generalstudien Paris zum Vorbild genommen wurde, ist zwar nirgends gesagt, aber selbstverständlich. In Ausführung des Beschlusses des Generalkapitels wurde in Bologna, Montpellier, Oxford und Köln je ein Generalstudium errichtet. Die Leitung des Studienhauses in Köln wurde Albert übertragen.

In der einfachen Sprache jener Zeit hieß Albert in seinem neuen Amt Lektor oder Lesemeister der Predigerbrüder in Köln. In dieser Beziehung unterschied er sich also nicht von den Lektoren, die in jedem Konvent saßen. Dagegen war seine Tätigkeit weit über alle anderen Konvente der deutschen Ordensprovinz erhoben, was auch dadurch zum Ausdruck kam, daß er wie alle Rektoren der Generalstudien vom Generalkapitel berufen wurde. Daß aber Albert in Paris zum Doktor der Theologie promoviert worden war, davon redete niemand; dieser Titel kommt in keiner Urkunde mehr vor. Nach damaliger Auffassung war dies überhaupt kein Titel; die Doktorpromotion gab, wie wir gesehen haben, dem Kandidaten nur den Befähigungsnachweis und die Erlaubnis, überall zu lehren. Daß Titel Leute machen, konnte also in damaliger Zeit nicht vorkommen, weil es eben keine Titel in unserem Sinne gab. Albert wurde Konventslektor in Köln; wir wollen ihn aber Rektor des Studienhauses in Köln nennen, weil dieser Ausdruck uns sein neues Amt besser verständlich macht.

Wie in den großen Studienhäusern des Ordens und auch der deutschen Ordensprovinz, wie z. B. in Straßburg, zählte das Kölner Studium eine größere Anzahl von Lektoren oder Lehrern. Je nach dem Bildungsgrad der Studenten mußten Kurse gegeben werden in den Freien Künsten und in der Philosophie. Später kam auch das naturwissenschaftliche Studium hinzu. Der Hauptlehrgegenstand in den beiden großen Studienhäusern Köln und Straßburg war aber die Theologie. Das theologische Studium im Orden war in der ersten Zeit fast ausschließlich auf die Praxis gerichtet; es sollten ja Prediger und Seelsorger herangebildet werden. Die theologischen Kurse umfaßten eine kurze Erklärung der Heiligen Schrift, Moral und einen gedrängten Überblick über die gesamte Theologie; den Abschluß und die Krönung fand der theologische Lehrgang in der eingehenden Erklärung der Heiligen Schrift, die meist dem Rektor vorbehalten war. Außer diesen Lektoren gab es noch eine wichtige Persönlichkeit im Generalstudium, den Studentenmeister. Er war gleichsam der Adjutant des Rektors; seine Aufgabe war, die Studien der Studenten außerhalb der Schule zu beaufsichtigen, die wissenschaftlichen Veranstaltungen vorzubereiten und die gesamte Hausordnung zu überwachen. Die Studenten, die Albert in Köln traf, stammten zum größten Teil aus Deutschland, an Ausländern mögen etwa zwanzig vorhanden gewesen sein. Sie konnten aus Italien, Spanien, Frankreich, England, Skandinavien, Polen und Ungarn hierhergesandt werden. Die Gesamtzahl der Studenten im Kölner Konvent mag immerhin an hundert betragen haben. Der Zuwachs an ausländischen Studenten bedeutete für das Kölner Kloster naturgemäß eine große Belastung. Ihre

Unterbringung hat anscheinend Schwierigkeiten bereitet, und ihr Unterhalt hat schon bald dazu geführt, daß ein Generalkapitel zur Unterstützung des Kölner Klosters aufforderte. Alle diese Fragen mußte Albert in Verbindung mit dem Prior zu lösen versuchen.

Im Generalstudium gab es nicht nur Lektoren und Studenten. Ein Student, der sich als besonders befähigt erwiesen hatte, wurde vielfach schon während seiner Studienzeit zum Unterricht herangezogen. Er war also gleichzeitig Student und Lehrer. Andere wurden nach Abschluß ihres Studiums noch einige Zeit im Studienhaus mit Lehraufträgen bedacht, damit sie unter der Aufsicht des Rektors und der Lektoren ins Lehramt eingeführt werden konnten.

Albert kam nach einer etwa fünfjährigen Tätigkeit an der Universität Paris an das Studienhaus in Köln. In Paris war er erst in den bewegten und fein ausgebauten Lehrbetrieb und in die vornehme wissenschaftliche Welt eingeführt worden. Es ist daher wohl selbstverständlich, daß er in Köln diese bedeutsamen Jahre nicht vergaß, sondern das Generalstudium in jeder Hinsicht dem berühmten Muster von Paris nachbildete. Es konnte ihm nicht beifallen, auf die hohen wissenschaftlichen Forderungen des Lehrbetriebs in Paris zu verzichten und sich mit einem Studium geringeren Grades zu begnügen. Was Lehrstoff und Lehrmethode anging, so hielt er sich an die Gewohnheiten der Professoren in Paris. Daher begnügte er sich nicht mit der gründlichen Erklärung der Heiligen Schrift, er behandelte in seinen Vorlesungen die mystischen Schriften des Pseudo-Dionysius und die Ethik des Nikomachus. Mit den großen Disputationen, die er als Doktor der Theologie abhalten durfte, übertrug er diese an den Universitäten so eifrig gepflegte Übung ins Kölner Studienhaus. Er wird auch während dieses ersten Rektorats schon eine für den Orden neue Wissenschaft zum Gegenstand von Vorlesungen gemacht haben, nämlich die Naturwissenschaft.

Aus der reichen schriftstellerischen Tätigkeit Alberts in dieser Zeit sind vor allem zu nennen die Vollendung des groß angelegten Kommentars zu den »Sentenzen« des Petrus Lombardus, der Beginn des Kommentars zu den Schriften des Pseudo-Dionysius, die Niederschrift der Disputationen über die Ethik des Nikomachus oder vielmehr die Revision einer von Thomas angefertigten Nachschrift dieser Disputationen. Dann aber ist in diese Zeit der Beginn des Riesenwerkes anzusetzen, das Albert der Kommentierung der Werke des Aristoteles gewidmet hat.

Wir werden später auf die innige Verbindung von Gebet und Studium bei Albert hinweisen und diese Verbindung als die nie versiegende Quelle tiefer Erkenntnisse und unermüdlicher Schaffenskraft darstellen. Aus diesen Kölner Jahren besitzen wir ein prachtvolles Zeugnis für die naiv-fromme

Einstellung Alberts, wie wir sie ähnlich bei vielen heiligen Gelehrten beobachten können.

»Ich kenne einen Bruder, berühmt durch Leben und Wissenschaft, der behauptet, er habe die Kommentare des Herrn Albert zu den Werken des Dionysius gesehen und dort auch eine Notiz von der Hand Alberts wie folgt:

„Verschwiegenen Leuten sage ich: Als ich den Kommentar zum Buche des seligen Dionysius über die Himmlische Hierarchie mit vieler Mühe vollendet hatte, gab ich mich an die Auslegung des weiteren Werkes über die Kirchliche Hierarchie. Das erste Kapitel, das von dem Sakrament der Taufe handelt, hatte ich nach vielen Schwierigkeiten erledigt. Als ich nun das zweite Kapitel in Angriff nahm, wollte ich fast verzweifeln. Doch sieh, nach dem Nachtchor hatte ich folgenden Traum.

Ich befand mich in einer Kirche, in der der heilige Paulus die heilige Messe feierte. Ich fühlte mich getröstet und ermutigt, denn ich hoffte, von ihm über den Sinn der Bücher des seligen Dionysius unterrichtet zu werden. Als er die Worte ‚Agnus dei' sprach, strömte eine große Volksmenge in die Kirche. Der Apostel grüßte die Leute freundlich und fragte, was sie wünschten. Sie antworteten: ‚Sieh, wir führen einen Besessenen zu dir und bitten dich, treib den Teufel aus und heile ihn.' Huldvoll antwortete der Apostel, er werde es tun. Er trieb den Teufel aus und reichte dem von der Besessenheit Geheilten die heilige Kommunion. Als nach dem ‚Agnus dei' die Reinigung des Kelches vorgenommen wurde, bot ich mich als Meßdiener an und sprach in Ehrfurcht: ‚Herr, schon lange habe ich gewünscht, ich könnte durch Eure Gnade und Frömmigkeit in die Geheimnisse und Tiefen der Bücher des seligen Dionysius eingeführt werden.' Er antwortete wohlwollend: ‚Nach der Messe kommt mit mir zum Hause Aarons, des Priesters, jenseits des Flusses.' Nach der Messe folgte ich dem Apostel. Als wir an den Fluß kamen, überschritt der Apostel ihn ohne Schwierigkeit. Als ich aber den Fuß ins Wasser setzte, schwoll es plötzlich an, so daß mir der Übergang unmöglich wurde. Der Apostel aber ging zum Hause Aarons, dem Hause des Priesters, das er mir gezeigt hatte, und trat ein. Als ich noch überlegte, wie ich über den Fluß kommen könnte, erwachte ich.

Ich dachte nun bei mir nach und suchte eine Auslegung dieses Traumes. Das erste Kapitel, das ich bereits behandelt, sprach von der Austreibung des Teufels aus dem Menschen durch die Taufe. Nach der Taufe wird der Mensch zur Teilnahme an der heiligen Kommunion zugelassen. Zum Hause Aarons, der mit heiligem Öl gesalbt war, lud das folgende Kapitel ein, denn es handelt von dem Chrisma, mit dem die Bischöfe geweiht werden. Die Tiefe des Flusses hatte mich geschreckt, während der Apostel

55

gezeigt hatte, daß der Übergang leicht sei, wenn ich mich auf die Gnade Gottes verließ.

Ich gab mich also wieder an die Arbeit, und mit Gottes Hilfe vermochte ich zu vollenden, woran ich in meiner Schwäche verzweifeln wollte".«

Albert spricht hier von einem Traum, nicht von einer Vision. Erst die späteren Legendenschreiber haben aus diesem Traum eine Erscheinung des Apostels Paulus gemacht. Die wahren Heiligen sind eben nie so wundersüchtig gewesen wie ihre Biographen. Sie haben wohl zu unterscheiden gewußt zwischen Träumen und Visionen. Durch ihre innige Verbundenheit mit Gott in der Liebe war ihr Geist geschärft und rege und hingewandt auf die Stimme ihres Herrn, der aus der gesamten sichtbaren Natur und auch aus den Träumen zu ihnen sprach. Albert hat in seinem Traum die Stimme Gottes erkannt und aus ihm nicht nur neue Erkenntnisse, sondern auch die Kraft gewonnen, unbezwingbar erscheinende wissenschaftliche Schwierigkeiten zu meistern. Er fragt nicht nach der Entstehung seines Traumes und grübelt nicht über die psychoanalytische Erklärung, er nimmt den Traum, wie er ist, und sucht aus ihm die Werte herauszuholen, die ihn in seiner Wissenschaft und in seinem religiösen Leben fördern können.

Die Tätigkeit eines Lehrers wird schon von den Zeitgenossen nicht genügend gewürdigt, erst recht nicht von der Nachwelt. Dankbarkeit der Schüler für ihre Lehrer findet sich nicht allzu häufig, und noch seltener dringt sie vor zur allgemeinen Kenntnis der Öffentlichkeit. Hätte Albert nicht seine unsterblichen Werke hinterlassen, Werke, die meist in Verbindung mit der Lehrtätigkeit entstanden, wir vermöchten uns kaum ein Bild zu machen von der großen Bedeutung seiner Lehrerpersönlichkeit, wenigstens nach dieser Seite. Bei ihm kommt uns aber ein glücklicher Umstand zu Hilfe und hebt seine Lehrerpersönlichkeit heraus aus dem Dunkel der Vergessenheit. Wir besitzen Nachrichten über Albert in seinem Verhältnis zu seinen Schülern und damit das Mittel, ihn auch als Lehrer voll und ganz zu würdigen. Wir lernen Albert kennen als sittliche Lehrerpersönlichkeit. Es war ihm nicht genug, aus seiner Beherrschung der tiefsten und schwierigsten Lehrstoffe seinen Schülern das mitzuteilen, was sie für ihr Examen wissen mußten. Er thronte nicht erhaben auf seiner Lehrkanzel, unnahbar und im Gefühl unantastbarer Überlegenheit. Auch an den Universitäten lebte der Professor mitten unter den Studenten, arbeitete und zechte mit ihnen wie mit seinesgleichen. In den Studienhäusern der Predigerbrüder war das Verhältnis von Lehrer zum Schüler erhoben und geadelt durch die Erziehung zum Priester und Seelsorger, durch die gemeinsame Zugehörigkeit zu einem alle gleich verpflichtenden Orden. Lehrer und Schüler waren Brüder, die sich gegenseitig unterstützten im

Streben nach sittlicher Vollendung und sich aneiferten in der Nachfolge ihres Ordensstifters Dominikus. Albert stand daher unter seinen Schülern als Bruder und Freund, als Vater und Erzieher. Er sah seine Aufgabe erst vollständig gelöst, wenn er ihnen nicht nur eine intellektuelle Bereicherung vermittelte in seinen Vorlesungen; sein Ziel war, dem Orden und der Kirche seeleneifrige, in der Tugend gefestigte Priester heranzubilden. Wie nachhaltig auch die sittliche Persönlichkeit Alberts auf seine Schüler eingewirkt hat, werden wir später an dem Beispiel Ulrichs von Straßburg erkennen, der während des ersten Rektorats Alberts in Köln studiert hat. Thomas von Brabant, der zeitweise im Kölner Kloster sich aufhielt und manche Vorlesung Alberts besuchte, preist den großen Gelehrten und Lehrer und sagt: »Ich weiß aus eigener Beobachtung — denn ich war lange Zeit sein Hörer —, daß der verehrungswürdige Meister, Bruder Albert aus dem Predigerorden, viele Jahre hindurch fast täglich neben seiner reichen Lehrtätigkeit Tag und Nacht das Gebetsleben so sehr pflegte, daß er das Psalterium betete. Wenn Chorgebet, Vorlesungen und Disputationen beendet waren, widmete er sich der Betrachtung. Was Wunder also, daß dieser Mann alle Menschen in der Wissenschaft überragte, der im Streben nach Tugend so große Fortschritte gemacht? Und wir erklären, daß er viele Wunder gewirkt hat, die Zeugnis ablegen von der Heiligkeit seines Lebens.«
Der bedeutendste Schüler Alberts in dieser Zeit aber war der heilige Thomas von Aquino. Wenn Albert keines seiner wertvollen Werke geschrieben hätte, er würde unsterblich geworden sein allein durch die Tatsache, diesen italienischen Grafensohn herangebildet und auf den Leuchter erhoben zu haben.
Thomas war im Jahre 1243 in Neapel in den Predigerorden eingetreten. Die gräfliche Familie von Aquino, der Thomas entstammte, war mit diesem Schritt nicht einverstanden, da man ihn lieber als Prälaten in einflußreicher Stellung sehen wollte. Zunächst suchte daher die Mutter den achtzehnjährigen Thomas ins Vaterhaus zurückzuholen. Um ihren jungen Ordensbruder den Beeinflussungsversuchen der Familie zu entziehen, sandten die Predigerbrüder ihn nach Rom. Aber auch dorthin folgte ihm die Mutter. Im März etwa des folgenden Jahres wurde daher Thomas von seinen Vorgesetzten an das Generalstudium in Paris versetzt. Er trat in Begleitung des Ordensmeisters Johann von Wildeshausen die Reise nach dem Norden an. In Tuszien aber wurde die Reisegesellschaft von den Brüdern des Thomas überfallen, der junge Novize fortgeführt und in Gefangenschaft gehalten, bis er seinen Entschluß, Predigerbruder zu werden, aufgegeben hätte. Trotz mehrmonatiger Gefangenschaft, während derer die Familie alles versuchte, ihn wankend zu machen, blieb Thomas dem Orden treu. Die

Familie sah ein, daß sie nichts gegen seine Standhaftigkeit ausrichten würde, und gab ihn den Predigerbrüdern in Neapel zurück. Um aber allen weiteren Gefahren aus dem Wege zu gehen, sandte man Thomas gegen Ende des Jahres 1244 nach Köln.

Hier bestand damals noch nicht das Generalstudium, und Albert weilte noch in Paris. Das Leben, das Thomas hier zunächst führte, erhob ihn in keiner Weise über seine Mitstudenten. Er sprach wenig und beteiligte sich kaum an den Unterhaltungen der Studenten während der Erholung. Seine mächtige Gestalt, die selbst den deutschen Mitbrüdern auffiel, und seine Schweigsamkeit trugen ihm schon bald den Spitznamen »Stummer Ochse« ein. Spitznamen waren also damals schon unter Studenten beliebt, sogar in den Ordenshäusern. Daß Thomas höher begabt war als alle Mitstudenten, erkannte niemand.

Als im Sommer 1248 Albert von Paris nach Köln kam, trat für Thomas ein völliger Umschwung ein. Der größte Gelehrte des mittelalterlichen Abendlandes fand in Thomas das größte Genie, das das Romanentum hervorgebracht hat, das das Lebenswerk Alberts zu Vollendung führte und damit der anerkannte Lehrer des gesamten christlichen Kulturkreises geworden ist.

»Da Thomas so sehr zunahm in der Wissenschaft, ward er hergesandt aus dem welschen Land nach Köln. Da lernte er so eifrig, daß er selten ein Wort sprach mit den Menschen, so daß man ihn den »Schweigenden Ochsen« nannte. Da nun Bischof Albert nach Köln kam, besuchte er die Zellen der Studenten und fand in der Zelle des Thomas einen Zettel, der mit sehr gelehrten Dingen beschrieben war. Da fragte der Meister, wer in dieser Zelle wohne. Sie sprachen: »Der schweigende Ochse.« Da sprach Bischof Albert: »Er wird schon sprechend werden so laut, daß die heilige Christenheit durch ihn reich wird an Wissenschaft und Lehre.« Alle Vorträge, die Bischof Albert, der Meister, hielt und die Thomas hörte, schrieb dieser besser nieder und legte sie den Studenten besser aus als der Meister selber. Und da gab ihm der Lesemeister eine Frage auf, die er ihm öffentlich beantworten sollte, und lud alle Kleriker, die in Köln waren, dazu ein. Thomas antwortete auf die Frage so meisterlich, daß alle Anwesenden sich wunderten. Dann sandte ihn Bischof Albert nach Paris. Thomas aber fürchtete sich sehr, weil dort große Gelehrte seien. Da sprach Bischof Albert: »Du bist wahrlich ein besserer Gelehrter als ich.«

In diesem kurzen Bericht aus dem 14. Jahrhundert, der die deutsche Tradition über den Aufenthalt des heiligen Thomas in Köln enthält, ist fast alles enthalten, was wir über das Studium des jungen Italieners unter Albert wissen. Die Legende hat diesen Bericht erweitert und dichterisch ausgeschmückt. So erzählt Wilhelm von Tocco, der eine große Lebensbeschreibung des heiligen Thomas verfaßt hat: »Thomas übte in wunderbarer Weise das Schweigen, war eifrig im Studium und fleißig im Gebet. Weil er nun alles, was er von seinem Meister gelernt und was ihm Gott in seiner Barmherzigkeit an Erkenntnissen verliehen hatte, mit dem Mantel der Einfalt und des Schweigens verdeckte, nannten ihn seine Mitbrüder den »Stummen Ochsen«; sie ahnten nicht, daß er einstmals eine Leuchte der Wissenschaft werden sollte.

Im Laufe der Zeit begann Meister Albert das Buch des seligen Dionysius »Von den göttlichen Namen« in seinen Vorlesungen zu kommentieren; Thomas aber folgte diesen Vorlesungen mit größter Aufmerksamkeit. Was die Studenten in den Vorlesungen gehört hatten, wurde gewöhnlich in gemeinschaftlichen Übungen wiederholt. Ein Student, der mit Thomas Mitleid hatte, weil er wie alle übrigen ihn für minderbegabt hielt, näherte sich während einer solchen Wiederholung dem jungen Thomas und suchte, ihm einige Schwierigkeiten zu lösen. Bald aber waren die Rollen vertauscht, und aus dem hilfsbereiten Berater wurde ein hilfsbedürftiger Schüler; denn Thomas erwies sich als Schüler, der den Vorlesungen des Meisters besser gefolgt war als irgendein anderer. Er bat aber seinen Mitstudenten, über ihre Unterhaltung Schweigen zu beobachten. Dieser aber hatte nichts Eiligeres zu tun, als dem Studentenmeister mitzuteilen, ein wie großes Genie dieser »Stumme Ochse« sei. Der Studentenmeister beobachtete während einer der folgenden Wiederholungen ungesehen die Disputationen der Studenten und erkannte, daß der Student nicht übertrieben hatte. Sofort begab er sich zu Meister Albert, um ihm mit seiner Feststellung eine Freude zu machen.

In jenen Tagen disputierte Meister Albert über eine sehr schwierige Frage. Thomas machte sich über diesen Vortrag ausführliche Notizen. Ein Student fand den Zettel mit den Aufzeichnungen des Thomas und brachte ihn freudestrahlend zu Albert. Der Meister las die Notizen aufmerksam durch und erkannte, daß das lange Schweigen des Thomas verbunden mit Einfalt und Reinheit der Lebensführung eine besondere Gabe der göttlichen Gnade sei. Er befahl daher dem Studentenmeister, dem Thomas eine besonders schwierige Frage aufzugeben, über die er am folgenden Tage disputieren sollte. Thomas wollte in seiner Bescheidenheit diese Aufgabe nicht übernehmen, mußte aber gehorchen. Er begab sich daher ins Gebet, um sich auf seine erste Schulübung vorzubereiten. Im Gebet suchte er die Lösung der Aufgabe, die ihm gestellt war.

Am folgenden Tag hielt Thomas seinen Vortrag. Dann trat Meister Albert gegen die Lösung auf, die Thomas gegeben hatte. Der Schüler aber löste die Schwierigkeiten in befriedigender Weise. Nach einer besonders guten Antwort sprach Albert: »Du trittst hier auf, als wenn du nicht die Stelle des

Schülers, sondern des Lehrers innehättest.« Thomas glaubte, in diesen Worten sei kein Lob, sondern eine Rüge enthalten, und entschuldigte sich: »Meister, ich weiß keine andere Antwort.« Albert entgegnete: »Nun werde ich dir einige Schwierigkeiten vorlegen, auf die du aus eigenem Wissen antworten sollst.« Er trug vier Beweise vor, die so schwierig erschienen, daß alle meinten, damit sei Thomas erledigt. Aber auch auf diese Beweise antwortete Thomas zur vollen Zufriedenheit des Meisters. Dann aber soll Meister Albert gleichsam prophetisch den Ausspruch getan haben: »Wir nennen diesen hier den „Stummen Ochsen"; er wird aber noch ein Gebrüll in der Wissenschaft erheben, das in der ganzen Welt gehört wird.«

Thomas blieb aber auch fortan derselbe bescheidene, schweigsame Student. Meister Albert übertrug ihm in der Folgezeit alle schwierigen Schulübungen. Als dann Meister Albert über die Ethik Vorlesungen und Disputationen hielt, gab er Thomas den Auftrag, sie niederzuschreiben. Thomas vollendete dieses überaus gelehrte Werk, wie er es gehört hatte von dem großen Meister, der in der Wissenschaft jeden Gelehrten seiner Zeit überragte.«

Diesen beiden Berichten brauchen wir nur einige wenige Erklärungen hinzuzufügen. Es ist das unbestreitbare Verdienst Alberts, das Talent des heiligen Thomas entdeckt zu haben. Sicherlich würde Thomas auch ohne Albert eine Bedeutung erlangt haben, aber die Schule, die er bei Albert durchgemacht, war entscheidend für den raschen Aufstieg, den er genommen, und für die ganze wissenschaftliche Richtung, die er fortan eingehalten hat. Ohne Albert würde er nur auf weiten Umwegen sich haben durchsetzen können, wenn er überhaupt noch rechtzeitig zur Quelle der theologischen Wissenschaft, der Universität Paris, gelangt wäre. Von Albert ist Thomas in die Tiefe des Aristotelismus eingeführt worden, von ihm wurde er mit den mystischen Schriften des Pseudo-Dionysius bekanntgemacht. Gewiß ist er später in manchen Fragen eigene Wege gegangen, aber stets ist er der wissenschaftlichen Richtung seines Lehrers treu geblieben. Seine Lebensaufgabe war es, das Werk des Meisters zur höchsten Vollendung zu führen. Die Verehrung für die wissenschaftliche Größe des Meisters und Lehrers findet sich zwar in den Schriften des heiligen Thomas nirgends mit Worten ausgedrückt, aber sie ist deutlich erkennbar aus der Tatsache, daß Thomas die Schriften Alberts überaus stark benutzte und vielfach sogar wörtlich ausschrieb.

Wenn wir die Werke des heiligen Thomas bewundern und preisen, wenn auch die moderne Theologie ihr bestes System mit dem Namen jenes großen Italieners verknüpft, so wollen wir doch nicht vergessen, daß ein

Thomas von Aquino nicht möglich gewesen wäre ohne Albert den Deutschen.
Wir dürfen aber noch weitergehen. Wir haben oben gesagt, daß Albert sich nicht nur als Lehrer seiner Studenten fühlte, sondern auch als Freund und Bruder und als Führer zur Vollkommenheit. Die tiefe Frömmigkeit Alberts und die wunderbare Verbindung von Gebet und Studium finden wir in demselben Grade beim heiligen Thomas, und es besteht wohl kein Zweifel, daß der Schüler auch in dieser Hinsicht vom Meister Albert maßgebend beeinflußt worden ist. Wir wissen, daß Albert Thomas vor allen Studenten bevorzugte, daß er persönlich ihn ins Lehramt einführte und ihn zu seinem persönlichen Mitarbeiter erkor. Meister und Schüler mögen oft genug gemeinsam die Straßen Kölns und die Wälder vor der Stadt durchwandert haben, um Erholung zu suchen von den Mühen des Studiums. Die dichterische Phantasie könnte sich ergeben in Schilderungen der Zwiesprachen dieser beiden bedeutenden Männer. Wir wollen uns jedoch damit begnügen, eine Unterredung Alberts mit Thomas wiederzugeben, die uns überliefert ist und die wir in diese Zeit ansetzen dürfen. Sie zeigt uns Albert nicht als kühlen Lehrer auf dem Katheder, sondern als den Seelenführer und geistlichen Freund eines Studenten, der mehr sucht als Wissenschaft.
In diesem Sinne ist wohl auch die Unterredung aufzufassen, die Meister und Schüler in einer vertrauten Stunde hatten. »Sankt Thomas und Bischof Albert, die waren beieinander, und Meister Thomas, der fragte und sprach zu Bischof Albert:
»Heiliger Vater, sage mir, welches war die höchste Freude und die größte Freude, die unser Herr Jesus Christus je gehabt auf Erden?«
Da sprach Bischof Albert: »Das war die größte Freude, die er gehabt auf Erden, auf dem heiligen Gründonnerstag, da er seinen heiligen Fronleichnam gab seinen Jüngern und sprach: „Dies habe ich mit großem Verlangen begehrt, daß ich dies Abendmahl mit euch esse."«
»Heiliger Vater, was war der Grund, daß er es mit so großem Verlangen begehrte?«
»Der Gründe waren drei. Der erste Grund, daß seine Freude größer war, das war, daß er dachte an die vielen Menschen, die mit Liebe und Verlangen immer öfter ihn empfangen sollten bis an den Jüngsten Tag; daß er die Herzen an sich zöge mit überschwenglichem Verlangen und sie mit ihm vereinigt würden. Das war der erste Grund, weshalb er sprach: „Dies habe ich mit großem Verlangen begehrt." Der zweite Grund, daß seine Freude größer war, das war, daß er an die dachte, die ihn mit Liebe und Verlangen empfangen hatten, und daß er sich eilte, daß er sie opferte seinem himmlischen Vater, indem er sprach: „Vater, ich bitte dich für die, die du mir

gegeben hast. Wie ich und du eins sind, so will ich, daß sie eins seien mit uns." Der dritte Grund, daß seine Freude groß war, das war, daß die Zeit gekommen war und die Stunde, daß er sich opfern sollte seinem himmlischen Vater, da er an dem Kreuze hing und sprach: „Vater, in deine Hände befehle ich meinen Geist." Das war nicht allein sein Geist, es waren alle, und das sind alle, die mit ihm vereinigt sind.«

Da sprach Sankt Thomas: »Ach, heiliger Vater, hätte mit das Gott gegeben zu einem neuen Lichte, daß ich es der heiligen Christenheit verkünden sollte; das nähme ich für die Verzückung des heiligen Paulus.« In den beiden oben zitierten Berichten ist die Rede von einer feierlichen Disputation, die Thomas gehalten hat. Zu dieser akademischen Veranstaltung hatte Albert auch die Gelehrten der Stadt Köln eingeladen. Wir gehen wohl nicht fehl in der Annahme, daß diese Disputation den Abschluß des Studiums in Köln bedeutet, also das Schlußexamen. An und für sich hätte Thomas nun nach Italien zurückkehren müssen. Albert aber ließ ihn nicht ziehen, er wollte ihn einführen in den Beruf des Lehrers. Fortan also war Thomas unter Leitung Alberts im Kölner Studienhaus als Lektor tätig; man würde heute sagen, er war der Privatdozent des Universitätsprofessors. Bald aber bot sich schon eine Gelegenheit für Albert, seinen Schützling Thomas an die Stelle zu setzen, die ihm eine glänzende Laufbahn versprach. Im Sommer des Jahres 1252 gelangte ein Brief des Ordensmeisters Johann von Wildeshausen an Albert in Köln, er solle einen Kandidaten nennen, der an der Universität Paris zum Doktor der Theologie promoviert werden sollte. Johann von Wildeshausen wünschte offenbar einen Deutschen für Paris. Albert sah sich vor eine schwere Entscheidung gestellt. Er liebte seine Ordensprovinz Teutonia von Herzen und hätte ihr gewiß die hohe Ehre gegönnt, einen der Ihrigen für die Lehrkanzel in Paris bestimmt zu sehen. Anderseits war er überzeugt, daß im ganzen Orden kein würdigerer Kandidat für Paris zu finden sein würde als sein Schüler Thomas. In der Entscheidung, die Albert traf, offenbart sich die Sachlichkeit, die das Mittelalter und vor allem Albert auszeichnet. Der Dienst an der Sache siegt über persönliche Rücksichten. Albert schlägt seinem Ordensmeister keinen Deutschen, sondern den Italiener Thomas vor, denn er setzt das Wohl des Ordens über das Wohl der Ordensprovinz und die Förderung der Wissenschaft über die Förderung eines Provinzstudiums. In seiner Antwort an den Ordensmeister schilderte er seinen Schüler Thomas und pries ihn als den besten Anwärter auf die Lehrkanzel in Paris. Wir besitzen zwar dieses Schreiben nicht, aber in einem Abgangszeugnis, das Albert einige Jahre später dem Italiener Nikolaus von Brunacci ausstellte, wußte er kein größeres Lob zu spenden als den Vergleich dieses Schülers mit Thomas von Aquino.

Albert hatte jedoch nicht mit den andersgerichteten Plänen des Ordensmeisters gerechnet. Johann von Wildeshausen lehnte den Vorschlag Alberts ab. Was tut nun Albert? Von einer erneuten Verwendung für Thomas beim Ordensmeister verspricht er sich offenbar nicht viel. Vielleicht lag ein Beschluß des Generalkapitels vor, daß ein Deutscher nach Paris gesandt werden sollte. Es konnte also nur ein Weg zum Ziele führen, der nicht über den Orden ging. Albert ist diesen Weg gegangen. Er wandte sich an den Kardinallegaten Hugo von Saint-Cher, den er in Paris als Prior der französischen Ordensprovinz kennengelernt hatte und mit dem er seit Ende des Jahres 1251 in Köln in noch innigere Beziehungen getreten war. Ihn bat er um Vermittlung bei Johann von Wildeshausen, der den Legaten in päpstlichem Auftrag im Sommer 1252 in Belgien aufsuchte. Dem Wunsch des Legaten mochte der Ordensmeister sich nicht verschließen, war dieser mächtige Kardinal ja ein Ordensbruder. Thomas erhielt also seine Berufung an die Universität Paris. Die Stunde des Abschieds hatte geschlagen. Meister und Schüler mußten sich trennen. Schwere Sorgen bedrückten den erst siebenundzwanzigjährigen Thomas. Wie sollte er vor den großen Gelehrten der Universität Paris bestehen können? Aber Albert tröstete ihn mit der liebevoll-ironischen Antwort: »Du bist wahrlich ein größerer Gelehrter als ich.« Albert und Thomas haben sich später noch wiederholt gesehen; wir erfahren jedoch nichts mehr über persönliche Beziehungen dieser beiden hervorragenden Ordensbrüder und Gelehrten.

Es sei hier noch kurz auf die Bedeutung hingewiesen, die Albert und das Generalstudium der Predigerbrüder für die Stadt Köln gewonnen haben. In der wissenschaftlichen Welt besaß Köln keinen großen Ruf. Eine Universität gab es in ganz Deutschland nicht, und die Kölner Domschule besaß nur eine lokale Bedeutung. Nun aber hatte sich hier der gefeiertste Lehrer der Universität Paris niedergelassen und eine Schule eröffnet. Seine Schriften gingen von Köln aus in die weite Welt und trugen mit dem Namen des Verfassers auch den der Stadt hinaus zu den Gelehrten. Köln war fortan nicht nur eine Stadt der Weber und Tuchwirker, der Waffen- und Goldschmiede. Sein Name war verknüpft mit der Wissenschaft des großen Gelehrten Albert. Das Generalstudium der Predigerbrüder sah in seinen Mauern die Studenten aus aller Herren Länder. Sie kehrten in ihre Heimat zurück und verkündeten den Ruhm der Stadt als Pflanzstätte der Wissenschaft. So wurden durch Albert und das von ihm geformte Generalstudium der Predigerbrüder die Grundlage und die ideellen Voraussetzungen geschaffen für die alte Universität Köln, die gegen Ende des 14. Jahrhunderts errichtet wurde. Diese Universität hat bewußt die Verbindung gesucht und gefunden zu dem Manne, der Kölns Ruhm in der wissenschaftlichen Welt begründet hat, zu Albert von Köln. Im Anfange des 15. Jahrhunderts bildete sich eine Schule Alberts des Großen, die ausschließlich seine Lehre pflegte und ihm damit den Tribut zollte, der ihm gebührte. Ihrer Verehrung für den Meister verdanken wir die Erhaltung so vieler wertvoller Schriften Alberts und nicht zuletzt seine Seligsprechung im Jahre 1484. Aber auch seine Zeitgenossen in Köln haben die Ehre, den großen Albert zum Mitbürger zu haben, wohl erkannt und geschätzt und bei Gelegenheit auch seine überragende Persönlichkeit in ihre politischen Händel einzuschalten gewußt.

DER ERSTE SCHIEDSSPRUCH IN KÖLN

ALS ALBERT von Paris nach Köln zurückkehrte, stand an der Spitze der Erzdiözese Konrad von Hochstaden. Er entstammte einem gräflichen Geschlecht, das an der unteren Erft bei Frimmersdorf sein Stammschloß besaß. Durch verwandtschaftliche Beziehungen waren ihm zahlreiche mächtige Persönlichkeiten verbunden: Erzbischof Siegfried von Mainz, die Kölner Prälaten Heinrich von Vianden, Goswin von Randerath, der Domschatzmeister Philipp, der Propst Werner von St. Gereon, die Grafen Heinrich von Sayn, Dietrich von Cleve, Walram und Otto von Nassau, Männer, die fast alle in den Streitigkeiten zwischen Konrad und der Stadt Köln eine Rolle gespielt haben.

Unter recht eigenartigen Umständen, nach viel Streit und Kampf ist Konrad Dompropst von Köln geworden. Im Jahre 1237 wurde er zum Erzbischof von Köln erhoben und damit in eine Tradition hineingestellt, die ihn auf die große Reichspolitik verwies. Priester und Bischof wurde er erst zwei Jahre später in einer Kampfpause während der schweren Fehde zwischen ihm und mehreren benachbarten Fürsten.

Konrad hat sich nie so recht als Priester und Bischof gefühlt. Er war in erster Linie Reichsfürst und wollte es sein. Sein ganzer Charakter drängte ihn auf diese Bahn. An Mut, Unerschrockenheit und Tapferkeit stand er keinem weltlichen Ritter nach. Der Panzer saß ihm besser als die Kasel, und das Schwert wußte er besser zu führen als den Weihwedel. Eine bewundernswerte Tatkraft verband er mit Klugheit, kühler Berechnung und hohem diplomatischem Geschick. Selbst seine heftigsten Gegner haben ihm sittliche Verfehlungen nicht vorwerfen können. Aber die unzweifelhaft hohe Begabung hat er nur zu oft in den Dienst von Plänen gestellt, die von der Nachwelt verurteilt werden müssen. In den Anfängen seiner Regierung mag er noch für große ideale Ziele gekämpft haben, aber bald schon ist er hinabgeglitten in die Tiefe. Er hat wie kein zweiter seiner Zeit große Reichspolitik getrieben, aber sie war nicht diktiert von dem Wohl und der Mehrung des Reiches. Er hat sie in den Dienst seiner Hauspolitik gestellt und damit das böse Beispiel gegeben, das von nur zu vielen befolgt wurde. Die Abkehr von idealen Zielen wirkte zurück auf die Mittel, die Konrad in Anwendung brachte. Seine ritterliche Tüchtigkeit wurde zur Gewalttätigkeit, seine Klugheit zur Verschlagenheit. Wenn in der Politik nach einem üblen Wort der Erfolg entscheidet, so war Konrad einer der größten Politiker; denn er war ein Mann des Erfolges, dem kaum etwas fehlgeschlagen ist.

Schon vor der Absetzung des Kaisers Friedrich II. am 17. Juli 1245 durch

Papst Innozenz IV. hatte Konrad von Hochstaden mit dem Papst über die Wahl eines neuen Königs verhandelt. Die drei Gegenkönige, die Deutschland während der kaiserlosen Zeit in seinen Grenzen gesehen hat, sind auf Betreiben Konrads gewählt worden. Mit dem ersten Gegenkönig, Heinrich von Thüringen, hatten er und seine Bundesgenossen nicht viel Glück; er starb knapp neun Monate nach seiner Wahl infolge eines Sturzes vom Pferde am 17. Februar 1247. Die Vorbereitung der folgenden Königswahl wurde von Konrad mit besonderem Eifer betrieben. Die Wahl wurde nach Köln ausgeschrieben, die Kölner aber ließen ihre Tore geschlossen, weil sie zu den Staufern hielten. Wenigstens gaben sie an, dem Stauferkönig treu bleiben zu wollen; in Wirklichkeit aber sahen sie die politische Lage als eine Möglichkeit an, Vorteile für sich herauszuschlagen. Sie hatten von den Fürsten gelernt, wie sich bald zeigen wird. Am 3. Oktober 1247 wurde in Worringen bei Köln Graf Wilhelm von Holland zum König gewählt. Es waren fast nur geistliche Fürsten, und zwar aus West- und Norddeutschland, die ihn auf den Schild erhoben, und entsprechend war die Anerkennung, die Wilhelm als König fand.

Wenige Tage nach der Wahl hielt der König seinen Einzug in Köln. Er hatte sich die Gefolgschaft dieser Stadt erkaufen müssen mit einem Bündel Privilegien, die die ganze Schwäche des Königtums offenbarten. Von Köln zog er zunächst an den Niederrhein und nach Utrecht, wo er einen wenig königlichen Empfang fand. Im folgenden Jahre mußte er monatelang die Kaiserstadt Aachen belagern, um sich den Zugang zur Königskrönung zu öffnen. Konrad von Hochstaden weihte ihn am 1. November 1248 zum König.

In den folgenden Jahren hat Wilhelm um seine Anerkennung als König kämpfen müssen. Das Rheingebiet bis Mainz und ein Teil des Nordwestens haben ihm mehr oder weniger freudig gehuldigt, Süddeutschland dagegen hat er nie betreten. Er war und blieb ein Gegenkönig, auch im Bewußtsein seiner Gefolgschaft.

Gegen Ende des Jahres 1247 kam er nach Köln, wo er auch die erste Woche des folgenden Jahres verbrachte. Am Dreikönigstage des Jahres 1248 hat er Albert in seinem Predigerkloster besucht. Dieser Besuch ist der Ausgangspunkt für eine der bekanntesten Legenden geworden, die sich um die hehre Gestalt des Predigerbruders gerankt haben.

Was den jungen König veranlaßt hat, die Predigerbrüder aufzusuchen, ist nicht berichtet. Es mag schon sein, daß es die Berühmtheit Alberts war, die ihn die Bekanntschaft dieses einzigartigen Mannes suchen ließ. Albert hat die günstige Gelegenheit wahrgenommen und dem König eine Bitte seiner Brüder in Utrecht vorgetragen. In dieser Stadt besaßen die Predigerbrüder seit 1232 eine Niederlassung, die jedoch so ungünstig gelegen war, daß die

Seelsorge empfindlich behindert wurde. Sie suchten daher mitten in der Stadt ein Grundstück zu erwerben, um dort einen neuen Konvent zu errichten. Bisher waren alle Bemühungen fehlgeschlagen. Albert aber hat es erreicht; der König erklärte sich bereit, das erforderliche Baugelände zu schenken.

Eine schwache Königsmacht, wie König Wilhelm sie repräsentierte, bot den Fürsten die Möglichkeit, ihre eigensüchtige Hauspolitik zu verfolgen. Auch Konrad von Hochstaden wandte sich jetzt mehr seinem Hochstift Köln zu. Hier sah er Aufgaben, die einen tatendurstigen, herrschsüchtigen Mann reizen konnten.

Köln war im Laufe des 12. Jahrhunderts zu einer reichen und mächtigen Stadt emporgewachsen. Der berühmte Bischof und Geschichtsschreiber Otto von Freising stellte sie »über alle Städte von Gallien und Germanien, was Reichtum, Bauten, Größe und Pracht betrifft«, und Papst Innozenz IV. pries sie als »eine Stadt berühmt und herrlich, gewissermaßen einzig in deutschen Landen, die durch Größe, Adel und Macht andere Städte übertrifft«. In den schweren Kämpfen zwischen Staufern und Welfen und während der Wirren nach der Absetzung der beiden Erzbischöfe Adolf und Dietrich im 12. Jahrhundert hatten die Bürger in kluger Politik sich immer mehr Rechte zu verschaffen gewußt. Zwar besaß der Erzbischof als Reichsfürst auch im 13. Jahrhundert noch dem Namen nach die höchste Gewalt in geistlichen und weltlichen Dingen, wohl trug er vom Reich Münze, Zoll und Gericht zu Lehen, aber die geschichtliche Entwicklung hatte diese Rechte zum großen Teil ausgehöhlt, hatte immer größere Teil dieser Rechte auf die Bürger der Stadt hinübergeleitet. Wenn auch nicht rechtlich, so war Köln doch praktisch seit dem Anfang des 13. Jahrhunderts eine freie Stadt.

Die Verwaltung der Stadt lag in den Händen einer Anzahl vornehmer Bürgergeschlechter, deren Angehörige die »guten Leute«, die »Besten von der Stadt« oder die »besseren Bürger« hießen. Ihnen gegenüber standen die Zünfte oder Bruderschaften, die »Gemeinde«. Die Mehrzahl der Bürgeradeligen bildeten die »Richerzeche«, die Genossenschaft der Reichen. Sie verlieh das Bürgerrecht und das Recht, Wein zu verkaufen, die Weinbruderschaft. Sie errichtete neue Zünfte, ernannte die Zunftmeister und wählte die beiden Bürgermeister, die vor allem die Polizeigewalt ausübten. Die Rechtsprechung in Privat- und Strafsachen und ein Teil der freiwilligen Gerichtsbarkeit stand den Schöffen zu, die sich ebenfalls aus den »edlen Geschlechtern« zusammensetzten. Diese Schöffen wählten ihre Schöffenmeister und ihre Beisitzer selbst, und aus den Beisitzern, den Schöffenbrüdern, ergänzte sich das Schöffenkollegium. Dadurch war das Richteramt an einzelne Familien gebunden und fast erblich geworden. Bei

Gerichtssitzungen führte jedoch der Burggraf oder der Stadtvogt den Vorsitz. Der Stadtvogt war Inhaber der Stadtvogtei, also ein Beamter des Erzbischofs, der Burggraf dagegen besaß, wenigstens theoretisch, den Gerichtsbann neben dem Erzbischof vom Reich als Lehen, hatte jedoch praktisch keine Bedeutung mehr. Schon unter Konrad von Hochstaden waren die beiden Gerichtsvorsitzenden keine absolut unabhängigen Leute mehr. Die Vertreter von Burggraf und Stadtvogt im Gerichtsvorsitz wurden aus dem Bürgerstand genommen und konnten bei Pflichtversäumnis vom Erzbischof abgesetzt werden. Das Schöffenkollegium war zugleich Stadtobrigkeit. Neben ihm aber standen seit dem Anfang des 13. Jahrhunderts die Ratsleute, die Konsuln, die vielleicht zum Teil aus der Bürgerschaft gewählt wurden.

Die Einschränkung der landesherrlichen Gewalt des Erzbischofs bezog sich nicht nur auf die Verwaltung der Stadt. Auch bei der Zoll- und Münzverwaltung hatte der Erzbischof Rechte abtreten müssen. Die Einkünfte aus Zoll und Münze flossen zwar in die Kasse des Stiftskämmerers, aber der Zöllner gehörte dem Bürgerstande an, und das Münzwesen lag in den Händen der bürgeradeligen Bruderschaft der »Münzhausgenossen«. Die Mitgliedschaft dieser Bruderschaft war erblich, der Vorsitzende wurde von den Mitgliedern gewählt.

Diese Rechtsordnung fand Konrad von Hochstaden bei seinem Regierungsantritt vor und hat sie den Bürgern feierlich garantiert. Er wußte aber auch, daß unter Erzbischof Engelbert I. von Berg von all diesen Rechten nichts vorhanden war. Dieser energische, wahrhaft große Reichsfürst, eine der prächtigsten Bischofsgestalten des 13. Jahrhunderts, hatte mit den Rechten der Stadt gründlich aufgeräumt und die Entwicklung Kölns zur Freien Reichsstadt unterbunden. Unter seinem Nachfolger hatte sich die Stadt wieder in den Besitz aller überkommenen Rechte gesetzt, und Konrad von Hochstaden hatte sein Amen dazu sagen müssen. Im Jahre 1252 aber griff er auf das Vorbild Engelberts I. zurück und leitete den schweren Kampf ein, der ihn nach wiederholten Niederlagen zum vollständigen Siege über den Bürgeradel führen sollte.

Die Veranlassung zum ersten blutigen Streit war ein Eingriff Konrads in die Zoll- und Münzrechte der Stadt. Vielleicht tastete er diese Rechte in der Absicht an, eine umfassende Auseinandersetzung mit der Stadt einzuleiten, vielleicht aber suchte er auch auf diese Weise seine Kassen wieder aufzufüllen. Aber gerade die Prägung neuer und wohl unterwertiger Münzen und die Errichtung neuer Zollschranken, die er im Frühjahr 1252 durchführte, mußten den heftigsten Widerstand der Bürger hervorrufen. Münzsicherheit und Zollfreiheit bei der Ausfuhr aus dem Gebiet des Hochstifts waren wesentliche Voraussetzungen für den blühenden Handel und damit für den Reichtum der Stadt. Bezüglich der Prägung neuer Münzen konnten sie sich auf die von Konrad garantierten Rechte der Stadt berufen, neue Zollschranken aber waren durch Reichsrecht verboten. In derselben Zeit hatte ein päpstlicher Legat den Erzbischof von Mainz wegen neuer Zollschranken bestraft.

Die Stadtverwaltung sandte eine Abordnung an Konrad und verlangte Aufhebung seiner Maßnahmen. Der Erzbischof war zum Frieden geneigt und ließ den Bürgern der Stadt mitteilen, daß er sich mit ihnen aussöhnen wolle. Die Kölner hatten kein Interesse an einer Fortführung des Kampfes. Sie hatten die Fehde nicht hervorgerufen, sie schätzten den Frieden über alles, weil sie Handel und Gewerbe liebten. So ergriffen sie mit Freuden die dargebotene Friedenshand.

Und nun trat der Mann auf den Plan, der in den folgenden Jahren in seiner Art die Rolle des Gegenspielers gegenüber dem mächtigen, herrschsüchtigen Reichsfürsten Konrad übernahm, Albert, der Lesemeister der Predigerbrüder in Köln. In seiner Art, denn Schwert und Schild führte er nicht, und die hinterhältige Diplomatie verachtete er. Er trat in den Kampf in der Kraft einer untadeligen, achtunggebietenden Persönlichkeit.

In den wenigen Jahren, die Albert in Köln weilte, ist er hineingewachsen in die Gemeinschaft der Bürger dieser Stadt. Diese innige Verbundenheit wuchs ihm zu aus der großen Verehrung, die ihm das Volk entgegenbrachte, sie wurde aber auch begründet und gefördert durch die ganze seelische Haltung, die er dem einzelnen Menschen und der Gemeinschaft gegenüber besaß.

Albert war von Paris nach Köln gekommen als ein Mann, der einer berühmten Universität neuen Ruhm verliehen und dessen wissenschaftlichen Ruf zahllose Studenten in alle Länder des Abendlandes getragen hatten. Er war der Rektor einer internationalen Hochschule und ein Gelehrter, an den kein Domscholaster auch nur entfernt heranreichte. Vor seiner wissenschaftlichen Autorität beugte sich der ganze Klerus, und das Volk begegnete ihm mit Ehrfurcht und Hochachtung. Die Stadt der Kaufleute und Gewerbetreibenden freute sich, den weltbekannten Gelehrten in ihren Mauern beherbergen zu dürfen.

Von der geistigen und wissenschaftlichen Größe Alberts wird man sich jedoch kaum einen rechten Begriff haben machen können. Man schätzte und verehrte Albert mehr aus einem unbestimmten Drange und den Gerüchten folgend, die über ihn in der ganzen Welt verbreitet waren. Dem Volk sowohl wie den wenigen Gelehrten in der Stadt, die Albert zu den feierlichen Veranstaltungen in der Hochschule der Predigerbrüder einzuladen pflegte, fehlte eben der Maßstab für eine klare, erschöpfende Beurteilung des großen Mannes. Sobald aber das Volk Albert näher kennenlernte, fand es, daß er Liebe und Verehrung auch in der Sphäre verdiene, in der der gesunde Sinn des Volkes rasch zu einem rechten Urteil gelangt, in der Sphäre des Sittlichen. Das christliche Volk hat ein feines Empfinden für sittliche Größe und ein meist sicheres Urteil über die Übereinstimmung von christlicher Lehre und christlichem Leben bei denen, die im Brennpunkt des öffentlichen Lebens stehen. Besonders bei geistig hochstehenden Menschen, bei Gelehrten, legt es sehr kritische Maßstäbe an. Bei Albert fand das Vok in wundervoller Verbindung wissenschaftliche und sittliche Größe. Man hörte ihn auf der Kanzel der Predigerbrüder mit Wärme und innerer Begeisterung das Wort Gottes verkünden. Man wußte es wohl zu würdigen, daß dieser große Gelehrte die Sprache der Kölner lernte, um ihnen auch menschlich näher zu kommen. Man sah ihn im Beichtstuhl unermüdlich tätig. Man sah ihn in den Kreisen des Bürgeradels verkehren, beobachtete ihn aber auch in seinem Verkehr mit allen anderen Schichten der Bevölkerung. Man hörte von den vielen Menschen, die an die Tür seiner Zelle pochten, um seinen Rat und seine Hilfe zu erbitten, und ließ sich von ihnen erzählen, mit welcher Liebe und Teilnahme er auch den niedrigsten und ärmsten Leuten entgegenkam und ihnen half, wo und wie er nur konnte. Man fragte bei seinen Mitbrüdern im Kloster nach und erfuhr von dem vorbildlichen Leben des Ordensmannes, von seinem eifrigen Gebetsleben, von seiner Strenge in der Beobachtung der Klosterregel. Und so bildete sich bald die allgemeine Meinung, daß Albert mehr sei als ein großer Gelehrter, nämlich ein heiligmäßiger, eifriger Priester, der ein Herz hatte für das Volk und daher das volle Vertrauen verdiente.

Albert ist nicht etwa widerwillig und nur dem Zwang der Verhältnisse folgend zum Volksmann geworden. Er war ein Predigerbruder, Priester. Dies besagt aber eine notwendige Beziehung zum Volke. Albert hat diese Beziehung freudig bejaht und die letzten Folgerungen aus dem ihm verliehenen Priestertum gezogen. Priestertum ist Dienst am Volke. Diesen Dienst hat Albert in seiner ganzen Weite und Tiefe erfaßt und freudig geübt. Und dieser Dienst war getragen von einem lodernden Eifer für das Heil der Seelen. Als Priester und Predigerbruder ist er herausgetreten aus seinem Studierzimmer und seinem Lehrsaal, ist er der einzelnen Seele nachgegangen, um sie zu retten und heimzuführen zu ihrem Schöpfer. Und weil er den Seelen dienen wollte, hat er sich auch um die sozialen Verhältnisse des einzelnen gesorgt. Albert ging aber noch weiter. Wie alle seine Tätigkeit den Stempel der Großzügigkeit trägt, so auch seine Seelsorge. Er kannte die Verflechtung des einzelnen mit dem Volksganzen. Er besaß einen tiefen Einblick in die natürlichen Voraussetzungen des religiösen Lebens und der Seelsorge. Er wußte, daß Ordnung im sozialen und politischen Leben eine wichtige Voraussetzung ist für die Blüte von Religiosität und Seelsorge. Diese Erkenntnis führte ihn zum Dienst an der Gemeinschaft und schließlich zur Politik. Sozialer und politischer Frieden als Voraussetzung für die Seelsorge sind das Programm seines Wirkens in der Öffentlichkeit. Mit Einsatz seiner ganzen Persönlichkeit hat er an der Durchführung dieses Programms gearbeitet.

Das Vertrauen des Volkes und sein seelsorglich-sozialer Sinn führten ihn im März des Jahres 1252 vor Konrad von Hochstaden. Dieser mächtige Fürst hat sich vor der sittlichen Größe Alberts ebenso verneigt wie die Kölner Bürger. Diese beiden bedeutendsten Männer der Stadt Köln hatten keine erkennbaren Berührungspunkte aufzuweisen, sie traten sich gegenüber als scharf markierte Gegensätze: Konrad als Vertreter von Macht und Gewalt, Albert als Anwalt des Rechts und der Seelsorge, als Verteidiger der Lehren Christi. Wer den Lesemeister Albert zur Beilegung der Fehde gerufen, wissen wir nicht. Wahrscheinlich war sein Ansehen in der Stadt, bei Volk und Erzbischof, damals schon so groß und überragend, daß die streitenden Parteien ohne lange Verhandlungen sich auf ihn als Vermittler einigten.

Die Verhandlungen, die Albert mit den beiden Parteien zu führen hatte, haben sich wahrscheinlich folgendermaßen abgespielt: Albert gab einen Überblick über die Lage. Konrad von Hochstaden hatte sich gegen das Reichsrecht und gegen die Sonderrechte der Stadt vergangen, war mit Waffengewalt nicht durchgedrungen und war zur Beilegung der Fehde bereit. Wie der Friedensvertrag also ungefähr lauten mußte, war ziemlich klar. Verwickelt aber wurden die Verhandlungen durch die Frage, in welcher Form man den Vertrag abschließen sollte.

Konrad von Hochstaden mochte nicht gern eingestehen, daß er einen ungerechten Krieg geführt hatte und gegen die bürgerliche Verteidigung unterlegen war. Er konnte es auch nicht mit seiner Würde vereinbaren, mit der ihm untertänigen Stadt einen Vertrag zu schließen, diese Stadt also gleichsam als gleichberechtigt anzuerkennen. Er suchte daher einen Ausweg und fand ihn in dem damals allgemein üblichen Schiedsgerichtsverfahren.

Die Kölner Bürger standen diesem Vorschlag mit einem gewissen Mißtrauen gegenüber. War das Schiedsgericht bestellt, so bedeutete das eine vorläufige Beilegung der Streitigkeiten, eine Art Waffenstillstand. Dem Erzbischof konnte man den Zutritt zur Stadt nicht mehr gut verwehren. Was nun der Schiedsspruch bringen würde, war ungewiß, und wie sich Konrad von Hochstaden verhalten würde, wenn er innerhalb der Mauern der Stadt sich befand, vermochte niemand vorauszusehen.

Schließlich fand man einen Weg, der beiden Teilen vollkommen gerecht wurde. Die Parteien einigten sich am 26. März 1252 auf den Lesemeister

VIERTES KAPITEL

Albert und den Kardinallegaten Hugo von Saint-Cher als Schiedsrichter. Sie verpflichteten sich unter Eid, den Schiedsspruch anzunehmen, der innerhalb drei Wochen gefällt werden sollte. Um aber den Bürgern die gewünschte Sicherheit zu geben, erklärte Albert sofort in feierlicher Weise, wie sein Spruch ausfallen werde. Diese Erklärung Alberts, also die Waffenstillstandsurkunde, lautet:

»Im Namen des Vaters und des Sohnes und des Heiligen Geistes, Amen. Ich, Bruder Albert aus dem Predigerorden, genannt Lesemeister, in Köln, nehme es auf mein Gewissen und verspreche, daß der Schiedsspruch, auf den sich der ehrwürdige Vater, Herr Konrad, Erzbischof der heiligen Kölner Kirche, einerseits und die Bürger von Köln anderseits geeinigt und den sie dem ehrwürdigen Vater, Herrn Hugo, Kardinalpriester von Santa Sabina und Legaten des Apostolischen Stuhles, und mir, im Falle der Verhinderung des genannten Legaten dem Abt von Heisterbach, übertragen haben, in folgender Weise von dem Herrn Legaten oder von mir gefällt werden wird:

Herr Konrad, Erzbischof von Köln, darf sich in die Münzangelegenheiten nicht einmischen. Es darf kein neuer Münzstempel für das Kölner Geld in Gebrauch genommen werden außer in folgenden Fällen: wenn ein neuer Erzbischof gewählt und bestätigt ist oder wenn der Erzbischof der Kölner Kirche mit bewaffneter Macht dem Kaiser auf einem Zuge nach Italien Gefolgschaft leisten muß und von dort zurückkehrt. Denn in diesen beiden Fällen wurde nach dem Zeugnis aller alten Leute von alters her neues Geld geprägt, und in keinem anderen Falle wurde die Prägung neuen Geldes gestattet.

Da nun das Kölner Geld, das augenblicklich im Umlauf ist und das Bild des vorgenannten Herrn Erzbischofs trägt, durch viele Verschiedenheiten verschlechtert und unterwertig ist, soll wieder eine einheitliche Prägung eingeführt werden. Diese Prägung soll so deutlich sein, daß man alles Falschgeld leicht erkennen kann. Zur sicheren Durchführung dieser Bestimmung soll der alte Brauch beibehalten werden, daß nämlich die ersten Stücke der neuen Prägung, die gemeinhin »Stail« genannt werden, in der Sakristei der Domkirche zum hl. Petrus in Köln hinterlegt werden, insgesamt 13 Schilling und 4 Denare Kölnisch; die gleiche Anzahl Münzen soll den Bürgern zur Aufbewahrung übergeben werden, damit an dem Gehalt und Gewicht dieser Münzen die Münzen jeder weiteren Prägung nachgeprüft werden können.

Ich werde ferner den Spruch fällen, daß alle Zollschranken in Neuß oder an anderen Orten, wo der genannte Erzbischof unrechtmäßig und gegen die Rechte der Bürger von Köln Zoll erhob, erhebt oder in Zukunft vielleicht unrechtmäßig erheben wird, gänzlich aufgehoben werden müssen, wie es in den Rechten der genannten Bürger enthalten ist. Die genannten Kölner Bürger aber sollen einen Eid leisten, daß sie nicht fremde Waren, die nicht aus der Stadt Köln stammen, unter ihrem eigenen Namen durch die Zollschranken führen. Wenn aber Bürger von Köln unter ihrem Namen solche Waren durch die Zollschranken des Erzbischofs ausführen lassen, sollen die Bürger von Köln den Erzbischof treulich unterstützen und ihm diese Bürger und die von ihnen geschmuggelten Waren angeben. Der Erzbischof soll diese Waren beschlagnahmen und gegen die Schmuggler nach Gutdünken vorgehen können.

Der genannte Herr Erzbischof wird die Rechte und Freiheiten der Bürger von Köln, mögen sie schriftlich niedergelegt oder durch alten, bis auf den heutigen Tag währenden Brauch erworben sein, achten, er wird die Bürger schützen und verteidigen innerhalb und außerhalb der Stadtmauern.

Da aber zwischen dem genannten Herrn Erzbischof und den Bürgern von Köln auf Anstiften des Teufels Streit entstanden war, der auf beiden Seiten zu Sachbeschädigungen und zu Tötung von Personen geführt hat, wird in dem genannten Schiedsspruch bestimmt werden, daß die Schäden beider Parteien und die aus der Tötung von Personen sich ergebenden Ansprüche gegeneinander aufgewogen werden sollen, so daß keine Partei von der anderen irgendeine Kriegsentschädigung fordern darf.

Die Bundesgenossen beider Parteien, Laien und Kleriker, und auch die Juden, die während des Krieges die Stadt und die Mauern von Köln verteidigt haben, sollen in diesen Schiedsspruch eingeschlossen sein.

Zum Zeugnis der Verkündigung dieses Spruches, den mir die Parteien aufgetragen haben, habe ich mein Siegel der vorliegenden Urkunde angeheftet.

Verhandelt und gegeben im Jahre des Herrn 1252.«

Hier spricht ein Mann, der sich der hohen Aufgabe und der schweren Verantwortung wohl bewußt ist. Seine Entscheidungen sind nicht in diplomatische, dehnbare Worte gekleidet. Die klar und scharf formulierten Sätze wirken wie gut geführte Schwerthiebe, die der Gegner nicht zu parieren vermag. Albert spricht mit einer Überzeugung von der Richtigkeit seiner Entscheidungen, die die Möglichkeit einer Änderung durch den zweiten Schiedsrichter überhaupt ausschließt. Er ist gewiß, daß der Kardinallegat nicht anders entscheiden wird. Zwar wahrt er gegenüber dem Reichsfürsten die gebotene Form, aber man spürt doch die Entrüstung des gerecht und sozial denkenden Albert über den Rechtsbruch aus allen Sätzen heraus.

Der Kardinallegat weilte zur Zeit dieses Spruches in Norddeutschland und wurde in etwa drei Wochen nach Köln zurückerwartet. Er hatte bereits im

September des Jahres 1251 in Köln geweilt und wahrscheinlich im Predigerkloster gewohnt. Denn Hugo von Saint-Cher war Predigerbruder und Albert von Paris aus wohlbekannt. Hugo war ein Mann, der scharf und energisch durchzugreifen verstand, wenn es galt, Mißstände zu beseitigen. Der Erzbischof von Mainz hat es im Jahre 1252 genugsam erfahren müssen. Der Legat war vom Papst nach Deutschland gesandt worden, damit er dem schwachen König Wilhelm zur Seite stehe und für dessen Anerkennung durch die Fürsten wirke.

Die Ankunft Hugos in Köln verzögerte sich einige Zeit. Die Frist für die schiedsrichterliche Entscheidung mußte daher um einen Tag verlängert werden. Am 17. April aber wurden die beiden Parteien vorgeladen, um den Spruch der beiden Schiedsrichter zu vernehmen. Die denkwürdige Sitzung fand wahrscheinlich in der erzbischöflichen Pfalz statt. Über die Verhandlungen, die dort geführt wurden, wurde eine Urkunde aufgenommen, die heute noch im Historischen Archiv der Stadt Köln aufbewahrt wird. Auch die Münzen, von denen im Spruch Alberts vom 26. März die Rede ist, sind noch erhalten.

Die Urkunde vom 17. April lautet:

»Allen, die diese Urkunde zu Gesicht bekommen, entbieten die Brüder Hugo, Kardinalpriester von Santa Sabina und Legat des Apostolischen Stuhles, und Albert, Lesemeister der Predigerbrüder in Köln, Gruß im Urheber des Heils.

Es sei hiermit allen kund, daß, als zwischen dem ehrwürdigen Vater Konrad, Erzbischof von Köln, einerseits und den Schöffen und der Bürgerschaft von Köln anderseits wegen der Münze und anderer Fragen ein verhängnisvoller Streit entbrannt war, die Parteien schließlich im Interesse des Friedens am Dienstag nach Palmsonntag 1252 uns die Schlichtung ihrer Streitigkeiten übertrugen derart, daß wir innerhalb drei Wochen — später wurde diese Frist mit Einwilligung beider Parteien um einen Tag verlängert — den Streit entscheiden sollten und daß die Partei, die unseren Spruch nicht halten würde, von uns, dem Legaten, mit der Strafe der Exkommunikation belegt werden sollte. Die beiden Parteien haben sich schriftlich verpflichtet, alles anzunehmen, und alles zu halten, was wir beide in der Streitsache bestimmen würden. Wir haben also den Rat erfahrener Männer eingeholt und verkünden nun, was wir in dieser Streitfrage zu bestimmen einmütig für gut befunden haben.« Es folgt noch fast wörtlich der Schiedsspruch Alberts vom 26. März. Die beiden Schiedsrichter fahren dann fort: »Nachdem wir diese Anordnungen und diesen Schiedsspruch verkündet hatten, fragten wir die genannten Parteien, die vor uns erschienen waren, ob sie den verlesenen Spruch genau verstanden hätten. Sie antworteten mit Ja. Ferner fragten wir, ob sie ihn annehmen und in alle Zukunft getreulich beobachten wollten. Sie antworteten mit Ja und versprachen und schwuren, daß sie alles und jedes einzelne in gutem Glauben fürderhin halten würden.

Zu Urkund dessen und zum Zeugnis haben wir diese Urkunde mit unseren Siegeln und den Siegeln des vorgenannten Erzbischofs und der Bürgerschaft von Köln, ferner des Domkapitels und der anderen Stiftskapitel, der Säkularkanoniker und der Mönche innerhalb der Stadt Köln bekräftigen und jeder Partei gleichlautende Ausfertigungen dieser Urkunde aushändigen lassen.

Verhandelt in Köln im Monat April des Jahres des Herrn 1252.«

Damit endete der erste Konflikt des Erzbischofs mit der Stadt Köln. Konrad von Hochstaden war in seine Schranken zurückgewiesen durch den Predigerbruder Albert. Daß der päpstliche Legat mit seiner ganzen Autorität den Schiedsspruch deckte und daß am 12. Dezember 1252 der Papst die Entscheidung Alberts bestätigte, mußte nach menschlichem Ermessen eine ausreichende Sicherung sein für die Einhaltung der Entscheidungen durch Konrad. Es ist aber anders gekommen.

Für Albert bedeutete dieser erste Schiedsspruch einen großartigen Erfolg. Er allein hatte die Entscheidung gefällt und damit den Frieden ermöglicht. Er hatte die Rechte seiner Mitbürger verteidigt und einen Sieg errungen über die rohe Gewalt. Mehr aber noch als dieser schöne Erfolg freuten ihn die Liebe und Dankbarkeit der Bürger, in deren Herzen er sich einen Platz gesichert hatte. Der Name »Albert von Köln« hatte fortan einen anderen Klang. Der Dienst an der Kölner Bürgerschaft hatte ihn emporgehoben über alle Obrigkeiten in der Stadt und ihm eine Stellung eingeräumt, die ihn inniger mit der Stadt verband, als irgendeine Verfassung es vermocht hätte.

Den schönsten Erfolg aber sah Albert in seinem Verhältnis zu Konrad von Hochstaden während der ersten Jahre nach dem Schiedsspruch. Konrad hat ihm die derbe Abfuhr nicht nachgetragen. Im Jahre 1253 bestellte er gemeinsam mit Albert einen neuen Abt in der Abtei Deutz, und während des Provinzialats hat er ihn wiederholt zu Rechtsgeschäften als Zeugen herangezogen. Konrad erkannte eben die Überlegenheit Alberts rückhaltlos an und beugte sich der überragenden sittlichen Kraft, die von diesem Predigerbruder ausging.

DER PRIOR DER DEUTSCHEN
PREDIGERBRÜDER

SOBALD DER Predigerorden begann, sich über das ganze Abendland auszudehnen, stellte sich die Notwendigkeit heraus, den bisher beobachteten
Zentralismus zu mildern und eine Instanz zu schaffen, die die Verbindung
zwischen den Klöstern einzelner Länder und dem Ordensmeister
herstellte. Die Klöster wurden zu Provinzen zusammengefaßt und Prioren
unterstellt, die innerhalb ihrer Provinzen dieselben Rechte und Pflichten
besaßen wie der Ordensmeister im Gesamtorden. Diese Prioren wurden
von den Prioren der Konvente und je zwei Wählern aus jedem Konvent
gewählt. Die Wahlen fanden meistens unmittelbar vor dem jährlich im
Spätsommer oder Herbst zu haltenden Provinzialkapitel statt. Die Wahl
bedurfte der Bestätigung durch den Ordensmeister oder das Generalkapitel. Die Amtsdauer des Provinzialpriors war unbeschränkt, jedoch
sorgten die Generalkapitel dafür, daß sie nicht zu lange dauerte, da die
Amtspflichten den Prior so stark in Anspruch nahmen, daß ein häufiger
Wechsel notwendig war.

Die deutsche Ordensprovinz, die Teutonia, war im Jahre 1221 errichtet
worden. Damals bestand erst ein Konvent, der in Frisach in Kärnten. Im
selben Jahre aber folgte Köln, im Jahre 1224 Straßburg und Magdeburg,
1225 Bremen, 1226 Trier und Wien. Dann mehrten sich die Niederlassungen so rasch, daß im Jahre 1254 rund 40 Konvente zur Teutonia gehörten.
Hinzu kamen noch zahlreiche Frauenklöster, die nach der Regel des
Zweiten Ordens des hl. Dominikus lebten und der Seelsorge der Predigerbrüder unterstanden. Die Brüderkonvente waren über das ganze Reich
nördlich der Alpen verteilt. Die Grenzen der Teutonia liefen also von
Brügge, Gent und Antwerpen über Utrecht, Bremen, Hamburg, Stralsund
nach Plauen im Vogtland, Leipzig, Wien, Petau, Frisach, dann weiter nach
Chur, Basel, Straßburg, Worms und Trier. Weit im Osten gehörte noch
Riga zur Teutonia.

Die Teutonia hat in den ersten Jahrzehnten im Orden eine große Rolle
gespielt. Sie umfaßte das Deutsche Reich, die politische Macht also, mit
der die Kaiserkrone verbunden war. Aus der deutschen Nation waren die
beiden bedeutendsten Ordensmeister nach dem heiligen Dominikus her-
vorgegangen, Jordan von Sachsen und Johann von Wildeshausen, von
denen der erste von 1222 bis 1237, der andere von 1241 bis 1252 den Orden
regierte.

Das Generalkapitel des Ordens vom Jahre 1254 in Budapest hatte den
Provinzialprior Hermann von Havelberg von der Leitung der Teutonia

abgelöst. Im allgemeinen übernahm in den Fällen der Vakanz des Provinzialats derjenige Konventsprior die Leitung der Provinz, in dessen
Konvent das folgende Provinzialkapitel einberufen war, in diesem Jahre
also der Prior von Worms. Humbert von Romans aber, der in Budapest
zum Ordensmeister gewählt worden war, bestellte den Lesemeister Albert
von Köln zum Generalvikar über die Teutonia. Wir wissen zwar nicht,
daß Albert als Vertreter der Teutonia an der Wahl oder am Generalkapitel
in Budapest teilgenommen hat, die Ernennung zum Generalvikar legt
jedoch diese Vermutung nahe. Der Ordensmeister mag von der bisher geltenden Regel abgewichen sein, weil er die Wahl des neuen
Provinzialpriors in eine bestimmte Richtung lenken wollte, nämlich auf
Albert.

Im September etwa traten die Vertreter der Konvente in Worms zusammen, um der Provinz einen neuen Prior zu geben. Albert leitete die Wahl als
Generalvikar. Wahrscheinlich befand sich auch der Ordensmeister
Humbert damals in Worms, um an dem auf die Wahl folgenden Provinzialkapitel teilzunehmen. Die Wahl zum Provinzialprior fiel auf den Lesemeister Albert von Köln.

Die Gründe, die die Brüder zur Wahl Alberts bestimmten, lassen sich sehr
wohl vermuten. In den politischen Wirren und in der allgemeinen Rechtsunsicherheit wünschten sie einen Prior, der kraft seines Ansehens und
seiner Tüchtigkeit auch den Fürsten gegenüber sich durchzusetzen verstand, der die Zügel der Regierung fest in Händen hielt und imstande war,
die Provinz sicher durch die Fährnisse hindurchzuführen. Die politischen
Wirren hatten auch einen allgemeinen Niedergang von Handel und
Gewerbe zur Folge. Zeiten wirtschaftlicher Not sind aber den Klöstern
stets eine große Gefahr gewesen, vor allem, wenn sie von den Almosen der
Mitmenschen abhängig waren. Nur zu leicht konnte der Grundpfeiler des
Ordens, die Armut, erschüttert, die Beobachtung der Ordensregel
gefährdet und schließlich der Bestand des Klosters in Frage gestellt werden.
Die Provinz bedurfte daher eines Führers, der allein durch sein Beispiel
einen Wall aufrichtete gegen den Verfall der Ordenszucht und in Klugheit
und Tatkraft für die strenge Beobachtung der Ordensregel wirkte. Der
Ordensmeister Humbert aber mag Albert als Prior der Teutonia gewünscht haben, weil von der Universität Paris her eine große Gefahr für den
Orden heraufzog, gegen die die besten Kräfte des Ordens aufgerufen werden mußten. Ein Albert von Köln an der Spitze der Teutonia bedeutete
die Gewähr, daß die Verleumdungen, die von den Gegnern des Ordens
ausgestreut wurden, in Deutschland jedenfalls keinen Schaden anrichten
würden.

Albert wird sich dem Wunsche seiner Brüder und des Ordensmeisters nicht leicht gebeugt haben. Die Wahl zum Provinzialprior riß ihn aus der Bahn, die er seit zwanzig Jahren eingehalten hatte. Er war über sechzig Jahre alt und sollte nun eine Tätigkeit aufgeben, die ihm lieb und teuer geworden war. Er sollte seine Studenten verlassen, seine Bibliothek und seine geliebte Zelle in Köln und sich auf Wanderung begeben, Wochen, Monate und Jahre hindurch. Albert wird also das neue Amt nicht mit Begeisterung begrüßt haben. Aber die Brüder hatten ihn gerufen, der Ordensmeister drängte, und wenn es das Wohl der Brüder und des Ordens galt, versagte sich Albert nicht. Er nahm die Wahl an und erhielt vom Ordensmeister sofort die Bestätigung als Prior der Teutonia.

Im Anschluß an die Wahl hielt Albert das Provinzialkapitel in Worms. Dann begab er sich rheinabwärts, weilte am 17. Februar 1255 in Köln, wo er vom Erzbischof Konrad von Hochstaden als Zeuge bei einem Schenkungsvertrag gebeten worden war. Von Köln ging die Reise nach Soest, wo Albert die Gründung des Dominikanerinnenklosters Paradies bei Soest durch Entgegennahme der Gelübde der Schwestern vollendete. Dann lenkte er seine Schritte an die Nord- und Ostsee, wo er die Konvente der Brüder besuchte, kam sogar bis nach Riga und landete schließlich im Spätsommer in Regensburg, wo er das Provinzialkapitel hielt. Im Anschluß an dieses Kapitel wird er die Klöster in Österreich und Süddeutschland besucht haben. Am 16. Januar 1256 war er wieder in Köln bei einer Beurkundung des Erzbischofs beteiligt. Dann mag er die Klöster in Holland und Belgien visitiert haben. Zu Pfingsten 1256 nahm er an dem Generalkapitel des Ordens in Paris teil, hielt im Sommer das Provinzialkapitel in Erfurt und weilte Ende September schon an der päpstlichen Kurie in Anagni. Am päpstlichen Hof ist er dann geblieben bis zum Sommer des folgenden Jahres. Das Generalkapitel in Florenz im Jahre 1257 löste ihn vom Amt des Provinzialpriors ab. Albert kehrte im Spätsommer dieses Jahres als »lesemeister van den predigheren« nach Köln zurück. Dies ist der äußere Rahmen, in dem sich die Tätigkeit Alberts als Provinzialprior abspielte. Man sieht allein aus der ungeheueren Ausdehnung der Reisen, eine wie aufreibende Tätigkeit mit seinem Amt verbunden war, und man versteht, weshalb die Generalkapitel einen häufigeren Wechsel im Amte des Priors anordneten. Man erkennt aber auch, daß Albert mit ganzer Seele und allem Eifer sein schweres Amt versehen und keine Mühe gescheut hat, das Vertrauen, das seine Brüder und der Ordensmeister in ihn setzten, zu rechtfertigen. Nur ungern wird er dieses Amt angenommen haben; wo er aber einmal die Lehrtätigkeit aufgegeben und die Leitung der Teutonia übernommen hatte, gab es keine Vorbehalte; er war im besten Sinne der Prior seiner deutschen Ordensbrüder.

Wir wollen nun versuchen, den oben gezogenen Rahmen der Tätigkeit

Alberts auszufüllen. Über die eigentliche Tätigkeit als Prior sind wir zwar sehr schlecht unterrichtet, kennen aber einige Beschlüsse der unter seiner Leitung gehaltenen Provinzialkapitel, die erkennen lassen, wie energisch, ja rücksichtslos Albert sich für die strenge Beobachtung der Armutsvorschriften einsetzte. So beschloß das Kapitel von Worms: »Innerhalb der Grenzen des zu einem Konvent gehörigen Gebietes darf keinem Bruder, der zur Predigt ausgesandt wird, die Erlaubnis erteilt werden, einen Wagen zu benützen. Ohne triftigen Grund darf niemand die Erlaubnis erhalten, mit dem Wagen zu fahren. Triftige Gründe aber sind: wenn ein Bruder zu einem Kranken gerufen wird und aus einer Verzögerung Gefahr für den Kranken zu befürchten ist; wenn ein Bruder außerhalb des Klosters erkrankt ist und mit einem Wagen nach Hause gebracht werden muß; wenn ein Fürst einen Bruder in einer dringenden Angelegenheit zu sich ruft und deshalb Eile geboten ist. Wer gegen die Bestimmung handelt, soll für jeden Fall inmitten der Brüder gegeißelt werden und im Speisesaal auf dem Boden sitzend bei Wasser und Brot fasten.«

Derartige Vorschriften standen nicht nur auf dem Papier. Das Provinzialkapitel von Augsburg im Jahre 1258 zum Beispiel setzte die Konventspriore von Hildesheim, Freiburg und Krems ab, weil sie über die Beobachtung der Armutsbestimmungen nicht genügend gewacht hatten. Dem Prior von Minden wurde eine harte Strafe auferlegt, weil er zu Pferd zum Kapitel gekommen war. In ähnlicher Weise wurde der Prior von Krems bestraft. Das Provinzialkapitel von Worms traf in einem anderen Falle von Verletzung des Armutsgelübdes eine Anordnung, die wir heute nicht mehr recht verstehen, die aus der damaligen Auffassung sehr gut erklärt werden kann. Im Kloster Petau in Steiermark war ein Laienbruder gestorben und auf dem Friedhof der Brüder beerdigt worden. Später stellte man fest, daß er ohne Wissen seines Priors außerhalb des Klosters Geld und Kleider für sich in Verwahrung gegeben hatte. Das Provinzialkapitel bestimmte daher, daß die Leiche dieses Bruders ausgegraben und ohne kirchliche Feierlichkeit wieder beerdigt werden sollte. So schwer ahndete man die Verletzung des Armutsgelübdes.

Dieser Fall mag die Veranlassung zu dem Briefe Alberts gewesen sein, den er von einem Provinzialkapitel an die Brüder seiner Provinz richtete: »Den in Christus geliebten Brüdern ... Albert, Prior der deutschen Provinz und Diener der Predigerbrüder dieser Provinz, Gruß ... Damit nicht das Laster persönlichen Besitzes das heilige Gelübde unserer Armut besudele, ist es mein Wille, daß kein Bruder Geld oder andere Dinge verwalte, die nach seinem Gutdünken oder zu seinem oder eines anderen Vorteil verwandt werden, auch dann nicht, wenn sein Vorgesetzter weiß, wo dieses Geld und diese Dinge sich befinden und wie sie verwaltet werden. Wenn jemand hiergegen handelt und ohne Wissen seines Vorgesetzten solche Dinge verwaltet oder die Verwaltung von seiner Zustimmung abhängig macht, werde ich ihn als Eigentümer behandeln und ihn wegen der Verletzung unseres Gelübdes nach der Ordenssatzung bestrafen.«

Albert hat mit aller Macht für die Beobachtung der Armut und der ganzen Ordensregel gewirkt. Er war jedoch nicht der Mann, der glaubte, seine Pflicht getan zu haben, wenn der Buchstabe erfüllt wurde. Anwalt der Observanz, gewiß, die Anweisungen des Ordensmeisters und des Provinzialkapitels ausführen, für Ordnung in den Konventen sorgen, alles gut und wohl. Aber Albert wollte mehr sein als ein guter Verwaltungsbeamter, der der Anerkennung und des Lobes des Ordensmeisters gewiß sein darf, wenn er zur Visitation der Provinz erscheint. Er fühlte sich als Seelsorger und Führer seiner Brüder, als Bannerträger in dem heiligen Kampf für die Verherrlichung Gottes durch die Menschen. Er wollte Seelsorger der Seelsorger sein und sie mit dem Geiste erfüllen, den er vom heiligen Dominikus durch Jordan von Sachsen erhalten, den Geist des Seeleneifers. Für jeden einzelnen Bruder fühlte er sich verantwortlich, allen wollte er Freund und Hirte sein. Aus dieser Gesinnung heraus schrieb er von einem Provinzialkapitel einen Brief an seine Brüder:

»Den in Christus geliebten Prioren und Brüderkonventen des Predigerordens in Deutschland Bruder Albert, Prior der Provinz und Diener der Predigerbrüder dieser Provinz, Gruß und Bruderliebe im Herrn. Die tägliche Last und Sorge des Amtes, das ich im Gehorsam zu verwalten gebunden bin, treiben mich, die Ermahnungen, die ich auf dem letzten Provinzialkapitel an die Brüder gerichtet habe, auch euch, die ihr nicht zugegen wart, vorzutragen ... Damit nun die Seelsorge für die Brüder, die mir anvertraut sind, die ich aber persönlich nicht ausüben kann, durch die Prioren der einzelnen Häuser wirksamer gestaltet werde, bestimme ich, daß entsprechend der heilsamen Ermahnung des Generalkapitels, die mit der Bestimmung des Konzils übereinstimmt, jeder Bruder einmal im Jahre seinen Seelenzustand seinem Prior offenbare und ihm alle seine Sünden beichte, damit der Prior seine Herde kenne.« Unter dem Priorat Alberts hat die Teutonia vier neue Niederlassungen erhalten, in Strausberg, Seehausen in der Altmark, Rostock und in Mainz. Aber weder über diese noch über andere Amtshandlungen sind wir näher unterrichtet. Dagegen besitzen wir einen prachtvollen Bericht über die Gründung des Dominikanerinnenklosters in Paradies bei Soest, in dem von Albert berichtet wird: »Unter Herrn Albert, der damals Prior der deutschen Predigerbrüder war, kamen die Schwestern nach Paradies. Dieser Ort hieß früher Alvoldinghausen, jetzt aber wird er wegen seiner guten und prachtvollen Lage Paradies genannt. Mit Recht, denn wie die Stammeltern, wenn sie Gott gehorsam geblieben, in die Herrlichkeit des ewigen Lebens eingegangen wären, so werden diese Schwestern und alle, die zu Paradies gehören, wenn sie in Demut den wahren Gehorsam üben und nicht neugierig und leichtsinnig sind, durch die Gnade unseres Herrn Jesu Christi aus diesem irdischen, trauervollen Garten in jenes unaussprechlich freudvolle Paradies versetzt werden, in dem die Jungfrau Maria mit ihrem viellieben Sohne und mit allen Heiligen herrscht bis in Ewigkeit.

Dieser Herr Albert kam nach Paradies auf Bitten des Bruders Arnold, der damals noch Laie war, aber sein ganzes Vermögen schon zugunsten des Klosters verkauft hatte. Der Herr Bischof von Osnabrück, der über ihn und seine ganze Familie verfügen konnte — Arnold war nämlich sein Beamter —, wollte ihn nicht freigeben, weil er einen so tüchtigen und ehrenhaften Mann der Kirche von Osnabrück erhalten wollte. Schließlich aber stimmte er zu.

Herr Albert predigte den wenigen Personen in Paradies, als wenn er eine große Gemeinde vor sich hätte. Er sprach zu den Schwestern: »Ihr habt die Regel des heiligen Augustin und die Satzungen des Predigerordens als Lebensregel erwählt. Aus Liebe zu Gott sollt ihr also das Wohl der Gemeinschaft lieben, das Eigenwohl unterordnen. Ihr sollt gehorsam sein in Demut und Geduld, ohne Murren und Widerrede, ohne Aufschub, in Einfalt und Freude.« Dann schärfte er ihnen besonders ein: »Ihr sollt euch durch Zäune und Mauern, durch Tore und Türen und Fenster abschließen gegen die Außenwelt. Ihr dürft niemals an verbotenen Orten oder zu verbotener Zeit sprechen, auch nicht durch die Zäune oder über die Zäune hinweg, auch nicht durch die Zimmerwände, und niemals dürft ihr eine Unterhaltung pflegen ohne Erlaubnis und ohne Begleitung. Wenn ihr aber sprechen dürft, so nur mit ehrbaren Personen und über nützliche Dinge. Was allgemein verboten ist, dürft ihr niemals tun, außer ihr seid von euren Oberen dispensiert. Unterlaßt vor allen Dingen nicht, was eure Oberen für das gemeinsame Wohl angeordnet haben.

Verschenkt nichts, verwahrt nichts, nehmt nichts an. Redet nicht über Dinge des Ordens und des Klosters, die nicht für andere bestimmt sind. Sprecht mit niemandem über Brüder und Schwestern, damit nicht der Friede und die Liebe unter euch gestört oder, was noch schlimmer ist, gänzlich zerrüttet werden.

Möge Gott verhindern, daß ihr seine Gnaden und die Wohltaten des Ordens mit Undank vergeltet. Gottes Gaben sind es, was der Orden uns bietet, nämlich Predigt, Visitation zur Besserung eures Lebens, Spendung der Sakramente der Eucharistie, der Buße und der Letzten Ölung, ständige Sorge für euch durch Seelsorge und Verwaltung des Klostergutes. Wer im Kleinen nachlässig ist, wird bald zugrunde gehen.

Seht, ihr seid in Demut und Andacht an diesen Ort gekommen, nicht auf Wagen, nicht zu Pferd, nicht in feierlichem Aufzug und in weltlichem Schmuck. Ihr seid gekommen barfuß und in Bußgewändern, wie es zu geschehen pflegt in der Messe am Karfreitag. Hierin ahmt ihr euren Bräutigam Jesus Christus nach, denn alles habt ihr verlassen. Nach der heiligen Messe seid ihr sofort hierher geeilt, um euch und euer Alles Jesus Christus zu weihen und zu geloben, an diesem Ort zu bleiben bis ans Ende. Ihr habt es gelobt Gott und dem Ordensmeister und mir, Albert, dem Provinzialprior als Stellvertreter des Ordensmeisters, in dieser Kirche, die der Muttergottes geweiht ist. Ich habe diese Gelübde entgegengenommen auf den Rat des Priors und aller eurer Freunde. Ich bestätige es euch und allen euren Nachfahren im Namen des Vaters und des Sohnes und des Heiligen Geistes. Wer aber diese Gelübde halten wird, für ihn dieser Segensspruch: Glückvoll sei der Abschied der heiligen Schwester von dieser Welt. Ihr heiliger Leib möge in geweihter Erde bestattet werden. Die heiligen Engel aber mögen die heilige Seele ins Paradies ewigen Glückes geleiten, zu Christus und der heiligen Jungfrau Maria und allen Heiligen, zur unaussprechlichen Glorie und ewigen Freude. Wer alles dies glaubt und hält, wird selig werden.«

Albert hat den Schwestern aber auch sehr weise Ratschläge für den Ausbau ihres Klosters gegeben und ihnen eingeschärft, sie sollten nicht zu viele Schwestern aufnehmen und stets die größte Vorsicht walten lassen bei der Auswahl der Novizen. Sie sollten nicht große Bauten planen, wenn sie nicht das nötige Geld bereitliegen hätten. Denn, so sagte er, durch eine zu große Zahl der Schwestern und durch Bauschulden würden sie sich und das Kloster ruinieren. Sie sollten ruhig abwarten, bis sie durch Wohltaten und Almosen der Gläubigen sich ein Vermögen gesammelt hätten. Erst dann könnten sie ohne Gefahr für die Ordenszucht und das Kloster an Neubauten herangehen.

In diesem Bericht erscheint Albert als der begeisterte Führer zur Vollkommenheit des Ordenslebens. Er zeigt sich aber auch von einer recht nüchternen, weltklugen Seite, erweist sich als hervorragender Menschenkenner in dem Rat an die Schwestern, sich bei ihren Plänen für den Ausbau des Klosters zu bescheiden und kein Geld auszugeben, das nicht ihnen gehöre.

Bevor wir nun auf das wichtigste Ereignis aus dem Priorat Alberts eingehen, seinen Kampf gegen die Feinde der Bettelorden an der Universität Paris, wollen wir eine kurze Schilderung von der Art Alberts zu reisen geben. Wir haben bereits aus den Beschlüssen des Provinzialkapitels von Worms erfahren, daß die Predigerbrüder gehalten waren, ihre Reisen stets zu Fuß zu machen, wenn nicht triftige Gründe eine Ausnahme notwendig machten. Da Albert als Prior seinen Brüdern mit gutem Beispiel voranging, besteht kein Zweifel, daß er die weiten Reisen, die ihn durch ganz Deutschland und bis nach Riga und Italien führten, zu Fuß zurückgelegt hat. Man vermag hieraus die ungeheueren Anstrengungen zu ermessen, die das Amt eines Provinzialpriors erforderte. Ein Sekretär begleitete den Prior. Sobald sie ein Predigerkloster verlassen hatten, mußten sie sich ihren Lebensunterhalt erbetteln. Gewiß, meist fanden sie liebenswürdige Leute, die ihnen Obdach und Speise gewährten, ihnen auch Brot mit auf die Weiterreise gaben. Aber es kam auch oft genug vor, daß sie von Haus zu Haus wandern und betteln mußten. Ohne Unterbrechung wurde die Reise fortgesetzt, bis ein Predigerkloster erreicht war. In wenigen Tagen visitierte Albert den Konvent, hörte alle Brüder, prüfte den Stand des Klosters, strafte, besserte, ermahnte und ermunterte die Brüder und hinterließ ihnen ein Protokoll mit allen Anordnungen, die fortan beobachtet werden mußten. Dann nahm Albert wieder seinen Wanderstab, und weiter ging es zum nächsten Kloster. Man wird fragen, wie Albert während der langen Dauer der Fußmärsche sich geistig beschäftigt habe. Zehn Stunden am Tage bei anstrengendem Marsch sich mit seinem Reisebegleiter unterhalten, und das Wochen und Monate hindurch, widersprach der Ordensregel, war aber auch nicht gut möglich. Einen Teil des Tages nahm das Breviergebet in Anspruch. Es blieb aber immer noch viel Zeit übrig. Hier zeigt sich nun, wie gut Albert zu reisen verstand und wie nützlich er die langen Stunden zu verwerten wußte. Wie in seiner Jugend, so schritt er auch jetzt als Provinzialprior offenen Auges durch Gottes schöne Natur. Am Wegrand fand er eine Pflanze, die er noch nicht gesehen. Er nahm sie aus dem Boden und untersuchte sie auf dem Weitermarsch. Im Walde traf er auf ein Rudel Hirsche, hielt an und beobachtete aus einem Versteck die Gewohnheiten dieser Tiere. Dann wieder zog ein Raubvogel über die Fluren, den Albert auf seinem Fluge verfolgte. Bei den Köhlern und Holzfällern machte er halt und fragte sie aus nach ihren Erfahrungen mit den Tieren des Waldes. An den Küsten der Nord- und Ostsee weilte er stundenlang, um die Fische des Meeres zu beobachten. Er besuchte die Läden und Stände der Kaufleute in den Städten, ging auf die Schiffe in den Häfen und forschte nach der Herkunft ausländischer Waren, nach den Menschen und dem Klima fremder Länder. Er stieg in die Bergwerke hinab und gesellte sich zu den Arbeitern in Steinbrüchen, um seine Kenntnisse in der Gesteinskunde zu erweitern. Keine Gelegenheit ließ er vorübergehen, um Material zu sammeln für seine naturwissenschaftlichen Werke, die ihn zuletzt in Köln beschäftigt hatten. Mit Albert zu reisen, bedeutete also keine Langeweile. Der Professor trug aber in seinem Reisesack noch einen Schatz, den er immer dann hervorzog, wenn die Natur nichts neues zu bieten schien, Pergamenthandschriften mit den naturwissenschaftlichen Schriften des Aristoteles. Sie hatte er in Köln bereits zu kommentieren begonnen. Soweit es sein Amt als Prior erlaubte, wollte er das große Werk weiterführen. Die langen Märsche boten ihm eine willkommene Gelegenheit, im Geiste seine Werke vorzubereiten, und wenn er im Hospiz oder im Kloster Zeit fand, setzte er sich hin und schrieb nieder, was er auf dem Marsch erdacht, oder diktierte seinem Sekretär. An vielen Stellen seiner berühmten Tiergeschichte finden wir die Reiseerinnerungen Alberts niedergelegt.

Das gute Verhältnis, das in den ersten Jahren zwischen der Universität Paris und dem Predigerorden herrschte, hatte bereits in den Jahren 1229 und 1230 eine Trübung erfahren, als nämlich die Predigerbrüder einen Lehrstuhl für Theologie erhielten. Man hatte sich aber anscheinend mit den neuen Verhältnissen abgefunden, bis nach dem Jahre 1251 die Zwietracht ihr Haupt erhob und die Theologieprofessoren aus dem Weltklerus den Professoren aus dem Ordensklerus, besonders den Predigerbrüdern, Fehde ansagten. Die Veranlassung zum Streit ist nicht ganz klar. Der tiefste Grund aber war neben einer gewissen liberalen Haltung der weltlichen Professoren ihr Neid und ihre Eifersucht auf die Professoren der Mendikanten. So behauptet in einer etwas bissigen Art der Predigerbruder Thomas von Brabant, die weltlichen Professoren hätten ein sehr bequemes Leben geführt. Sie verfügten über ein gutes Einkommen, das sie in Festgelagen zum guten Teil verpraßten. Wenn sie dann eine Nacht durchzecht hatten, waren sie am Morgen natürlich nicht in der Lage, ihren Studenten Vorlesungen zu halten, und sagten ab. Die Professoren aus dem Weltklerus waren meist nicht Priester, die aus dem Ordensklerus dagegen fast alle. Die weltlichen Professoren nahmen es also mit ihren Pflichten sehr leicht. Die Folge aber war, daß die Studenten sich von ihnen abwandten und zu den Professoren gingen, die regelmäßig ihre Vorlesungen hielten; denn schließlich waren sie doch zum Studium nach Paris gekommen. So erhielten die Professoren der Predigerbrüder einen ungeheuren Zulauf. Ihre Hörsäle wurden fast zu klein, während die weltlichen Professoren vor leeren Bänken saßen. Nun hat es schon in damaliger Zeit ein Lehrer nicht gern gesehen, wenn die Studenten seine Vorlesungen mieden und zu anderen Professoren liefen. Es kam noch hinzu, daß außer den Predigerbrüdern und Minoriten auch die Zisterzienser Lehrstühle für Theologie erhalten hatten, die Konkurrenz für die weltlichen Professoren also sehr ernst war.

Im Februar 1252 erfolgte der erste Vorstoß der Universität. Die Professoren beschlossen, jeder Orden dürfe nur eine Schule und nur einen Lehrstuhl besitzen. Dieser Beschluß ging über die Kompetenz der Professoren hinaus, da nicht sie, sondern der Bischof von Paris oder sein Vertreter, der Kanzler der Universität, über die Zahl der Lehrstühle zu bestimmen hatte. Trotzdem gingen sie noch weiter und beschlossen, niemand dürfe in das Kollegium der Professoren aufgenommen werden, der sich auf diesen Beschluß nicht festlege. Papst Innozenz IV. griff zugunsten der Ordensprofessoren ein, aber die Fehde ging lustig weiter. Die weltlichen Professoren faßten weitere Beschlüsse, die den Ordensprofessoren die Ausübung ihrer Tätigkeit erschweren oder gar unmöglich machen sollten. So sollte ein Streik der Professoren von allen ohne Ausnahme durchgeführt werden, was die Professoren aus den Orden ablehnten. Die Fehde richtete sich allmählich nur noch gegen die Predigerbrüder, die um keines Haares Breite von den bisher beobachteten Statuten abwichen und sämtliche unrechtmäßig zustande gekommenen Beschlüsse ablehnten. Die weltlichen Professoren suchten nun, die breite Öffentlichkeit gegen die Predigerbrüder einzunehmen, und richteten eine Streitschrift an alle Erzbischöfe, Bischöfe und Prälaten der Kirche, in der sie sogar gegen die Lehrtätigkeit der Predigerbrüder überhaupt vorgingen. Als alles nichts half und der Papst die Partei der Predigerbrüder ergriff, schlossen sie die beiden Professoren des Predigerordens aus dem Verband der Universität aus. Sie sandten ins Predigerkloster, wo gerade eine Vorlesung gehalten wurde, die beiden Pedelle der Universität, die den Ausschluß der Professoren verkünden und die Studenten zum Verlassen der Hörsäle auffordern sollten. Diese hatten aber kaum mit der Verlesung des Beschlusses begonnen, als sich die Studenten auf sie stürzten, ihnen die Urkunde entrissen und sie dann vor die Türe setzten. Da erschien der Rektor der Universität mit drei Professoren im Hörsaal. Auch er versuchte, den Beschluß zu verlesen, aber auch er wurde von den Studenten unterbrochen. Sie umringten ihn, tasteten seinen Körper ab und riefen: »Ihr seid mit Waffen hierher gekommen.« Der Rektor protestierte, öffnete seinen Mantel, um zu beweisen, daß er unbewaffnet sei. Aber den Beschluß vermochte er dennoch nicht zu verkünden.

Dieses Vorgehen der Universität gegen die Predigerbrüder bedeutete den Kampf in der schärfsten Form. Es ging jetzt nicht mehr um den einen oder anderen Lehrstuhl, sondern um die Lehrtätigkeit überhaupt. Man wollte die verhaßte Konkurrenz endgültig beseitigen. Der Bannerträger in diesem Streit war der Theologieprofessor Wilhelm von Saint-Amour, Kanoniker von Beauvais. Mit den verwerflichsten Mitteln hat er den Kampf geführt. Im Anfang des Jahres 1254 versandte er eine Schmähschrift gegen die Predigerbrüder in alle Welt, in der er sie sogar der Häresie bezichtigte, ihnen die Fähigkeit zu lehren und zu predigen und vor allem Beichte zu hören absprach und damit die Grundlagen des Ordens angriff. Er wußte den Weltklerus gegen die Predigerbrüder zu mobilisieren, der seit je in den eifrigen Predigern eine heftige Konkurrenz erblickte und sie für die Schmälerung seiner Einkünfte verantwortlich machte. Es ist Wilhelm von Saint-Amour sogar gelungen, den Papst Innozenz IV. umzustimmen und gegen die Predigerbrüder aufzuhetzen. Im November 1254 hob dieser Papst alle wichtigen Seelsorgsprivilegien der Predigerbrüder und Minoriten auf.

Wie tief der ganze Streit die Gemüter bewegte und wie ernst die Predigerbrüder die Gefahr einschätzten, geht aus den Ordenschroniken und den Briefen des Ordensmeisters Humbert mit aller Klarheit hervor. Es handelte sich um die Existenz des Ordens. Zum Glück für die Mendikanten starb Innozenz IV. kurze Zeit nach seinem scharfen Erlaß gegen sie, und einige Chronisten vermerkten mit einer gewissen Genugtuung, der rasche Tod sei ein Strafgericht Gottes gewesen und der Papst sei den Heiligen Dominikus und Franziskus zur Aburteilung übergeben worden.

Der folgende Papst Alexander IV. machte sich sofort nach seiner Wahl zum Anwalt der Mendikanten, hob den Erlaß seines Vorgängers auf und ging mit den schärfsten Mitteln gegen die Universität vor. Aber immer noch war die Schmähschrift Wilhelms von Saint-Amour in der Welt und richtete die größte Verwirrung an. Sie war gleichsam die Programmschrift der Universität im Kampfe gegen die Predigerbrüder. Anscheinend auf dem Generalkapitel von 1256 in Paris, an dem auch Albert als Prior der Teutonia teilnahm, wurden die Streitfragen eingehend beraten, und die Haltung des Ordens zur Universität wurde erneut festgelegt. Hier ist wohl auch der Beschluß gefaßt worden, die Schmähschrift Wilhelms dem Papst vorzulegen und ihre Verurteilung zu beantragen. Albert von Köln wurde zum Wortführer bestellt, zum Anwalt, der vor dem Papst die Sache des Ordens führen und gegen den heftigsten und gefährlichsten Gegner der Predigerbrüder auftreten sollte.

Auf den weiteren Verlauf des Streites brauchen wir hier nicht einzugehen. Der Papst war in diesem Streit so stark in den Vordergrund gerückt worden, daß es nicht mehr so sehr um die Mendikanten als um die Aufrechterhaltung der päpstlichen Autorität ging.

Albert hat sich von Paris nach Deutschland begeben, hat noch in Erfurt das Provinzkapitel gehalten und ist dann sofort im August 1256 nach Italien gereist. Gegen Ende September traf er bei der päpstlichen Kurie in Anagni ein. Eine Legende berichtet, Albert habe bis dahin die Schmähschrift Wilhelms nicht gekannt. Um nun nicht unvorbereitet vor die Kardinalskommission treten zu müssen, habe er sich ein Exemplar zu beschaffen gesucht, und als er hörte, die Schrift sei bei den Abschreibern, habe er für viel Geld die Abschreiber veranlaßt, ihm in kürzester Zeit ein Exemplar zu besorgen. Diese Legende machte der Klugheit und Weltgewandtheit Alberts alle Ehre, aber sicherlich hat Albert schon in Paris die Schrift kennengelernt.

Papst Alexander IV. hatte eine Kommission von vier Kardinälen eingesetzt, die den Prozeß wegen der Schmähschrift führen sollte. Zu ihr gehörte auch der Predigerbruder Hugo von Saint-Cher, der als Kardinallegat mit Albert in Köln im Jahre 1252 den Schiedsspruch gefällt hatte. Anfang Oktober 1256 fand die denkwürdige Sitzung dieser Kommission statt. Der Angeklagte Wilhelm von Saint-Amour war noch nicht erschienen, sondern traf erst in Anagni ein, als die Sache entschieden war. Albert hat in dieser Sitzung unter Aufgebot seiner ganzen Gelehrsamkeit und Beredsamkeit die Sache des Predigerordens und der Minoriten verfochten. Ihm, dem berühmten Professor der Theologie, konnte es nicht schwerfallen, die Haltlosigkeit der Lehre darzutun, die in der Schmähschrift verbreitet wurde. Er konnte von der providentiellen Sendung der Bettelorden sprechen in einer Zeit, da das aufstrebende Bürgertum der katholischen Seelsorge zu entgleiten drohte. Er durfte hinweisen auf die apostolische Aufgabe beider Orden für die neue Kultur, die sich in dieser Zeit durchzusetzen begann. Nicht zuletzt aber trat er den liberalistischen Ideen entgegen, die die Grundlagen des Ordenslebens unterhöhlten und die Existenz der Bettelorden bedrohten. Albert begnügte sich aber nicht mit der Abwehr, er gestaltete seine Rede zu einem Loblied auf das Ordensleben und entwickelte in gelehrten Ausführungen die wahre Lehre von der Vollkommenheit des geistlichen Lebens.

Die Darlegungen Alberts genügten den Kardinälen vollkommen für die Findung ihres Urteils. Sie schlugen dem Papst vor, die Schrift Wilhelms von Saint-Amour zu verurteilen und öffentlich verbrennen zu lassen. Am 5. Oktober 1256 erklärte der Papst die Lehren Wilhelms in dieser Schrift für glaubensfeindlich und ordnete die Vernichtung aller Exemplare an. Den König von Frankreich veranlaßte er, Wilhelm von der Universität zu entfernen und des Landes zu verweisen, falls er sich nicht unterwerfe und seine Irrtümer widerrufe. Wilhelm widerrief nicht und ging in die Verbannung. Zwei andere Professoren aber, die vorher zu den erbittertsten Gegnern der Predigerbrüder gehört hatten, fanden den Weg zurück und söhnten sich mit ihnen aus. Im Jahre 1257 wurde der ganze Streit zwischen Universität und Bettelorden beigelegt. Die Orden hatten gesiegt.

Man muß in dieser heftigen Fehde unterscheiden zwischen dem Federkrieg der Gelehrten einerseits und den Verwaltungsmaßnahmen der Universität gegen die Ordensprofessoren und die Tätigkeit der Päpste anderseits. In die Tätigkeit der Päpste ist Albert nicht eingeschaltet gewesen. Dagegen hat er durch sein Auftreten an der päpstlichen Kurie einen entscheidenden Anteil gehabt an der literarischen Fehde. Auch Thomas von Aquino und Bonaventura haben in diesen Jahren kraftvolle Streitschriften gegen die Gegner der Orden veröffentlicht. Die eigentliche Entscheidung aber hat Albert gebracht durch die Überwindung des schärfsten Gegners, des Wilhelm von Saint-Amour.

Man versteht die ungeheuere Freude, der der Ordensmeister Humbert in seinem Rundschreiben an den Orden vom Jahre 1258 Ausdruck verlieh über die Errettung des Ordens aus schwerer Gefahr. Wie er kurz nach Beginn des Kampfes zu Bittgebeten aufgefordert hatte, so jetzt zu einem allgemeinen Lobgesang. Diese Bittgebete haben übrigens eine gewisse Berühmtheit erlangt. Sie bestanden in der Hauptsache aus der Allerheiligenlitanei. Wenn später der Orden angegriffen wurde, erklärte der eine oder andere Kardinal unter Hinweis auf die Fehde der fünfziger Jahre: »Hütet euch vor den Litaneien der Predigerbrüder, denn sie haben eine wunderbare Wirkung!«

Albert hat an der päpstlichen Kurie durch seine Gelehrsamkeit die Bewunderung der Kardinäle und des Papstes erregt. Wohl hatten sie vorher schon Kenntnis gehabt von der Berühmtheit des Lesemeisters von Köln. Als sie aber eine Probe seiner tiefen Wissenschaft erhalten hatten, regte sich der Wunsch, diesen berühmten Professor an der päpstlichen Universität zu behalten. Der Papst ernannte daher Albert zum Professor der Theologie an dieser Hochschule. Daß Albert noch Prior der Teutonia war, kümmerte ihn wenig. Er mochte seinem Erstaunen darüber Ausdruck verliehen haben, daß man einen Mann in die Ordensverwaltung berufen hatte, dessen höchste Qualitäten ihn nur für die wissenschaftliche Laufbahn geeignet erscheinen ließen. Albert ist bis zum Sommer 1257 an der päpstlichen Universität geblieben und hat über das Evangelium des heiligen Johannes und die Pastoralbriefe Vorlesungen gehalten. Auf Veranlassung des Papstes griff er auch in die philosophischen Streitigkeiten ein, die sich an den Namen des arabischen Philosophen Averroes knüpften.

Im Sommer 1257 kehrte Albert über Bologna nach Köln zurück. Das Generalkapitel von Florenz dieses Jahres hatte ihn von seinem Amt als Prior der Teutonia abgelöst und wieder zum Lesemeister von Köln ernannt.

In Verbindung mit dem Auftreten Alberts an der päpstlichen Kurie steht eine Erzählung des Thomas von Brabant:

»Was aber zwei Jahre vor dieser Auseinandersetzung ein heiligmäßiger Mann erlebte, soll nun berichtet werden. Der Propst eines Augustinerstiftes in Bayern kam in geistlichen Geschäften an den päpstlichen Hof. Eines Tages betete er in der Peterskirche und geriet in Verzückung. Er sah die Kirche voll von Schlangen, deren Gezische die Kirche und ganz Rom erfüllte. Der heiligmäßige Mann erschrak. Er sah dann einen Mann im Habit der Predigerbrüder die Kirche betreten. Während er den Unbekannten anstaunte, wurde ihm von Gott die Aufklärung, dieser Mann heiße Albert. Die Schlangen fielen den Bruder mit heftigem Gezische an, umschlangen seine Füße und Arme, die Brust und den ganzen Körper. Er aber machte sich mit kräftigem Griff frei und trat an das Pult, an dem an Feiertagen das Evangelium gelesen wird. Er las das Evangelium des heiligen Johannes bis zu der Stelle: »Und das Wort ist Fleisch geworden und hat unter uns gewohnt.« Da verstummte das Gezische der Schlangen; sie flohen, und es herrschte wieder allgemeine Stille.

Der Propst fand keine Erklärung für diese Vision. Er kehrte in seine Heimat zurück und erzählte einer Schwester, einer heiligmäßigen Einsiedlerin, was ihm in Rom offenbart worden war. Voll Freude sprach sie zu ihm: »Dieser Albert, der dir in dieser Vision gezeigt worden, ist vor kurzem zum Grafen von Ottenheim, nicht weit von hier, gekommen.« Der Propst freute sich sehr und sprach: »Ich gehe hin und sehe, wer er ist. Ich hoffe, sein Gesicht wiederzuerkennen.« Sofort reiste er ab, den Mann zu sehen, und aus bestimmten Merkmalen der Gestalt, des Gesichtes und eines Mals unter einem Augenlid kannte er den Mann wieder. Er berichtete also dem Meister Albert von seiner Vision, aber weder Albert noch der Propst erkannten, was sie bedeuten sollte.

Als nun später der Streit zwischen der Pariser Universität und den Prediger- und Minderbrüdern ausgebrochen war und der Papst beide Parteien vor sich beschied, rief er auch den Meister Albert an den päpstlichen Hof. Albert ging hin, um zu sehen, ob sich vielleicht die Vision bewahrheiten würde. Er wurde nicht enttäuscht, wie wir oben gezeigt haben; das Bild der Vision war prophetische Wahrheit. Es erfüllte sich alles, wie es die Vision gezeigt hatte.«

DER ZWEITE SCHIEDSSPRUCH IN KÖLN

NACH DEM Schiedsspruch vom 17. April 1252 hatte Konrad von Hochstaden Ruhe gehalten. Die empfindliche Niederlage mochte ihn zur Vorsicht mahnen. Es gab überdies triftige Gründe, die es ihm ratsam erscheinen ließen, zur Stadt Köln friedliche Beziehungen zu unterhalten. Die hohe Reichspolitik nahm ihn wieder gefangen und führte ihn Wege, die durch eine Fehde mit der Stadt Köln leicht hätten verlegt werden können. Wilhelm von Holland war von Konrad und den übrigen Rheinfürsten auf den deutschen Königsthron erhoben worden, weil man von ihm, dem jungen, schwachen Fürsten, keine Störung der eigensüchtigen Pläne zu befürchten brauchte. Er hat sich jedoch nicht damit begnügt, König am Rhein zu sein, sondern mit Hilfe der päpstlichen Kurie seine Herrschaft auf Norddeutschland auszudehnen verstanden. Konrad von Hochstaden hatte diese selbständige Politik Wilhelms mit Mißbehagen verfolgt. Die Ereignisse des Jahres 1254 aber waren für ihn das Signal zum offenen Verrat und Abfall von dem König, den er in erster Linie erhoben hatte.

Der Streit zwischen König und Gegenkönig und das Fehlen einer anerkannten und scharf durchgreifenden Königsmacht hatte in Deutschland eine Rechts- und Verkehrsunsicherheit hervorgerufen, die auf die Dauer zur Katastrophe führen mußte. In diesem allgemeinen Verfall jeder Autorität wurden sich die Städte ihrer Bedeutung bewußt und schritten zur Selbsthilfe. Vom Juli 1253 an schlossen immer mehr Städte Bündnisse zum Schutz der Verkehrswege und des Handels. Am 13. Juli 1254 endlich wurde in Worms der Rheinische Städtebund gegründet, der sich die Aufrechterhaltung des allgemeinen Landfriedens zur Aufgabe stellte. Dieser Landfrieden war im Jahre 1235 durch Reichsgesetz verkündet worden, aber keine Reichsgewalt war vorhanden, die dieses Gesetz durchgeführt hätte. Der Städtebund setzte daher an die Stelle der Reichsgewalt freiwillige Vereinbarungen zwischen den Städten und suchte aus dem allgemeinen Zusammenbruch die Reichsidee zu retten. König Wilhelm hat die Gründung des Rheinischen Städtebundes begrüßt als Versuch, die Reichsidee gegen die Fürsten zu verteidigen. Er sah in ihm eine Möglichkeit, seinem Königtum eine feste Grundlage zu schaffen und es vom Druck der rheinischen Fürsten zu befreien.

Zwar haben sich auch die meisten Rheinfürsten dem Bund angeschlossen, aber weniger aus innerem Drang als unter dem Druck der öffentlichen Meinung. Für Konrad aber war der Anschluß des Königs an den Bund fast wie eine Kriegserklärung. Der König drohte ihm über den Kopf zu wachsen und mußte daher beseitigt werden.

Im August des Jahres 1254 schon schloß er mit Karl und Margarete von Flandern ein Bündnis und trat damit in die Fehde Flanderns gegen den König ein. Im Verlauf dieser Fehde hat Konrad zwei entscheidende Siege über die Anhänger des Königs errungen und damit der Machtstellung Wilhelms in Norddeutschland den Todesstoß versetzt. Im Januar des Jahres 1255 traf er mit König Wilhelm und dem päpstlichen Legaten Kardinal Peter von Albano in Neuß zusammen. König und Legat forderten ihn auf, den Bischof Simon von Paderborn, den die Anhänger Konrads während der flandrischen Fehde gefangengenommen hatten, freizugeben. Konrad weigerte sich. Nach heftigem Streit verließ er den König. Das Haus, wo die Zusammenkunft stattgefunden, wurde ein Raub der Flammen, und König und Legat entkamen nur mit knapper Not dem Tode. Man behauptete, Konrad habe das Feuer anlegen lassen. Der Bruch zwischen König Wilhelm und Konrad war nun vollkommen. Aber nicht lange mehr brauchte Konrad seinen Verrat fortzusetzen. Auf einem Kriegszug in Friesland wurde König Wilhelm am 28. Januar 1256 erschlagen.

Die Zeit war wiedergekommen, wo Konrad sich als Königsmacher hervortun konnte. Er hat sich mit aller Macht dieser Aufgabe gewidmet. Die Fürsten schieden sich in zwei Parteien. Die eine setzte sich für König Alfons den Weisen von Kastilien ein, die andere unter Führung Konrads von Hochstaden für den Bruder des englischen Königs, den Grafen Richard von Cornwallis. Konrad und seine Genossen haben das Königtum an den Engländer regelrecht verkauft. Sie haben nicht einmal ein Hehl daraus gemacht. Die Gegner unter Führung des Erzbischofs von Trier haben es nicht anders getrieben, als sie mit Alfons von Kastilien verhandelten. Am 13. Januar 1257 wählten Konrad und seine Anhänger den Grafen Richard zum König, im April wurde Alfons von Kastilien vom Erzbischof von Trier zum König proklamiert. Diese Doppelwahl ist ein unaustilgbarer Schandfleck für die Fürsten und besonders für Konrad von Hochstaden.

Was kümmerte sie das Wohlergehen des Reiches, was fragten sie nach Nationalität und Tauglichkeit der Kandidaten, die Königswahl war ihnen ein Geschäft, das ihnen die größten Vermögensvorteile sichern und die Gewähr bieten mußte, daß sie in ihren eigensüchtigen Bestrebungen nicht gehemmt wurden. »Wie Wasser goß Richard das Geld vor den Füßen der Fürsten aus«, so klagt ein Chronist. »Unglaubliche Dinge verlauteten von seinem Gelde. Wahrlich, das Salböl, das über sein Haupt gegossen wurde, hätte er in seinem Vaterlande billiger kaufen können. Törichtes England,

91

das so vielen Geldes sich freiwillig beraubte! Törichte Fürsten Deutschlands, die für Geld ihr edles Recht verkauften!«

Am 17. Mai 1257 wurde Richard in Aachen von Konrad von Hochstaden zum König gekrönt. Das Pfingstfest feierte er in Köln, wo er mehrere Wochen verweilte und der Stadt in großzügigster Weise alle Rechte und Freiheiten bestätigte. Im Anfang des Jahres 1258 kehrte Richard nach England zurück. Er hat später nur noch für kurze Wochen deutschen Boden betreten. Von einer Regierung konnte jedoch kaum eine Rede sein. Sein Gegner, König Alfons, hat Deutschland nie gesehen. Für beide war das Königtum ein Geschäft, das die Kosten nicht deckte, »ein Luxusbesitz«, mit dem von Zeit zu Zeit geprunkt wurde. Konrad von Hochstaden hatte nun wieder freie Bahn. Das Scheinkönigtum Richards konnte ihm nie hinderlich werden. Seine Reichspolitik hatte ihren Abschluß gefunden, er konnte sich in aller Ruhe den Aufgaben widmen, die seiner im Hochstift und besonders in Köln warteten.

Nicht lange nach der Königskrönung Richards kehrte Albert der Große nach Köln zurück. Wenn Konrad sein Spiel gegen die Stadt Köln wieder beginnen sollte, sein Gegenspieler war auf dem Plan. Konrad von Hochstaden hat nicht lange auf eine Gelegenheit zum Losschlagen zu warten brauchen. Sie kam früher vielleicht, als ihm lieb war.

Eines Tages im September 1257 saß Konrad von Hochstaden in seiner Pfalz zu Köln zu Gericht, als in der Nähe ein Menschenauflauf entstand. Die Ursache war einer jener privaten Händel, wie sie damals an der Tagesordnung waren. Ein Kölner Bürger, Heinrich der Rothe, war von einem Verwandten des Erzbischofs, dem Herrn von Kobern an der Mosel, gefangengenommen worden. Da nun diese Untat nach gewöhnlicher Auffassung die ganze Familie des Rothe betraf, anderseits die ganze Familie des Herrn von Kobern dafür verantwortlich gemacht wurde, überfielen die Verwandten des Rothe, die Familie Kleingedank, den Domkanoniker Heinrich von Nürburg, einen Bruder des Herrn von Kobern. Sie wollten entweder einfach Rache nehmen oder aber ihn als Gefangenen gegen ihren Verwandten austauschen. Mit knapper Not entkam Heinrich von Nürburg in den Dom. Als Konrad von Hochstaden über den Vorfall unterrichtet wurde, verließ er sofort die Pfalz und begab sich nach Bonn. Da sein Neffe, der Herr von Kobern, sich die Rache der Kleingedank zugezogen hatte, mochte er annehmen, auch gegen ihn werde man vorgehen. Auf dem Ritt nach Bonn mögen ihm die Möglichkeiten aufgegangen sein, die dieser Fall ihm bot. Mit einigem Geschick ließ sich aus dem Überfall ein annehmbarer Kriegsgrund gegen die Stadt Köln konstruieren; ein Krieg aber bot die Möglichkeit, endlich mit der Stadt abzurechnen und sie der fürstlichen Gewalt völlig untertan zu machen. Rasch ließ er das Gerücht verbreiten, die Kölner Bürgerschaft habe einen Anschlag auf ihn verübt. Er rüstete ein Heer und warb Bundesgenossen. Der Herzog von Limburg und die Grafen von Berg und von Jülich standen ihm mit Truppen zur Seite. Der Kampf konnte beginnen.

Dieser Fall zeigt, wie man auch in früheren Zeiten um einen Kriegsgrund nicht verlegen war, wenn man den Krieg suchte. Der gegebene Weg wäre gewesen, Konrad hätte die Übeltäter, nämlich die Kleingedank, vor Gericht gezogen und bestraft. Nicht die Bürgerschaft hatte den Überfall unternommen, sondern eine Familie. Nicht politische Beweggründe standen hinter dem Angriff auf den Domkanoniker, sondern rein persönliche. Am wenigsten aber wird man behaupten können, die Stadtverwaltung habe den Überfall veranlaßt oder gebilligt. Der Ausgang der Fehde beweist klar, daß es Konrad um mehr zu tun war als um die Bestrafung einiger Übeltäter.

Es kam schließlich zu einem Gefecht bei Frechen, das der Erzbischof verlor. Der günstige Verlauf ermutigte einige Zünftler zu einem Streifzug in das Gebiet des Grafen von Berg, der mit Konrad verbündet war. Sie gingen über den Rhein und zogen von Deutz aus raubend und brennend durch die Grafschaft Berg. Sie hatten jedoch nicht damit gerechnet, daß der Graf von Berg mit seinen Truppen in der Nähe war. Er überfiel sie und jagte sie an den Rhein zurück. Aus Wut über ihre Niederlage brannten die Zünftler einen Teil der Abtei Deutz nieder, die ja auch auf bergischem Gebiet lag. Einen Erfolg hatte dieser Raubzug aber doch. Am 14. Oktober schloß der Graf von Berg mit der Stadt Köln einen Vertrag. Alles Rauben und Brennen sollte aufhören, das geraubte Gut nach Beendigung der Fehde zurückgegeben werden. Der Graf durfte in Deutz keine Befestigung gegen die Stadt Köln errichten und von seiner Grafschaft aus keinen Angriff auf die Stadt unternehmen. Dagegen durfte er dem Erzbischof auch weiterhin Hilfe leisten, ohne jedoch mit Raub und Brand gegen die Stadt vorzugehen.

Der blutige Teil der Fehde Konrads mit der Stadt war erledigt. Der Winter mag die hitzigen Gemüter abgekühlt haben. Vielleicht auch hat der Rheinische Städtebund eingegriffen oder gar König Richard, der gegen Ende des Jahres in Köln weilte. Konrad von Hochstaden war also auch dieses Mal mit Waffengewalt nicht durchgedrungen. Es bestand auch nicht die geringste Aussicht, die stark befestigte Stadt in offener Schlacht zu nehmen. Sein vornehmstes Kriegsziel hatte er nicht erreicht. Er verlegte sich anscheinend auf den Handelskrieg, unterbrach die Handelswege nach Köln und suchte auf diese Weise, die Stadt zur Unterwerfung zu zwingen. Von dieser Kriegsführung mochte er sich aber auch nicht einen vollen Erfolg versprechen. Er suchte und fand einen besseren Weg, der ihn zur unumschränkten Herrschaft über die Stadt Köln führen sollte.

Konrad von Hochstaden wandte seine ganze Aufmerksamkeit den sozialen Verhältnissen in der Bürgerschaft zu und fand hier die Möglichkeit, einen Schlag gegen die Stadtfreiheiten zu führen. Die geschichtliche Entwicklung hatte alle politischen Rechte zum Vorrecht einer Kaste gemacht. Der Bürgeradel, die reichen Kaufleute hatten die gesamte Stadtverwaltung und die Rechtsprechung fest in ihrer Hand. Alle übrigen Bürger, vor allem die Zünfte, waren von der Verwaltung ausgeschlossen. Aber auch die Zünfte waren vom Geist der Zeit berührt. Wo der Bürgeradel gegen die Fürsten sich erhob und sich Rechte erkämpfte, wo die Fürsten gegen den Kaiser, Kaiser, Fürsten und die übrigen Adeligen gegen die Kirche angingen, um Macht und Reichtum zu vermehren, wo also jede Autorität untergraben und jede Rechtsordnung ins Wanken gebracht wurde, glaubten die Zünfte, nicht müßig sein zu dürfen, sondern auch ihrerseits aus der allgemeinen Lage etwas für sich herauszuschlagen zu müssen. Sie wollten nicht beiseitestehen in dem Wettlauf nach Macht und Reichtum, sondern nach berühmtem Vorbild an den Rechten derer teilnehmen, die am nächsten über ihnen standen, nämlich der Bürgeradeligen.

Dieses Streben der Zünfte wurde bestärkt durch die Tatsache, daß in der Stadtverwaltung Mißstände herrschten. Wir werden später einige Fälle kennenlernen. Sie ergaben sich fast notwendig aus dem System, daß alle politische Macht in der Hand weniger Familien vereinigt war, wichtige Stellen also vom Vater auf den Sohn vererbt wurden. Manche Bürgeradeligen mögen sich auch durch die wiederholten Bestätigungen der Stadtfreiheiten durch Päpste und Könige in den Glauben haben wiegen lassen, daß sie aller Kontrolle überhoben wären und nach Gutdünken schalten und walten dürften.

Konrad von Hochstaden hat sich die Gegensätze zwischen Zünften und Stadtobrigkeit zunutze gemacht. Was Waffengewalt nicht durchzusetzen vermochte, sollte der berühmte Grundsatz »Teile und herrsche« ermöglichen. Machte er sich zum Anwalt der rechtlosen Bevölkerungsschichten gegen den Bürgeradel, so besaß er in der Stadt einen mächtigen Bundesgenossen. Und vermochte er das niedere Volk gegen den Adel aufzuwiegeln, so konnte er bei den Streitigkeiten leicht im Trüben fischen. Mit den ungebildeten, unpolitischen Zünftlern würde er schon fertig werden. Konrad von Hochstaden hat in den Tagen seiner Fehde mit der Stadt diese Politik aufgenommen. Daß er nach Wiederherstellung der unumschränkten Macht über die Stadt strebte, wird ihm niemand verübeln, daß er, der hochfahrende, mächtigste Reichsfürst, sich aber mit revoltierenden Zünftlern verband, sie in den Kampf hetzte, um dann auf den Trümmern der Stadtverwaltung seine Herrschaft zu errichten, ist einer der dunkelsten Punkte in seinem nicht sehr erbaulichen Leben.

Im März des Jahres 1258 trafen sich die Vertreter der Stadt Köln mit Konrad von Hochstaden in Bonn, um über die Beilegung der Streitigkeiten zu beraten. Über die Sühne für den Überfall auf Heinrich von Nürburg einigte man sich sehr bald in einer Weise, die man ohne das Gefecht bei Frechen ebensogut hätte finden können. Die Familie Kleingedank mußte, soweit sie an dem Überfall beteiligt gewesen, barfuß in Bußkleidern vom Severinstor im Süden der Stadt bis zum Judenbüchel in der Nähe des Rathauses ziehen und den Erzbischof um Verzeihung bitten. Weigerte sie sich, so sollte sie vor das geistliche Gericht gestellt werden. Ferner mußte sie Heinrich von Nürburg und dem Domkapitel Genugtuung leisten. Die »Guten Leute« von der Stadt, die Stadtverwaltung, mußten ebenfalls den Erzbischof um Verzeihung bitten. Die Stadt mußte dem Erzbischof die Huldigung erneuern, der Erzbischof der Stadt geloben, ihr ein gnädiger und gerechter Herr zu sein. Die Kriegskosten wurden gegeneinander aufgewogen, nur die Abtei Deutz sollte durch die Stadt entschädigt werden. Sodann traf man ein Abkommen über die Biersteuer, die auf zehn Jahre je zur Hälfte dem Erzbischof und der Stadt zufallen sollte.

Während der Fehde hatte der Handel naturgemäß schwer gelitten. Wegen des Handelskrieges Konrads gegen die Stadt Köln hatten manche auswärtige Kaufleute die Stadt nicht verlassen können. Es wurde nun bestimmt, daß sie frei abziehen dürften, falls sie in der Stadt keine Kaufabschlüsse unter sich getätigt hätten. Ferner gestattete Konrad, daß Bruder Albert, der Lesemeister der Predigerbrüder in Köln, darüber befinde, ob die auswärtigen Kaufleute hinfort Kaufabschlüsse unter sich tätigen dürften; jedoch sollten von dieser Bestimmung Alberts die Kaufleute aus dem Gebiet des Hochstifts und der Bundesgenossen Konrads ausgenommen sein. Hier wird der Name Alberts im Rahmen der Verhandlungen zum erstenmal erwähnt. Ob er von Anfang an den Friedensverhandlungen beigewohnt hat, wissen wir nicht. Angesichts der Rolle aber, die er in den folgenden Tagen und in späteren Jahren gespielt hat, ist die Vermutung berechtigt, daß er den Frieden angebahnt und die Verhandlungen maßgebend beeinflußt hat.

Soweit war also alles in bester Ordnung. Nun aber trat Konrads groß angelegte Politik gegenüber der Stadtverwaltung in Erscheinung. Es zeigte sich, daß die Sühne für den Überfall auf den Domkanoniker eine Kleinigkeit war im Vergleich mit den Forderungen, die Konrad jetzt erhob. Er ging aufs Ganze und erklärte, ihm stehe die höchste Gewalt zu in geistlichen und weltlichen Dingen, und kraft dieser Gewalt müsse er gegen die Mißstände vorgehen, die das Verhältnis zwischen Verwaltung und Bürgerschaft unerträglich machten. Er klagte die Stadtverwaltung der Korruption an und führte eine lange Liste von Beschwerden gegen die Amtsführung der Bürgeradeligen auf. Hätte sich die Verwaltung einschüchtern lassen, so wäre das Spiel für Konrad gewonnen gewesen. Er konnte dann die Rolle des Reformators übernehmen und seine Arbeit so gründlich besorgen, daß von den Freiheiten der Stadt nicht mehr viel übrigblieb. Die Zünfte hatte er ja bei dieser Arbeit auf seiner Seite. Die regierenden Adelsgeschlechter aber pochten auf ihre Rechte und antworteten dem Erzbischof mit einem ganzen Bündel von Beschwerden gegen ihn selbst.

Die blutige Fehde war vollständig in den Hintergrund getreten. Es handelte sich nicht mehr darum, einen plumpen Angriff auf die Stadt zurückzuweisen, sondern es ging um die Verteidigung von Freiheiten, die mit rechtlichen Gründen in Frage gestellt wurden. Konrad hatte seine Stellung gegenüber der Lage im Jahre 1252 wesentlich verbessert. Der Friedensschluß sah ihn nicht in Verteidigung wie damals, sondern in breiter Angriffsstellung. Sein Angriff wurde gedeckt durch die Zünfte und vorgetragen mit rechtlichen Gründen und mit begründeten Beschwerden gegen die Adeligen.

Aus dieser verzwickten Lage führte nur ein Weg, ein Schiedsgericht. Diesem Schiedsgericht sollten alle Beschwerden der streitenden Parteien zur Entscheidung vorgelegt werden. Zu Schiedsrichtern wurden bestellt der Domdechant Goswin, die Pröpste Heinrich von Sankt Severin und Heinrich von Sankt Aposteln, der Schatzmeister des Domes, Philipp von Soest, und endlich Albert, der Lesemeister der Predigerbrüder. Sie sollten bis zum 24. Juni ihren Spruch fällen.

Am 17. März 1258 teilte die Stadt dem Erzbischof mit, daß sie entschlossen sei und gelobe, die in Bonn verabredeten Friedensbedingungen zu halten. An den folgenden Tagen wurden die vier Urkunden hierüber ausgefertigt. Der Friede war geschlossen, der Erzbischof kehrte nach Köln zurück.

Konrad reichte dem Schiedsgericht 53 Beschwerdepunkte gegen die Stadt ein, die Stadt hatte in 21 Punkten Anklage erhoben. Die Schiedsrichter waren vor eine äußerst schwierige Aufgabe gestellt. Was sich in mehreren Jahren an Streit und Hader zweier Konkurrenten angesammelt hatte, sollte nun ausgeräumt und erledigt werden. Die Richter haben sich die Arbeit nicht leicht gemacht. Ihre Absicht war, die Rechte Konrads und der Stadt scharf abzugrenzen und dadurch für alle Zeiten den Frieden zu sichern. In ihrem Schiedsspruch vom 28. Juni 1258 haben sie sich ernstlich bemüht, dieses Ziel zu erreichen.

Aus dem Schiedsspruch Alberts und seiner Mitrichter seien einige Punkte herausgegriffen. Zu Gerichtsschöffen dürfen keine Minderjährigen, Verbrecher oder unehelich Geborene genommen werden. Das Schöffenamt darf auch nicht erkauft, sondern nur der übliche Beitrag zum Schöffenmahl gegeben werden. Die Schöffen haben zu jeder Sitzung zu erscheinen und die Entscheidung nicht unnötig zu verschleppen. Es ist unzulässig, daß dieselben Schöffen in erster und zweiter Instanz urteilen. Der Erzbischof muß das Urteil der Schöffen anerkennen. Vernachlässigen die Richter, Untervogt und Untergraf, ihre Pflicht, so sollen sie vom Burggraf und Vogt nach dem Urteil der Schöffen abgesetzt werden. Tun Burggraf und Vogt dies nicht, so kann der Erzbischof die Richter nach vorhergegangener Mahnung absetzen.

Auf die Behauptung Konrads, er sei der höchste Richter in weltlichen und geistlichen Dingen, antwortete der Schiedsspruch: Es ist richtig, daß die höchste Gewalt im Geistlichen und Weltlichen dem Erzbischof zusteht. Aber es gibt Personen, die unter ihm und von ihm Gerichtsbarkeit in geistlichen und weltlichen Dingen besitzen, und Beamte, die Bürgermeister heißen. Letztere werden von der Richerzeche, der Bruderschaft der Reichen, gewählt und beschwören gewisse Ordnungen, deren Beobachtung viel zum Wohle der Stadt beiträgt. Beobachten sie diese Ordnungen nicht, was leider häufig vorkommt, so werden sie meineidig. Vielfach aber hat sich das Volk zu Köln über die schlechte Verwaltung der Bürgermeister beklagt. Die Gemeinde ist ihretwegen in große Verwirrung geraten. Der Grund scheint zu sein, daß die Wähler nicht nach Verdienst gewählt haben, sondern unter Berücksichtigung von Fürsprache und Geld. Auch haben die Bürgermeister große Auslagen gemacht für die Schöffen, für die Richerzeche und andere hervorragende Personen, und infolgedessen mußten sie später aus ihrer Verwaltung Nutzen ziehen. Daher sollen fortan die Wähler der Bürgermeister einen leiblichen Eid leisten, daß sie weder um Bitte noch um Geld, noch um Verwandtschaft, sondern lediglich nach der Gerechtigkeit solche wählen, die nach ihrem Gewissen tauglich sind für das Gemeinwesen. Die Gewählten aber sollen außer den althergebrachten Leistungen an Wein und Wachs keine Ausgaben machen, derentwegen sie später gegen Gott und Ehrbarkeit etwas von unschuldigen Leuten erpressen müssen.

Die Zünfte dürfen ihre Meister selbst wählen. Sie dürfen keinen festen Preis festsetzen für Kauf und Verkauf. Ebenso wird das unbillige Herkommen verurteilt, daß die Zünfte von jeder Mark einige Denare für die gemeinsame Zunftkasse verlangen; denn dadurch werde die Ware verteuert.

Zum Stadtrat können nach alter Gewohnheit auch einige ehrbare und kluge Männer aus der Gesamtheit der Bürger genommen werden; sie sollen schwören, daß sie getreulich für das Beste des Gemeinwesens sorgen und nichts zum Schaden des Erzbischofs und der Kölner Kirche unternehmen werden.

Der Erzbischof darf keine Briefe ausstellen, auf Grund derer ein Kölner

Bürger für seine Schulden gefangengesetzt oder sein Eigentum beschlagnahmt werden kann.

Der Erzbischof darf die Kölner Münze nirgendwo anders prägen lassen als in Köln; er darf auch keine Fälschungen dulden.

Es wird als unzulässig bezeichnet, daß der Erzbischof oder seine Amtsleute für Raub und Unbilden, die an Kölner Bürgern verübt werden, Ersatz empfangen und dann nicht an die Geschädigten weitergeben. Der Erzbischof soll allen gleiche Gerechtigkeit zuteil werden lassen und nicht für Geld den Schuldigen freisprechen und den Unschuldigen verurteilen, eingedenk dessen, daß »verflucht sind vom Herrn jene, die den Gottlosen rechtfertigen für Geschenke und des Gerechten Gerechtigkeit von ihm nehmen«.

Auf die Beschwerde der Bürger, der Erzbischof gestatte die Einrichtung von Befestigungen zum Schaden der Stadt, antwortete der Schiedsspruch, das sei Sache des Erzbischofs, die die Stadt nichts angehe, jedoch solle der Erzbischof Vorsicht walten lassen.

Ungehörige Zölle darf der Erzbischof nicht erheben.

Zum Schluß des Schiedsspruchs wird den Bürgermeistern und anderen mächtigen Bürgern eingeschärft, bezüglich des Bierbrauens, Brotbackens, des Fleisch- und Fischverkaufs und in anderen Dingen nichts gegen die Ordnungen der Stadt sich zu erlauben.

Dieser Spruch, der noch viele andere Streitfragen regelte, die hier nicht aufgeführt werden können, wurde in der Pfalz zu Köln in Gegenwart vieler Kleriker und Laien, Bürger und Auswärtiger verkündet und von den beiden Parteien angenommen. Jede Partei erhielt eine Ausfertigung des Schiedsspruchs, die die Siegel der Schiedsrichter, des Erzbischofs, des Domkapitels und der Stadt trug.

Über diesen Spruch urteilt Hermann Cardauns: »Wenige Jahre vorher hatten drei der fünf Schiedsrichter einen anderen Spruch erlassen, die Sühne zwischen Konrad und dem Grafen von Jülich. Es war das Urteil, welches man einem besiegten Feind auferlegt, und nur schwer kann man sich zu der Annahme entschließen, daß aus den harten Bedingungen nur der Geist der Gerechtigkeit rede. Jetzt stand vor diesen drei Männern der Name des Domdechanten Goswin, hinter ihnen der Name des Bruders Albert, und man wird nicht fehlgehen bei der Annahme: wenn die große Urkunde vom 28. Juni 1258 einen ganz anderen Geist atmet als jene vom 1. Februar 1255, so ist dies wesentlich das Verdienst jenes edelen Ordensmannes, welcher unter den Schiedsrichtern bescheiden an letzter Stelle steht. Bei der Sühne von 1252 war er zweifellos die Haupt-, der päpstliche Legat nur die Respektsperson gewesen; für letzteren war ein Ersatzmann bestellt, während Bruder Albert die Präliminarartikel allein veröffentlichte.

Auch bei zahlreichen späteren Einigungen zwischen Erzbischof und Stadt erscheint er als der Vertrauensmann beider Parteien, und 1258 wird es nicht anders gewesen sein. In diesem Aktenstück hat der Gelehrte, dessen Ruf schon damals durch die ganze christliche Welt ging, der schon in zahlreichen Werken Denkmäler seines Geistes gesetzt hatte, das schönste Zeugnis seines Charakters hinterlassen. Die ganze Urkunde atmet Ernst, Würde, Unabhängigkeit, unbestechlichen Gerechtigkeitssinn. Das Unrecht straft sie, wo sie es findet, ohne Ansehen der Person; bürgerliche Mißwirtschaft wie fürstliche Willkür haben hier in gleicher Weise ihren unerbittlichen Richter gefunden. Hätte Konrad mit seinen hervorragenden Herrschereigenschaften auch die Tugenden des Bruders Albert verbunden, das weise Maß, die Billigkeit und Liebe zum Frieden, die Erkenntnis, daß in einem durch Generationen sich hinziehenden Kampfe fast niemals Recht oder Unrecht nur auf der einen Seite liegen, vielleicht hätte dieser letzte großartige Versuch, das alte und das neue Recht zu versöhnen, zum Ziele geführt; es hätte gelingen können, den Unabhängigkeitssinn der Stadt und die tieferregten bürgerlichen Leidenschaften auf friedlichem Wege zu bändigen; vielleicht wären die wechselvollen Kämpfe der nächsten Jahre erspart und die Erzbischöfe von Köln noch Jahrhunderte hindurch Fürsten der Stadt geblieben, in welcher so bald schon nach kurzem Triumph ihr Fürstenrecht zu einem Schatten wurde.«

Dieser Schiedsspruch ist in den folgenden Jahrzehnten für die Geschichte der Stadt von entscheidender Bedeutung geworden. Zwar hatte er Konrad fest und entschieden auf das Herkommen und auf die bestehenden Verhältnisse verwiesen und seine weitgehenden Ansprüche verworfen. Der Erzbischof aber durfte einen großen Erfolg buchen in der Tatsache, daß manche der von ihm vorgebrachten Beschwerden über die Verwaltung der Stadt anerkannt worden waren. Er war als Anwalt der bedrückten und rechtlosen Zünfte mit Erfolg gegen die regierenden Geschlechter aufgetreten. Er hatte den Bundesgenossen gefunden, der von ihm verführt und ausgebeutet wurde und die Brücke bildete zum heißersehnten Ziel, zur unumschränkten Herrschaft über die Stadt.

Schon bald nach dem Schiedsspruch vom Juni 1258 hat Konrad die Fäden weitergesponnen und den großen Schlag vorbereitet. Im Frühjahr 1259 erschien er in Köln und verlangte von den regierenden Geschlechtern, sie sollten sich mit ihm verbinden und ihm zu Willen sein; er werde sie mit Geld und Gut reichlich entschädigen. Der Chronist Gottfried Hagen berichtet weiter: »Aber die Geschlechter taten seinen Willen nicht, da es gegen die Freiheit der Stadt ging. Da sandte der Bischof zu den Reichsten unter den Webern und von der Gemeinde und bewirkte, daß sie sich vereinten und ihm schwuren und huldigten, daß sie alle ihm helfen wollten wider die »Besten von der Stadt«, einzig weil sie ihre Freiheit nicht zerbrechen ließen.« Was nun folgte, war mehr oder weniger gut gespieltes Theater, war Durchführung eines Verfahrens, das vorher mit den Zünften verabredet war. Zunächst setzte Konrad die Münzerhausgenossen ab. Dann wurden die Schöffen entfernt und durch Zünftler und andere Glieder der Gemeinde ersetzt. Schließlich mußte auch einer der Bürgermeister der Gewalt weichen. Konrad wurde sein Vorgehen, das allem Recht und dem von ihm beschworenen Schiedsspruch von 1258 Hohn sprach, in gewisse Rechtsformen zu kleiden, um wenigstens nach außen den Anschein zu erwecken, als ob alles nach Recht und Gerechtigkeit zugegangen sei. Ganz wohl scheint es ihm dabei aber doch nicht gewesen zu sein. Er erklärte zwar, der Schiedsspruch von 1258 sollte voll und ganz gewahrt bleiben, aber dies konnte nur ein Mann behaupten, der die ganze Verwerflichkeit seines Tuns empfand und sich im innersten Herzen schämte vor dem Manne, der in der Stadt Recht und Gerechtigkeit verkörperte, vor Albert, dem Lesemeister der Predigerbrüder. Mehrere Schiedsrichter von 1258 haben das Vorgehen Konrads gegen die Verwaltung mit ihrem Namen gedeckt. Der Name Alberts aber fehlt unter den Urkunden, die das große Friedenswerk von 1258 zerstörten, ein stummer Protest eines rechtlich und sozial denkenden Mannes gegen brutale Gewalt und Volksverführung.

Gottfried Hagen hat die bittersten Worte gefunden über die Scheindemokratie unter der Obergewalt Konrads in Köln: »Mit Eseln wurde die heilige Stadt Köln besetzt. Man stecke einen Esel in eines Löwen Haut, er schreit doch wie ein Esel. Pfauenhüte ließen sie sich machen und gebärdeten sich gar herrlich. Arm und reich beschatzten sie mehr, als vorher Sitte war, und teilten dem Bischof davon mit. Sollten sie ein Urteil fällen, so fragten sie vorher beim Bischof an, was sie sagen sollten. Sie fürchteten sich immer, abgesetzt zu werden, und taten deshalb, was der Bischof wollte. Da verlor Köln seine Freiheit und manche guten Sitten. Was von gutem Geschlecht kommt, das bleibt barmherzig und gut; aber nichts ist so schlimm wie ein emporkommender Bürger; der ist gierig und falsch. Wie sollten Leute Rat und Urteil geben, die ihr ganzes Leben gespult haben? Wie sollten die Fischer und Bäcker Köln bewahren? Ich wähne, mancher von ihnen verstand sich besser darauf, wieviel Heringe man für einen Vierling bekommt.«

Konrad von Hochstaden ist im Jahre 1262 im vollen Besitz der Stadt gestorben. Sein Triumph war vollständig; ein Triumph aber, der nicht von Dauer sein konnte, weil er gegründet war auf brutale Gewalt. Das Friedenswerk Alberts vom Jahre 1258 ist in den folgenden Jahren wiedererstanden. Der Schiedsspruch ist auf lange Jahre hinaus das Kampfziel der wieder erstarkenden Geschlechter geworden. Es hat aber eines erneuten

Eingreifens Alberts bedurft, um die Rechtsordnung wiederherzustellen. Der Predigerbruder Albert hat schließlich doch den Sieg davongetragen über den Reichsfürsten.

Der Schiedsspruch vom 28. Juni 1258 zeigt uns Albert bei der Lösung einer gewaltigen Aufgabe, bei einer Entscheidung über Wohl und Wehe einer großen Stadt. Er ist der deutlichste Beweis für die überragende Autorität, die Albert in Köln genoß. Wir kennen aber aus diesen Jahren einige andere Schiedssprüche Alberts, die mehr oder weniger geringfügige Streitfälle behandeln, die aber für die Erkenntnis der Persönlichkeit Alberts von größter Bedeutung sind. Sie lassen besser noch als die großen Schiedssprüche die alle in ihren Bann zwingende Macht seiner Persönlichkeit hervortreten.

In dem Vertrag vom 20. März 1258 zwischen Konrad von Hochstaden und der Stadt Köln, der die Fehde beendigte, war vereinbart worden, daß die Stadt der Abtei Deutz, die durch den Überfall der Zünftler schwer gelitten hatte, eine Entschädigung zahlen sollte. Lange Monate hatten sich Stadt und Abtei um eine Einigung bemüht. Auch ein Schiedsgericht hatte keine Entscheidung finden können. Am 1. März 1260 nun verkündete Albert einen Spruch, der einen Einblick gestattet in die Schwierigkeiten der Verhandlungen. Die Urkunde ist heute noch im Historischen Archiv in Köln erhalten.

Albert erklärt hier: »Es war ein großer Streit ausgebrochen zwischen Abt und Abtei Deutz einerseits und den Richtern, Schöffen und der ganzen Stadt Köln anderseits. Die Abtei fühlte sich schwer geschädigt durch den Krieg zwischen dem Erzbischof und der Stadt, durch Brand und Zerstörung von Gebäuden und durch Raub von Gütern, die der Abtei gehörten. Schließlich wurde ein Schiedsgericht bestellt, dem acht Personen angehörten; vier ernannte der Abt von Deutz, nämlich zwei Ritter, Philipp und den Burggrafen Gottfried von Drachenfels, und zwei Bürgerliche, den Schultheiß Dietrich und Pilgrim von Deutz; vier weitere bestimmte die Stadt Köln, nämlich Wilhelm von der Hundsgasse, Dietrich Schurge, Johann von Abtshoven als Schöffen und Konrad von Holzheim. Beide Parteien kamen darin überein, daß noch zwei weitere Personen als Vermittler hinzugezogen werden sollten. Der Abt berief den Domschatzmeister Philipp von Soest, die Stadt den Hermann, genannt Kalterhausen. Ferner bestimmten die Parteien, daß ich, Bruder Albert, Obmann des Schiedsgerichts sei für den Fall, daß die Schiedsrichter und die Vermittler zu keinem Schluß kämen, und was ich als Schiedsrichter bestimmen würde, sollte von beiden Parteien angenommen werden. Die beiden Parteien, Schiedsrichter und Vermittler, haben keine Einigung zustande gebracht. Daher fälle ich folgenden Spruch:

SECHSTES KAPITEL

Die Stadt Köln muß wiederaufbauen den Schlafsaal und das daran
anstoßende Gebäude, nämlich den neuen Schlafsaal. An der Kirche muß sie
wiederherstellen das Grabmal des heiligen Heribert, die Taufkapelle, die
Orgelbühne, vier eiserne Tore, im Chor die oberen Fenster und die eisernen
Absperrungen, die am Aufgang zum Chor und vor dem Chor sich befanden. An den Chorbogen müssen wieder die eisernen Haken angebracht
werden, an denen die Wandbehänge befestigt wurden, im Chor und an den
Kirchentüren die Querbalken. Die Stadt muß ferner die Pfarrkirche wie-
derherstellen, jedoch ohne Turm, aber mit einem Dachreiter für die
Glocken. Den Turm der Hauptkirche soll sie abreißen und dafür eine
Vorhalle am Eingang der Kirche bauen. Sie soll ferner für die Hauptkirche
einen Glockenstuhl bauen an einer Stelle, die Philipp von Soest und ich
bestimmen werden. Da die Festungsanlagen zwischen der Kirche und der
Abtei bisher viel Streit verursacht haben, bestimme ich, daß Abt und
Konvent der Abtei fortan keine Festungstürme mehr bauen dürfen. Die
Stadt braucht nicht zur Winterszeit zu bauen, sie muß jedoch die Arbeiten
bis zum Fest des heiligen Remigius des nächsten Jahres vollenden. Die
Stadt braucht nicht wiederherzustellen die Laurentiuskapelle, das Hospiz
und alle übrigen Gebäude innerhalb des Klosters.
Alle der Abtei oder Deutzer Bürgern entwendeten und geraubten Güter,
die noch von Kölner Bürgern verwahrt werden, müssen von der Stadt
zurückgegeben werden. Die Nachforschung nach diesen Gütern soll bis
Mittfasten dauern. Abtei und Stadt sollen dafür sorgen, daß der Erzbischof
ein allgemeines Gebot erläßt, diese Güter anzumelden und bis zum
angegebenen Termin im Predigerkloster abzuliefern. Für alle übrigen
Schäden soll die Stadt der Abtei 200 Mark Kölner Denare, die Mark zu
12 Solidi gerechnet, bezahlen.
Ich habe die Parteien gefragt, ob sie diesen meinen Spruch annehmen
wollten. Sie bejahten. Ich habe daher kraft der mir von den Parteien verliehenen Autorität befohlen, den Spruch unverletzt zu halten.
Die Parteien haben ferner für gut befunden, daß, falls in Zukunft irgendeine Frage auftauchen sollte, Philipp von Soest und ich zur Entscheidung bevollmächtigt seien. Hierauf habe ich angeordnet, daß dieser
Schiedsspruch zweimal ausgefertigt, mit den Siegeln der Abtei und
der Stadt versehen und jeder Partei ein Exemplar ausgehändigt werden
soll.«
Diese Urkunde, die wir gekürzt wiedergegeben haben, gibt einen Überblick
über die Zerstörungen, die die Zünftler in Deutz angerichtet hatten. Sie
zeigt aber auch, daß acht Schiedsrichter und zwei Vermittler nicht zu
leisten vermochten, was der eine Bruder Albert zustande brachte. Er war
eben der Mann des allgemeinen Vertrauens, ein Künstler in der Behandlung

der Menchen, der unbestechliche, allzeit rechtlich handelnde und gerecht urteilende Bruder Albert, dem man vertrauensvoll die schwierigsten Streitfälle zur Entscheidung vorlegen durfte.

Mit diesem Spruch hat Albert den letzten Streitfall aus der schweren Fehde von 1258 erledigt. Für die Stadt Köln ist er aber auch im Jahre 1259 noch einmal tätig gewesen und hat mitgewirkt bei dem Vertrag zwischen den Städten Köln und Utrecht, der mehrere Streitigkeiten, die sich aus dem Handelsverkehr ergeben hatten, beseitigte.

Während der schwierigen Verhandlungen über den Schiedsspruch vom 28. Juni 1258 wurde Albert zur Beilegung eines Streites über das Patronat der Pfarrkirche in Dortrecht nach Lüttich berufen. Mit dem Propst Heinrich von St. Aposteln in Köln und dem Erzdiakon Gottfried von Lüttich hat er am 15. Juni 1258 diesen Fall erledigt und der Abtei Heisterbach das Patronat zugesprochen. Nach seiner Rückkehr nach Köln hatte er einen päpstlichen Auftrag für die Kirche in Bonn zu erledigen.

Einen sehr interessanten Streitfall hat Albert schließlich noch im Jahre 1260 geschlichtet. Die Kirche in Rütten in der Diözese Lüttich gehörte der Zisterzienserrinnenabtei in Burtscheid bei Aachen. Die Abtei hatte den Dechanten von Aachen Garsilius zum Pfarrer von Rütten bestellt. Garsilius beklagte sich nun im Jahre 1257 beim Bischof von Lüttich, seine Einkünfte aus der Pfarrei Rütten seien zu gering, er möge für eine Aufbesserung sorgen. Ähnliche Klagen waren dem Bischof auch über andere der Abtei gehörige Kirchen zugegangen. Die Abtei vereinnahmte nämlich sämtliche Einkünfte der ihr gehörigen Kirchen und gab einen Teil davon den von ihr an diesen Kirchen angestellten Priestern. Vielfach übten diese Priester nicht selbst die Seelsorge an diesen Kirchen aus, sondern bestellten Kapläne, die auch nur einen Teil des den Pfarrern zustehenden Gehaltes bezogen, und zwar von den Pfarrern. Der Bischof von Lüttich setzte nun nach einer Anfrage beim Papst das Gehalt des Pfarrers von Rütten auf drei Zehntel des Zehnten fest.

Hiergegen wandte sich die Abtei mit einer Klage bei der päpstlichen Kurie. Kardinal Hugo von Saint-Cher verurteilte Garsilius zur Herausgabe aller Einkünfte, die er über sein ursprüngliches Gehalt hinaus an sich gebracht hatte. Garsilius legte gegen dieses Urteil Berufung ein, die aber abgewiesen wurde. Der Dechant mußte sich mit dem geringeren Gehalt begnügen. Der Propst Heinrich von Sankt Aposteln in Köln wurde mit der Durchführung des Urteils gegen Garsilius beauftragt. Gegen den hartnäckigen Dechanten war jedoch nichts auszurichten. Er kümmerte sich nicht im geringsten um das Urteil der päpstlichen Kurie und erhob weiter die drei Zehntel von den Zehntabgaben. Propst Heinrich ging daher mit Kirchenstrafen gegen ihn vor und exkommunizierte ihn im Sommer 1259. Aber auch dies fruchtete nichts. Der Propst rief die weltliche Gewalt an, daß sie die Strafe vollziehen sollte. Der »weltliche Arm« aber versagte, anscheinend weil der Bischof von Lüttich sich auf die Seite des Garsilius stellte. Die ganze Angelegenheit war also heillos verfahren. Propst Heinrich wußte sich nicht mehr zu helfen. Da gaben einige »bewährte Männer« dem Propst den Rat, den Bruder Albert aus Köln heranzuziehen; der würde die Sache schon in Ordnung bringen. Man wählte die Form des Schiedsgerichts, in das die Abtei den Propst Heinrich entsandte. Ihm trat Albert zur Seite, offenbar als Vertrauensmann des Garsilius. Am 25. Januar 1260 fällten die beiden einen Spruch, der das Urteil der päpstlichen Kurie vollständig unberührt ließ, Garsilius also zur Herausgabe der zu Unrecht bezogenen Einkünfte verurteilte. Die Gehaltsaufbesserung wurde rückgängig gemacht. Die Feststellung des zu Unrecht bezogenen Gehaltes sollte Albert vornehmen.

Garsilius war also wiederum abgewiesen. Was tat er nun? Was kein Urteil des päpstlichen Gerichtshofes vermochte, was keine Kirchenstrafe erzwungen hatte, das erreichte Bruder Albert kraft seiner Persönlichkeit: Dechant Garsilius fügte sich. Hier offenbart sich die größere Macht einer sittlichen Persönlichkeit, die in christlicher Liebe an die Lösung einer Streitfrage herangeht, gegenüber einem Rechtsverfahren, das mit Paragraphen und Strafen eine Lösung zu erzwingen versucht. Albert macht einen Strich unter das ganze bisherige Verfahren. Er kümmert sich nicht um die Urteile der päpstlichen Kurie und um die Kirchenstrafen, die über Garsilius verhängt waren, und schlägt den Weg ein, der ihm mehr Erfolg verspricht, den Weg der Liebe. In der Sache blieb er fest und unbeugsam, das Mittel aber, die Entscheidung zur Anerkennung zu bringen, war die Liebe.

BISCHOF VON REGENSBURG

NACH DER Absetzung des Kaisers Friedrich II. hatte sein Sohn, König Konrad IV. (1237—1254), seine Königsmacht in Süddeutschland behaupten können, obwohl auch er vom Papst nicht anerkannt wurde. Die Niederlage, die ihm von dem Gegenkönig Heinrich Raspe von Thüringen im Jahre 1246 bei Frankfurt beigebracht worden war, hatte seine Stellung nicht erschüttern können. Der Nachfolger Heinrichs, König Wilhelm von Holland, sah seine Macht nur auf die Rheingegend und Norddeutschland beschränkt. Als dann König Konrad IV. im Jahre 1251 nach Italien ging, um seine Rechte auf Sizilien zu wahren, und er im Jahre 1254 starb, gab es praktisch überhaupt keine Königsmacht in Süddeutschland. Bei der verhängnisvollen Doppelwahl vom Jahre 1257 hatte sich Herzog Heinrich von Niederbayern für Richard von England entschieden. König Richard aber hat Süddeutschland nie gesehen, und sein Rivale, König Alfons von Kastilien, hat ebensowenig eine Macht über süddeutsche Gebiete auszuüben vermocht. Das Fehlen einer festen Königsmacht hat sich daher in Süddeutschland besonders schlimm ausgewirkt. Wir brauchen auf die traurigen Verhältnisse in diesen Gebieten nicht näher einzugehen. Es genügt, ein Beispiel anzuführen, den Bischof Albert I. von Regensburg. Albert von Pietengau war als Bischof von Regensburg nicht besser und schlechter als die meisten deutschen Bischöfe. Als Reichsfürst aber hat er eine Tätigkeit entfaltet, die einen Schandfleck bildet für die Geschichte der Kirche in Süddeutschland. Während wir bei Konrad von Hochstaden immer noch eine gewisse Größe bewundern können, findet sich bei Albert von Pietengau aber auch nichts, was sein Bild sympathisch erscheinen lassen könnte. Er war eine unruhige Natur, die sich immer wieder in neue Fehden und Streitigkeiten stürzte. Sein Lebenselement war der Krieg. Ihm waren alle Mittel recht, die zum Erfolg führen konnten, und selbst vor Meuchelmord ist er nicht zurückgeschreckt. Um seine Diözese hat er sich blutwenig gekümmert. Das Kirchengut diente ihm nur zur Finanzierung seiner Kriege, und wenn es nicht reichte, nahm er Darlehen auf.

Albert von Pietengau hat viele Kriege geführt. Seine Pfalz in Regensburg war zum Kriegshauptquartier geworden. Den Kampf gegen den Sittenverfall hat er aber nicht aufgenommen. Wir müssen es uns versagen, auf die sittlichen Zustände in der Diözese Regensburg näher einzugehen. Wir besitzen aus dem Jahre 1259 einen Brief des Papstes Alexander IV. an die Bischöfe der Kirchenprovinz Salzburg, zu der auch Regensburg gehörte, in dem er ihnen das überaus traurige Bild ihrer Diözesen vorhält.

Trotzdem fällt einiges Licht auch auf die im Innersten erschütterte Diözese Regensburg. Die Bürger der Stadt und das Domkapitel erhoben sich im

Jahre 1259 einmütig gegen ihren Bischof und strengten bei der päpstlichen Kurie einen Prozeß gegen ihn an. Man lehnte diesen streitbaren und gefährlichen Bischof ab und verlangte vom Papst seine Absetzung. Daß dieser Prozeß von der päpstlichen Kurie überhaupt aufgenommen wurde, beweist, daß genügend Klagematerial vorlag, um gegen den Bischof vorzugehen. Es drohte die Absetzung des unwürdigen Bischofs im Wege eines Urteils, eine Schmach, der der Bischof aber im letzten Augenblick noch entging, indem er auf das Bistum verzichtete und sich in ein Kloster zurückzog.

Das Domkapitel wählte seinen Propst Heinrich von Lerchenfeld zum Bischof von Regensburg. Heinrich aber nahm die Wahl nicht an. Das Erbe Alberts I. anzutreten, schien ihm eine Aufgabe, die auf jüngere Schultern gelegt werden sollte.

Es war nun Sache des Papstes, der verwaisten Diözese einen Hirten zu bestellen. Auf der Suche nach einem würdigen Nachfolger des heiligen Wolfgang erinnerte man sich an der päpstlichen Kurie des Lesemeisters der Predigerbrüder in Köln, des Bruders Albert. Papst Alexander IV. hatte Albert in Anagni vor vier Jahren kennen und schätzen gelernt. Kardinal Hugo von Saint-Cher aus dem Predigerorden hatte vor acht Jahren wiederholt mit Albert in Köln verhandelt und gemeinsam mit ihm den Schiedsspruch vom 17. April 1252 gefällt. Er hat sich während seines ganzen Kardinalrats in besonderer Weise für die Reform eingesetzt und als Legat in Deutschland die dringende Notwendigkeit einer Reform der Bischöfe erkannt. Er wird es auch gewesen sein, der seinen Ordensbruder Albert für den Bischofsstuhl von Regensburg vorgeschlagen hat.

Gewiß war es ein Wagnis, einen Predigerbruder, also einen Bettelmönch, auf einen bischöflichen Stuhl zu erheben, mit dem ein Fürstentum verbunden war. Ein Bettelmönch als Reichsfürst war etwas Ungewohntes. Aber gerade hierdurch wollte man den übrigen Bischöfen ein Beispiel vor Augen stellen. Man wollte den deutschen Bischöfen, die in erster Linie Reichsfürsten waren, einen Bischof an die Seite setzen, der sich in erster Linie als Hirt seiner Herde fühlte und ein Leben führte, das geformt war von der Sorge um das Heil der ihm anvertrauten Seelen.

Das Gerücht, der Papst wolle Albert zum Bischof von Regensburg ernennen, drang sehr bald hinaus in die Welt und gelangte auch zu dem Ordensmeister Humbert von Romans. Er war geradezu entsetzt, als er von den Plänen des Papstes hörte. Sofort wandte er sich an Albert in einem Brief, der als das schönste und lauterste Zeugnis für die überragende Bedeutung Alberts bezeichnet werden kann. Er lautet in wörtlicher Übersetzung:

»Dem in Christo geliebten Bruder Albert, Lesemeister in Köln, wünscht Bruder Humbert, unnützer Diener des Predigerordens, ewiges Glück im Himmel und Ruhmesglanz auf Erden durch Beispiel und Verdienst. Durch einen Brief vom päpstlichen Hof ist kürzlich ein Gerücht zu uns gelangt, das uns im tiefsten Herzen getroffen hat und das uns in unbeschreibliche Bestürzung versetzt haben würde, wenn uns nicht das heilige und feste Vertrauen, das wir in allem Guten auf Euch setzen, aufrechterhalten hätte. Wir haben von dem Gerücht an der päpstlichen Kurie gehört, Eure Ernennung zum Bischof sei angeordnet worden. Was die Kurie anlangt, so mag dieses Gerücht durchaus glaubwürdig sein. Wer aber, der Euch kennt, vermag anzunehmen, daß Ihr Euch dieser Anordnung fügen werdet? Wer vermöchte zu glauben, sage ich, Ihr wolltet an Eurem Lebensabend diesen Makel zufügen Eurem Ruhm und dem Orden, dem Ihr zu so großem Ansehen verholfen habt?

Ich flehe Euch an, Teurer und Geliebter! Wer von uns und allen Mendikanten wird hinfort der Übernahme kirchlicher Würden widerstehen, wenn Ihr jetzt unterliegt? Wird man nicht vielmehr Euer Beispiel zur Entschuldigung anführen? Welcher Laie wird nicht Ärgernis nehmen an Euch und allen Mendikanten und sagen, wir liebten nicht die Armut, wir trügen sie nur so lange, bis wir sie abschütteln könnten?

Ich bitte Euch, laßt Euch nicht bestimmen durch Ratschläge und Bitten unserer Herren an der Kurie. Denn dort hat man nach Erfüllung solcher Bitten sehr bald und sehr leicht Spott und Hohn. Laßt Euch nicht zur Zustimmung bewegen durch die Beschwerlichkeiten im Orden, der alle seine Söhne liebt und ehrt, der sich Eurer ganz besonders im Herrn rühmt. Mag diese Last auch drückender sein, als sie jemals war oder sein wird, mag sie andere auch aus dem Orden wieder hinausgetrieben haben, Ihr werdet in Eurer Lebensklugheit sie mit Euren Riesenschultern freudig zu tragen wissen, wie es sich gebührt. Laßt Euch nicht durch päpstliche Befehle einschüchtern; denn in solchen Fällen sind sie häufig nur Formsache und nicht ernst gemeint, und erfahrungsgemäß werden sie nicht aufrechterhalten, wenn sich jemand ihnen ernstlich widersetzt. Ein heiliger Ungehorsam zur rechten Zeit schädigt in solchen Fällen den Ruf eines Menschen nicht, sondern erhöht ihn.

Fragt Eure Erfahrung, was aus jenen geworden ist, die sich zur Übernahme ähnlicher Ehren bewegen ließen. Wie war ihr Ruf, ihr Erfolg, ihre ganze Lebenslage, ihr Ende? Überlegt ernstlich in Eurem Herzen, wieviel Verwirrung, wieviel Schwierigkeiten die Kirchenregierung in Deutschland mit sich bringt! Wie schwer ist es dort, als Kirchenfürst Gott und den Menschen es recht zu machen. Wie wird Eure Seele es ertragen können, den ganzen Tag in weltliche Geschäfte verwickelt zu sein, in steter Gefahr der

Sünde zu leben, Eure Seele, die mit ganzer Kraft die heilige Wissenschaft und ein reines Gewissen liebt? Wenn Ihr das Heil der Seelen sucht, so denkt daran, wie durch diese Standesänderung der Erfolg Eurer Arbeit am Heil so vieler Seelen, den Ihr nicht nur in Deutschland, sondern fast auf der ganzen Welt durch Euren Ruf, durch Schrift und Beispiel gehabt, gänzlich zerstört wird. Welchen Erfolg Ihr aber als Bischof haben werdet, ist ungewiß.

Seht, Geliebter, unser ganzer Orden ist durch schwere Trübsal hindurchgegangen und wieder mit großem Trost erfüllt. Was aber wird, wenn Ihr ihn durch Euren Weggang in eine noch größere Trauer versetzt? Lieber sähe ich meinen vielgeliebten Sohn auf der Totenbahre als auf dem Bischofsstuhl, und nicht sollen meine übrigen Brüder aus diesem Leben scheiden voll Trauer, weil sie an Standhaftigkeit in solchen Fällen nicht mehr zu glauben vermochten. Im Geiste knie ich vor Euch und beschwöre Euch bei der Demut der unbefleckten Jungfrau und ihres Sohnes, verlaßt nicht den Stand der Demut! Was der Teufel in seiner Verschlagenheit vielleicht zum Schaden und zum Ärgernis vieler angelegt hat, wird auf sein Haupt zurückfallen, Euch und uns zu doppeltem Ruhm und Ehre. Schreibt uns, damit wir und die übrigen Brüder, unsere und Eure vielgeliebten Brüder, getröstet und von der Furcht befreit werden. — Betet für uns!

Die Gnade Jesu Christi sei mit Euch! Amen.«

Man bedenke, der Ordensmeister selbst schreibt diesen Brief. Auf den Knien fleht er Albert an, die Ernennung zum Bischof abzulehnen. Die ganze Welt blickt auf ihn, sein Tun und Lassen ist maßgebend für den ganzen Orden. Wenn Albert den Orden verläßt und Bischof wird, wer wird dann hinfort noch fest bleiben. Noch mehr, die Annahme des Bischofsamtes bedeutet für den Orden eine Gefahr, die nicht geringer ist als die heftigen Kämpfe mit den Professoren an der Universität Paris, in denen der Bestand des ganzen Ordens in Frage gestellt war. Wahrhaftig, weiter vermag man nicht zu gehen in der Schilderung der Bedeutung eines Mannes, höher vermag man einen Menschen nicht zu erheben, als Humbert es in diesem Brief an Albert getan hat.

Am 5. Januar 1260 hat Papst Alexander IV. die Ernennung Alberts zum Bischof von Regensburg ausgesprochen. Der Brief, den er ihm nach Köln sandte, lautet:

»Bischof Alexander, Diener der Diener Gottes, dem Bruder Albert aus dem Predigerorden, Lesemeister in Köln.

Das uns übertragene Amt nötigt uns, neben den vielen Sorgen, die uns bedrängen, vor allem den Bischofskirchen unsere Liebe zu widmen und auf ihr Wachstum bedacht zu sein. Besonders aber haben wir die Pflicht, den verwaisten Kirchen recht bald gute Hirten zu geben, die ihre geistlichen Pflichten erfüllen und das zeitliche Wohl ihrer Kirche fördern. Da nun die Kirche von Regensburg durch Abdankung unseres ehrwürdigen Bruders, des früheren Bischofs und Hirten jener Kirche, dieses Trostes beraubt ist, sind wir um das Wohl dieser Kirche in väterlicher Liebe besorgt und haben nach dem Rat unserer Brüder beschlossen, Dich zum Hirten dieser Kirche zu ernennen. Denn Du bist uns und unseren Brüdern durch Deine Verdienste und Deine Fähigkeiten bekannt und genehm. Da Du am Quell der göttlichen Offenbarung Dich labest mit dem heilbringenden Wasser der Wissenschaft, so daß Dein Herz erfüllt ist und Du ein sicheres Urteil besitzest in allem, was Gott betrifft, so setzen wir die feste Hoffnung in Dich, daß die Kirche von Regensburg, die in geistlicher und zeitlicher Hinsicht so stark zerrüttet ist, durch Dich geheilt und alle ihre Schäden durch Deine eifrigen Bemühungen behoben werden. Wir befehlen Dir also, daß Du unseren oder vielmehr Gottes Wünschen folgst, die Wahl annimmst und Dich zu jener Kirche begibst, um sie mit der Dir von Gott verliehenen Klugheit zu leiten. Wir hegen den Wunsch, daß Dir die Wiederherstellung jener Kirche mit Gottes Hilfe gelingen möge.

Gegeben zu Anagni am 5. Januar des sechsten Jahres unseres Pontifikates.«

Gegen Ende Januar 1260 war Albert im Besitz der Briefe des Papstes und seines Ordensmeisters Humbert. Der eine brachte die Ernennung zum Bischof, der andere warnte ihn dringend vor der Annahme. Was sollte er tun?

Albert mag den Befehl des Ordensmeisters Jordan von Sachsen vom Jahre 1233 gekannt haben:»Ich, Bruder Jordan, Ordensmeister der Predigerbrüder, befehle aufs strengste und unter Anrufung des Gelübdes des Gehorsams, daß kein Bruder unseres Ordens hinfort einer Wahl oder einem Vorschlag zum Bischof zustimme außer mit besonderer Erlaubnis des Herrn Papstes oder des Generalkapitels oder meiner eigenen. Wenn jemand gegen diesen Befehl handelt, soll er ohne weiteres exkommuniziert sein.« Sicherlich aber hat er das Ordensgesetz gekannt, das erst im Jahre 1255 erlassen worden war:»Jeden Provinzialprior, der ohne Erlaubnis des Ordensmeisters, und jeden anderen Bruder, der ohne Erlaubnis des Ordensmeisters oder des Provinzialpriors ein Erzbistum oder Bistum annimmt, ohne durch den Gehorsam derart dazu gezwungen zu sein, daß die Ablehnung Todsünde wäre, erklären wir kraft dieses Gesetzes für beraubt der Teilnahme an den Gebeten und Wohltaten und an der Gemeinschaft des Ordens im Leben und im Tode.«

Der Predigerorden wehrte sich also mit aller Kraft gegen die Übernahme des Bischofsamtes durch seine Brüder. Er lief eben sonst Gefahr, seine besten Kräfte zu verlieren und allmählich von der Höhe seiner Tätigkeit herabzusinken. Albert hielt zwar einen päpstlichen Befehl in seinen

Händen, das Bischofsamt anzunehmen. Aber Humbert hatte ihm auch erklärt, daß es einen »heiligen Ungehorsam« gebe, daß auch päpstliche Befehle manchmal nicht so ernst gemeint seien und ihre Zurückziehung bei einiger Hartnäckigkeit erreicht werden könne.

Er vermochte auch triftige persönliche Gründe gegen die Annahme aufzuweisen. Mit dem Bischofsamt in Regensburg war ein Fürstentum verbunden. Mußte er also nicht notwendig in die weltlichen Händel hineingezogen werden, die damals unvermeidlich waren? Und weiter, war er überhaupt der schweren Aufgabe, eine Diözese zu reformieren, gewachsen? Mußte er nicht den ihm von Gott zugedachten Beruf darin sehen, sein wissenschaftliches Lebenswerk zu Ende zu führen? Was sollte er als Mann von 67 Jahren noch seinen Beruf wechseln und ein Amt übernehmen, das nur Ärger und Verdruß im Gefolge hatte? Gewiß waren die politischen Verhältnisse in Köln nicht glänzend, aber in seinem Kloster war er geborgen und von seinen Brüdern geliebt und gefeiert. Hier konnte er sich ungestört seinen wissenschaftlichen Neigungen hingeben, an der Heranbildung tüchtiger Seelsorger arbeiten und vielen bedrängten Mitbürgern Seelenführer und Helfer in ihrer Not sein. Aber immer wieder drang der Befehl des Papstes an sein Ohr. Sollte er den Widerstand wagen, den ihm Humbert angeraten? Mußte er nicht doch in dem Befehl des Papstes den Willen Gottes sehen? Albert hat sich reiflich geprüft und schließlich das Bischofsamt angenommen. Er scheint aber schon damals eine Einschränkung gemacht zu haben. Er ist nur ein Jahr Bischof von Regensburg gewesen. Vor Arbeit und Schwierigkeiten hat er sich nie gescheut. Wenn er aber trotzdem so bald schon Regensburg verließ, so hat es wahrscheinlich in seinem Plan gelegen, als er das Amt annahm. Er wollte dem Befehl des Papstes folgen, aber auch dem Wunsch des Ordensmeisters entsprechen und überdies der zerrütteten Diözese helfen. Er ging nach Regensburg in der Absicht, alles daranzusetzen, die Ordnung der Diözese einzuleiten, daneben aber Ausschau zu halten nach einem tüchtigen Nachfolger. Hatte er den gefunden, so wollte er den Papst um seine Entlassung bitten.

Am 1. März 1260 noch fällte Albert den Schiedsspruch für die Abtei Deutz. Kurze Zeit darauf empfing er in Köln die Bischofsweihe. Um die Mitte des Monats etwa verließ er Köln. Tiefe Trauer erfüllte die Bürgerschaft, auf der die Faust Konrads von Hochstaden so schwer lastete. Der Mann ihres uneingeschränkten Vertrauens, der mächtige Anwalt von Recht und Gerechtigkeit, der von allen Gutgesinnten hochverehrte und vergötterte Bruder Albert schied aus ihrer Mitte. In hellen Scharen mögen die Kölner dem scheidenden Bischof das Geleite gegeben haben bis zur Stadtgrenze. Von einem Predigerbruder begleitet setzte Albert seine Reise fort gen Regensburg.

In Würzburg kehrte Albert bei seinen Brüdern ein und fand dort seinen Lieblingsschüler Ulrich von Straßburg als Lesemeister. Ulrich ließ es sich nicht nehmen, seinen väterlichen Freund und Lehrer nach Regensburg zu begleiten. Am 29. März 1260 standen sie vor den Mauern der Stadt der Heiligen Emmeram und Wolfgang. Kein Festzug erwartete sie, der den neuen Bischof einholen und in seine Bischofskirche geleiten sollte. In der Abenddämmerung betrat Albert die Stadt und begab sich sofort in das Predigerkloster. Aus dem Orden der Predigerbrüder kam er und wollte daher von ihrem Kloster aus zu seiner Bischofskirche ziehen. Er liebte nicht den Pomp. Er wollte gleich zu Beginn seiner Regierung mit aller Deutlichkeit zum Ausdruck bringen, daß von nun an ein neuer, besserer Geist einziehen sollte in die Diözese. Aus dem Predigerkloster wollte er in die Bischofskirche übersiedeln und damit zeigen, daß er nicht als Reichsfürst, sondern als Nachfolger der Apostel, als wahrer Hirt seiner Herde, als Seelsorger gekommen war.

Am folgenden Morgen — es war Kardienstag — begab er sich zum Dom, der dem heiligen Petrus geweiht war. Der ganze Konvent der Predigerbrüder mit ihrem Prior Leopold und Ulrich von Straßburg gaben ihm das Geleit. Klerus und Volk erwarteten ihn vor der Kirche. Der Dompropst Heinrich von Lerchenfeld und der Domdechant Leo mit dem ganzen Domkapitel empfingen ihn am Portal des Domes und geleiteten ihn zum Hauptaltar. Mitten im Chor vor dem Hauptaltar warf sich Albert zu Boden und verweilte lange Zeit im Gebet. Inzwischen strömte das Volk in die Kirche. Sobald sich Albert vom Gebete erhob, eilten die Domkapitulare und Ritter herzu und führten ihn zum Bischofsthron. In der üblichen Weise ergriff Albert Besitz von seiner Bischofskirche. Dann brausten Freudengesänge des Volkes durch den Dom. Ein unbeschreiblicher Jubel erfüllte die Herzen. Das Andenken an den anderen Bischof Albert war noch zu frisch, und man segnete die wunderbare Fügung Gottes, die einen Bischof gesandt, der ganz offenbar mit allen bisherigen bischöflichen Gewohnheiten zu brechen schien.

Wir sind nicht weiter über die Empfangsfeierlichkeiten unterrichtet. Sicherlich hat Albert dem Volk gepredigt und ihm gesagt, was er von ihm erwarte und was er ihm zu geben bereit sei. Sein Herz wird übergeströmt sein von Freude über diese große Gelegenheit, als wirklicher Nachfolger der Apostel diesem Volk ein Hirte zu sein und die Seelsorge, der er sein ganzes Leben geweiht, in ihrer vornehmsten und höchsten Form zu üben.

Sobald aber die Feierlichkeiten vorüber waren, sah sich der neue Bischof vor die rauhe Wirklichkeit gestellt. Sein Einzug in die Pfalz, den Bischofshof, führte ihn vor ein Bild grauenhafter Mißwirtschaft. Ein Chronist notierte hierüber: »Als Bruder Albert aus dem Predigerorden, der der Große genannt wird und einstmals Bischof von Regensburg war, sein Bistum in Besitz nahm — es war am Dienstag nach Palmsonntag —, fand er im bischöflichen Keller nicht einen Tropfen Wein und im Getreidespeicher nicht ein Korn. Nahrung für sich und sein Gesinde gab es nicht, auch kein Futter für die Pferde; es war nichts vorhanden, was auch nur den Wert von einem Ei gehabt hätte. Für die Bestellung der Weinberge, die damals bevorstand, für Anschaffung von Mist und alles übrigen war nicht ein Pfennig vorhanden.«

Dagegen wurde Albert eine stattliche Liste von Schulden vorgelegt. Manche Gläubiger mögen schon am ersten Tag erschienen sein, um Rückzahlung zu fordern. Es war also wohl ein recht dürftiges und trauriges Festmahl, das der neue Bischof den zahlreichen vornehmen Gästen aus den umliegenden Abteien und Edelsitzen bieten konnte.

Albert wird sich aber durch diese trostlose Lage nicht außer Fassung haben bringen lassen. Er kam aus einem Bettelorden und war an Entbehrungen gewöhnt. Er selbst stellte keine großen Ansprüche an die Bischofskasse. Und seine Hausgenossen und Beamten würden sich seiner bescheidenen Lebensführung wohl oder übel anbequemen müssen.

Mit Albert zog ein ganz neuer Geist ein in die bischöfliche Pfalz. Auch als Bischof blieb Albert Predigerbruder. Auch als Bischof war er zur Beobachtung der Ordensregel verpflichtet und von ihrer Beobachtung nur insoweit dispensiert, als die Erfüllung der Bischofspflichten erforderte. Dies trat am sichtbarsten in Erscheinung bezüglich des Gelübdes der Armut und regte zu Vergleichen an mit dem Auftreten der übrigen Bischöfe und besonders mit dem Vorgänger Alberts. Nicht in glänzender Ritterwehr und hoch zu Roß erschien Albert unter dem Volk, sondern im weißen Gewand der Predigerbrüder. Nur das Bischofskreuz verriet die hohe Würde, die er bekleidete. Er trug die Schuhe, die er auch im Orden gewohnt war, die Fußbekleidung armer Leute, ein einfaches Schuhwerk, das durch Schnüre am Fuß befestigt war. Dieses Schuhwerk fiel dem Volk besonders auf. Man nannte schon bald den neuen Bischof nur noch mit dem Spitznamen »Bundschuh«.

Die Reisen machte Albert meist zu Fuß. Ein Esel trug die liturgischen Bischofsgewänder und Bücher.

Im Bischofshof herrschte fortan klösterliche Armut. Zur nächsten Umgebung Alberts gehörten mehrere Predigerbrüder, mit denen er das seit Jahrzehnten gewohnte Ordensleben auch als Bischof weiterführte. Gewiß hat Albert nicht alle, die zum bischöflichen Hause und zur Diözesanverwaltung gehörten, zur selben ärmlichen Lebenshaltung verpflichtet. Eines aber hat er von allen verlangt, größte Einfachheit und Sparsamkeit. Denn er war entschlossen, die finanzielle Mißwirtschaft gründlich abzustellen und die Schulden, mit denen sein Vorgänger die Bischofskirche belastet hatte, abzutragen. Er stellte zuverlässige Laien als Vermögensverwalter an und sorgte dafür, daß die Ländereien und Weinberge, die zur Eigenwirtschaft des Bischofshofes gehörten, gut bestellt wurden.

Es ist Albert in kurzer Zeit gelungen, die Vermögensverhältnisse des bischöflichen Stuhles wieder auf eine gesunde Basis zu stellen. Wir besitzen noch ein Verzeichnis von Schulden, die er innerhalb eines Jahres abgetragen hat. An der Spitze steht der Jude Aaron, der Albert I. hundert Pfund geliehen hatte.

Die Ordnung der Vermögensverhältnisse war jedoch nur eine untergeordnete Aufgabe, die Albert gestellt war. Mit viel größerem Eifer und mit wahrer Begeisterung ging er an die wichtigere Aufgabe heran, die Wiederherstellung wahrhaft christlicher Zustände bei Klerus und Volk. Wir besitzen zwar nur wenige Nachrichten hierüber, aber dieses wenige genügt, um die Grundzüge von Alberts Reformarbeit zu zeichnen.

Albert ging aus von dem Worte des Heilandes an die Apostel: »Ihr seid das Salz der Erde. Wenn das Salz aber schal wird, womit soll man ihm seine Salzkraft wiedergeben? Es taugt zu nichts mehr; man wirft es hinaus, und es wird von den Leuten zertreten. Ihr seid das Licht der Welt. Eine Stadt, die auf dem Berge liegt, kann nicht verborgen bleiben. Auch zündet man kein Licht an und stellt es unter den Scheffel, sondern auf den Leuchter, damit es allen leuchte, die im Hause sind. So leuchte euer Licht vor den Menschen, damit sie eure guten Werke sehen und euren Vater preisen, der im Himmel ist.« Hier hat der Heiland die Pflicht des guten Beispiels in ganz besonderer Weise für die Bischöfe und Priester aufgestellt. Albert hat das gute Beispiel in den Vordergrund seines Reformwerkes gestellt, sein eigenes Beispiel und das Beispiel der Priester und Ordensleute. Wie der Sittenverfall von einem unwürdigen Bischof und schlechten Priestern ausgegangen war, so sollte auch die Besserung von Bischof und Priestern ihren Anfang nehmen.

Vom ersten Tage seines Aufenthaltes in Regensburg an hat Albert keinen Zweifel darüber gelassen, daß er sich als Hirt und Seelsorger seiner Diözesanen fühlte und entschlossen war, sich voll und ganz in den Dienst der ihm anvertrauten Seelen zu stellen. Seine Lebensführung war die eines strengen Ordensmannes, seine Tätigkeit die eines wahrhaft apostolischen Bischofs. Er selbst predigte dem Volke, spendete die Sakramente, öffnete sein Haus weit allen Bedrängten und Hilfesuchenden. Er sorgte für die Armen und Kranken, förderte die karitativen Anstalten. Unermüdlich war er in der Visitation der Pfarreien, strafte säumige Priester und ordnete die traurigen Verhältnisse vieler Pfarreien.

Das vorbildliche Auftreten Alberts weckte allenthalben die Kräfte, die sich für eine Reform einzusetzen bereit waren. Nie ist in der katholischen Kirche der Niedergang von Religion und Sitte so schwer und tief gewesen, daß nicht die Keime für einen Aufstieg sich geregt und sich unter einer Decke von Unmoral zu kräftigem Leben entwickelt hätten. Denn die Kirche birgt gewaltige Abwehrstoffe in sich, die noch jede Krankheit überwunden haben.

Am Tage seines Einzuges in Regensburg traf Albert den hervorragenden Abt Hermann der Benediktinerabtei Niederaltaich und den hochgesinnten und edlen Abt Poppo der Benediktiner in Oberaltaich. Diese beiden Männer waren eines Sinnes mit dem neuen Bischof. In seinem Auftrag haben sie die Reform der Benediktinerklöster durchgeführt und damit einen wichtigen Teil des Reformwerkes erledigt. Diese Reform war deshalb so wichtig, weil die Benediktinerabteien zahlreiche Pfarreien zu besetzen hatten und dadurch die Möglichkeit besaßen, gute Priester an die Stelle von säumigen zu setzen.

Während seiner Bischofszeit in Regensburg ist Albert auch sehr wahrscheinlich mit dem größten Prediger seiner Zeit, dem Minoriten Berthold von Regensburg, zusammengetroffen. Zwar besitzen wir kein ausdrückliches Zeugnis für die Zusammenarbeit dieser beiden bedeutenden Männer in diesen Jahren. Wohl aber kennen wir ein Zwiegespräch des Bischofs aus dem Predigerorden und des hinreißenden Predigers aus dem Minoritenorden, das auf ein längeres Zusammensein, und zwar in Regensburg, schließen läßt. Albert wird sicherlich nicht auf die überzeugende Kraft des gewaltigen Predigers verzichtet haben, als er die Reform seiner Diözese in Angriff nahm.

Berthold hatte bereits ganz Süddeutschland, Böhmen und Schlesien durchzogen und überall mit seinen erschütternden Predigten das Volk zur Buße und Frömmigkeit gerufen. Er hatte gegen den Sittenverfall während der politischen Wirren angekämpft wie kein zweiter. Seine von wahrhaft apostolischer Liebe getragenen Predigten, die Tausende zur Besserung geführt, sind uns zum großen Teil erhalten und bilden ein unvergängliches Denkmal für diesen Volksprediger Süddeutschlands.

Für seine Beziehungen zu Albert besitzen wir zwei Zeugnisse, auf die wir näher eingehen müssen.

In einer Sammlung von Mystikersprüchen findet sich folgendes Zwiegespräch:

»Bruder Berthold, der Landprediger, kam einmal zu Bischof Albert und fragte ihn unter anderem nach vier Dingen. Da antwortete Bischof Albert: „Die erste Frage, die du gestellt hast, gilt dem Menschen, der gesündigt hat wider Gott, dem aber seine Sünden leid sind, so daß er lieber den Tod erleiden will als nochmals sündigen. Wenn der Mensch nicht gebeichtet hat, aber den festen Willen hat zu beichten und nicht mehr zu sündigen und von seinem ganzen Herzen Reue hat, macht er seine Seele so schön, als wäre sie aus der Taufe gezogen. Und so spricht der Sohn zum Vater: ‚Vater, ich freue mich, daß ich den Menschen so geschaffen hab', denn er hat mir mehr getan, als wenn er nie eine Sünde begangen hätte.'

Die zweite Frage, die du mir gestellt hast, gilt dem Menschen, der das Leiden Christi miterlebt. Das ist so: Wenn ein Mensch an unseres Herrn Marter denkt und mitleidet, daß ihm die Tränen kommen und er immer wieder weint, so will Gott es von ihm annehmen, als ob er seine Wunden unter dem Kreuz mit Balsam gewaschen. Und so spricht der Sohn zum Vater: ‚Vater, ich freue mich, daß ich die Marter und den Tod erlitten hab' durch den Menschen, der gesalbt und geheilt hat meine Wunden, die ich für alle Menschen empfangen habe.'

Die dritte Frage, die du gestellt hast, gilt dem Menschen, der seinem Nächsten zu Hilfe kommt in seinem Leid, er sei weltlich oder geistlich. Dieser Mensch hat mehr getan denn derjenige, der von Sankt Veit bis Rom bei jedem Meilenstein ein Münster errichtet aus reinem Gold, daß darin gelesen und gesungen werde bis an den Jüngsten Tag. Denn so spricht der Sohn: ‚Ich habe meinen Tod nicht erlitten um eines Münsters willen, auch nicht um des Singens und Lesens willen, sondern des Menschen willen.'

Die vierte Frage, die du gestellt hast, gilt dem Menschen, der aus reiner göttlicher Liebe weint und dessen Tränen die Seele so schön machen wie die Sonne vor dem Leiden Christi, wo sie siebenmal schöner war, als sie nun ist."

Da fragte Bruder Berthold wiederum: „Ja, Vater, ich frage dich, wann hat der Mensch eine Träne geweint aus reiner göttlicher Liebe?"

Da sprach Bischof Albert: „Das will ich dir sagen. Das ist, wenn der Mensch denkt: ‚Herr, ich wollt', daß ich wär' ein Mensch nach deinem allerliebsten Willen; und ich wollt', Herr, daß ich wär' ein Mensch, der dich nie betrübt hat mit seinen Sünden; und ich wollt', Herr, daß ich wär' ein Mensch, der dich nimmer will betrügen. Und dann wünsche ich, Herr, ich wär' ein Mensch, der so viele blutige Tränen weinen möchte, wie Blutstropfen geflossen sind bei deinem Leiden.' Wer das Leiden Christi so betrachtet und eine Träne weint, so ist das eine echte Liebesträne, die die Seele so schön macht wie die Sonne vor dem Leiden unseres Herrn Jesu Christi."«

Diese Unterredung unterrichtet uns unmittelbar über die Art und Weise, wie in damaliger Zeit dem Volk christliche Frömmigkeit gepredigt wurde. Sie gestattet aber auch einen interessanten Einblick in das Verhältnis zwischen Bischof und Prediger. Der von der Volkspredigt herkommende

Berthold findet in Albert eine Gelehrten, der seine ganze Tätigkeit und viele seiner theologischen Schriften auf die Seelsorge hingeordnet hat. Und deshalb haben sich diese beiden großen Männer so gut verstanden.

Als Albert nicht mehr Bischof von Regensburg war, hat sich Berthold in einer schwierigen Frage an ihn um Auskunft gewandt. Es handelte sich um die Erlaubtheit von Zöllen. Viele Städte erhoben von allen Waren, die von Kaufleuten und den Bauern eingeführt wurden, eine Abgabe, die man im Volksmund »Ungeld« nannte. Dieses Ungeld wurde nach dem Gewicht der Waren berechnet. Man suchte sich nun an einem Teil dieser Abgabe vorbeizudrücken, indem man das Gewicht zu niedrig angab. Die Bauern kamen oft zu Berthold und klagten sich des Betruges an. War aber die Erhebung dieses Ungeldes überhaupt statthaft? Albert antwortete Berthold in äußerst scharfer Weise: »Dem in Christus geliebten Bruder Berthold von Regensburg aus dem Orden der Minderbrüder Bruder Albert, ehemals Bischof von Regensburg, Gruß. Zu der Frage, die Euer Liebden mir vorgelegt haben, mögt Ihr wissen, daß ich das Ungeld, das von allen, die Waren in die Städte einführen oder aus ihnen ausführen, erhoben wird, stets für unerlaubt und verdammungswürdig gehalten habe und halten werde. Maß und Gewicht angesichts dieser unerlaubten Ungeldforderungen zu fälschen ist nicht erlaubt. Auch die Zölle, die von Fürsten erhoben werden, sind nicht erlaubt, noch viel weniger die Zölle, die von Leuten verlangt werden, die keine Regierungsgewalt haben. Solche Abgaben können von Gemeinschaften auf allgemeinen Beschluß eingeführt werden für die Mitglieder dieser Gemeinschaften, niemals aber für Außenstehende.«

Der allgemeinen Reform diente wohl auch die Versammlung der Bischöfe der Kirchenprovinz Salzburg, die im September des Jahres 1260 in Landau stattfand. An dieser Provinzialsynode nahmen teil der Erzbischof Ulrich von Salzburg und die Bischöfe Konrad von Freising, Albert von Regensburg, Heinrich von Chiemsee und Otto von Lavant. Von den Beschlüssen, die diese Bischofsversammlung faßte, sind uns nur zwei erhalten. Die Bischöfe trafen ein Abkommen, daß Kirchenstrafen, die von dem Bischof einer Diözese verhängt wurden, auch in allen übrigen Diözesen der Kirchenprovinz gelten sollten. Sodann wurden die schwersten Strafen angedroht gegen diejenigen, die Kirchengut auch dann noch zurückhielten, wenn das Darlehen, für das dieses Gut als Pfand gegeben worden, zurückgezahlt war. Ebenso wurde bestraft, wer ohne Erlaubnis Abgaben erhob von Land, das urbar gemacht worden war.

Es ist uns nicht berichtet, wie Albert diese Beschlüsse durchzuführen versucht hat. Wir gehen jedoch kaum fehl, wenn wir vermuten, daß er im Laufe seiner Reformarbeit auf starke Widerstände gestoßen ist, Widerstände, die vor allem vom Adel ausgingen. Der Adel suchte in damaliger Zeit das Kirchengut, das ihm vielfach durch Vogteien anvertraut war, in unumschränkten Eigenbesitz zu bringen. Er war es auch, der ohne Erlaubnis Angaben von urbar gemachtem Land erhob und Kirchenpfänder nicht zurückgab. Wenn man nicht mit Waffengewalt gegen solche Leute vorging, erreichte man gewöhnlich nicht viel. Albert aber hat stets auf Anwendung von Gewalt verzichtet. Er vermochte also dem auf seine Waffen pochenden Adel keine Achtung einzuflößen.

Aber auch beim Volk hat Albert nicht das Verständnis gefunden, das er erwarten durfte. Der Spitzname »Bundschuh« war ein Ausdruck der Geringschätzung. Es vermochte sich nicht vorzustellen, daß ein Bischof als Predigermönch umherzog und auf die Machtmittel, die ihm das Fürstentum verlieh, verzichtete.

Diese Schwierigkeiten werden jedoch kaum der unmittelbare Grund gewesen sein, weshalb Albert bereits nach einem Jahr an eine Abdankung dachte. Der Grund hierfür liegt anderswo. Albert hat von Anfang an mit seinem Domkapitel in einem sehr guten und freundschaftlichen Verhältnis gestanden. Es ist geradezu auffallend, ein wie gutes Zeugnis er ihm gelegentlich einer Schenkung ausstellte. Beim Domkapitel hat er offenbar eine kräftige Stütze gefunden, vor allem bei dem Domdechanten Leo. Im Laufe der Monate wird er erkannt haben, daß dieser Domdechant der geeignete Mann war, das große Werk der Wiederherstellung der Diözese, das er selbst begonnen, zu Ende zu führen. Albert klebte nicht am Amt. Er war selbstlos genug, die Fähigkeiten anderer freudig anzuerkennen. Er wußte auch seine eigenen Fähigkeiten wohl abzuschätzen und kannte die Grenzen, die seiner Wirkungskraft als Bischof gesteckt waren. Sobald er daher einen geeigneten Nachfolger gefunden hatte, reifte in ihm der Entschluß, Papst Alexander IV. um Enthebung vom Bischofsamt zu bitten. Er wußte wohl, daß der Papst nicht so leicht auf diese Bitte eingehen werde. Daher entschloß er sich, persönlich nach Italien zu gehen und beim Papst seine Sache zu führen. Im Frühjahr 1261 verließ er Regensburg und begab sich nach Wien. Was ihn dorthin geführt hat, wissen wir nicht. Wir kennen seinen Aufenthalt in Wien jedoch aus zwei Urkunden, in denen er für den Besuch der Kirche der Predigerbrüder und ihrer Martinskapelle einen Ablaß verlieh. Von Wien reiste er über Graz nach Italien und kam etwa im Juli 1261 nach Viterbo, dem Sitz der päpstlichen Kurie.

IN DIENSTEN DES PAPSTES,
DER WISSENSCHAFT UND DER SEELSORGE

AM 25. MAI 1261 war Papst Alexander IV. in Viterbo gestorben. Als daher Albert nach Viterbo kam, mußte er sich gedulden, bis ein neuer Papst gewählt war. An der päpstlichen Kurie traf er mehrere alte Bekannte, seinen Schüler Thomas von Aquino, der damals wohl schon als Professor an der päpstlichen Hochschule wirkte, den Kardinal Hugo von Saint-Cher, der bei der Berufung Alberts nach Regensburg mitgewirkt hatte, und andere Kardinäle, die ihm von seinem Aufenthalt an der Kurie in Anagni im Jahre 1256 bekannt waren. Die Kardinäle haben sich nicht allzusehr beeilt, der Kirche einen neuen Papst zu geben. Erst am 29. August 1261 wurde Jakob Pantaleo aus Troyes gewählt, der sich Urban IV. nannte. Er stammte aus niederem Stande, hatte aber eine glänzende Laufbahn gemacht. In Lüttich war er Archidiakon gewesen, dann Bischof von Verdun und schließlich Patriarch von Jerusalem. Er war zufällig nach Viterbo gekommen, um der päpstlichen Kurie einen Streitfall mit den Johannitern vorzutragen.

Albert wird nicht lange gezögert haben, dem Papst seine Bitte um Enthebung vom Bischofsamt vorzutragen. Der Papst ging um so lieber auf die Bitte Alberts ein, als er bestimmte Pläne verfolgte, auf die wir später zu sprechen kommen. Er nahm die Abdankung Alberts an. Nach dem geltenden Recht war es nun Sache des Papstes, der Diözese Regensburg einen neuen Hirten zu bestellen. Anscheinend auf Bitten Alberts aber hat er dem Domkapitel ausnahmsweise die Wahl des neuen Bischofs übertragen. Es liegt hierin offenbar ein Zeichen besonderen Vertrauens zum Domkapitel. Am 11. Mai 1262 bestätigte Papst Urban IV. den neuen Bischof von Regensburg, den früheren Domdechanten Leo. Wenn Albert diesen Mann als seinen Nachfolger gewünscht hat, so durfte er stolz sein auf seine Wahl. Denn Bischof Leo hat in seiner langen Regierungszeit das in ihn gesetzte Vertrauen glänzend gerechtfertigt. Er war ein frommer, seeleneifriger Bischof, der vielfach als Seliger verehrt wird. Den Predigerbrüdern war er stets in inniger Freundschaft zugetan. Er war sogar lange Jahre Protektor der deutschen Predigerbrüder und wachte im Auftrage des Papstes über die vielen Rechte und Freiheiten des Ordens. Wiederholt ist er gegen Eingriffe in die Freiheiten der Predigerbrüder eingeschritten und hat sie nach Kräften verteidigt und gefördert.

Albert war nun frei vom Bischofsamt. Die Bischofswürde blieb ihm selbstverständlich. Trotzdem aber mußte er nach dem geltenden Recht in seinen Orden zurückkehren. Er mußte wieder Ordensmann werden, wie er es vor seiner Ernennung zum Bischof gewesen, mußte im Kloster leben und sich bedingungslos seinen Oberen unterstellen. Es war dies nichts Absonderliches. Schon im 13. Jahrhundert haben mehrere Bischöfe dem Predigerorden angehört, die auf ihr Bistum verzichtet hatten. Der vierte Ordensmeister, Johann von Wildeshausen, war Bischof in Bosnien gewesen, hatte dann abgedankt und war in den Orden zurückgekehrt. Johann war der Auffassung, daß er nun kein Ordensamt mehr zu übernehmen brauchte. Als er daher zum Prior der lombardischen Ordensprovinz gewählt wurde, weigerte er sich, dieses Amt anzunehmen. Die Brüder wandten sich an den Papst um eine Entscheidung. Papst Gregor IX. schrieb darauf am 8. März 1240 an Johann, er habe ihn auf seine Bitten vom Bischofsamt befreit. Dadurch sei er wieder dem Gehorsam gegenüber dem Ordensmeister unterstellt worden und müsse sich dessen Befehlen fügen. Daß er die Bischofsweihe empfangen habe, ändere hieran nichts.

Albert ist aber zunächst nicht in den Orden zurückgekehrt, sondern an der päpstlichen Kurie geblieben. Die Gründe hierfür lagen nicht bei Albert, sondern beim Papst. Urban IV. war ein Mann, der den Wissenschaften das größte Interesse entgegenbrachte. Wir besitzen eine anschauliche Schilderung der wissenschaftlichen Passionen des Papstes in der Dichtung des Magisters Heinrich des Poeten über die Kurie. Urban IV. zog bedeutende Gelehrte an seinen Hof, mit denen er fast täglich das Mahl einnahm. Nach dem Mahle blieb die Gesellschaft noch lange Zeit beisammen und widmete sich gelehrten Gesprächen und Disputationen. In diesen Kreis hat der Papst auch Albert eingeführt. Es muß ihm eine besondere Freude gewesen sein, den bedeutendsten Gelehrten seiner Zeit an seinem Hofe zu haben. Ob aber Albert an diesen Veranstaltungen Gefallen gefunden, ist eine andere Frage. Jedenfalls hat er stets die gelehrten Unterhaltungen mit seinem reichen Geist und seinem umfassenden Wissen befruchtet. Heinrich der Poet sagt von ihm: »Es ist dort an der Kurie ein Mann, der, wenn die ganze Philosophie auf einmal verschwände, sie aus sich neu schaffen würde. Er würde sogar eine noch bessere Philosophie schreiben und die alten philosophischen Größen überflügeln.« Dieses Lob ist keine dichterische Übertreibung, denn wir besitzen ähnliche Lobsprüche von Freunden und Gegnern Alberts aus seiner Zeit.

Der Papst wird jedoch kaum den großen Albert nur deshalb bei Hofe behalten haben, damit er einer gelehrten Gesellschaft zum Nachtisch ein philosophisches Kolleg halte. Wir wissen, daß Papst Urban IV. Albert der Regierungsgewalt des Ordensmeisters entzog, ihm das Recht gab, Besitz zu erwerben und für sich zu verwenden und sogar ein Testament zu errichten. Albert blieb zwar Predigerbruder, wie er sich ja auch stets als Predigerbruder bezeichnete. Aber er war nicht zum Gehorsam gegenüber den

Ordensoberen verpflichtet und mußte für seinen Lebensunterhalt selbst sorgen. Durch diese Bestimmung des Papstes wurde also die Stellung Alberts zum Orden, die er als Bischof von Regensburg eingenommen hatte, auch auf die Folgezeit ausgedehnt. Die Erklärung hierfür liegt wohl darin, daß der Papst sich der Dienste Alberts für immer versichern, er also Albert gleichsam zur Verfügung der päpstlichen Kurie halten wollte. Hat er ihn vielleicht sogar zum Kardinal erheben wollen? Albert ist das ganze Jahr 1262 an der päpstlichen Kurie geblieben. Während dieser Zeit wird er sich in der Hauptsache mit der Fortsetzung seines großen Kommentars zu den Schriften des Aristoteles befaßt haben. Im Frühjahr 1263 erhielt seine Tätigkeit aber eine ganze andere Richtung. Albert wurde päpstlicher Nuntius zur Predigt des Kreuzzugs in den Ländern deutscher Sprache.

Papst Urban IV. war vom Patriarchat Jerusalem auf den Stuhl Petri berufen worden. Er kannte die traurigen Verhältnisse in Palästina besser als irgendein Kardinal oder Papst vor ihm. Seit dem Jahre 1244 war Jerusalem in den Händen des Sultans von Ägypten. Der Kreuzzug des französischen Königs Ludwig des Heiligen im Jahre 1249 hatte mit einem schweren Mißerfolg geendet. Ludwig war am 5. April 1250 vom Sultan von Ägypten gefangengenommen worden und erst im Jahre 1254 nach Zahlung eines großen Lösegeldes wieder in sein Land zurückgekehrt. Urban IV. versuchte die Kreuzzugsbewegung erneut anzufachen. Er hatte bereits in Frankreich das Kreuz predigen lassen. Am 13. Februar 1263 ernannte er nun Albert zum Kreuzzugsprediger für die deutschsprachigen Gebiete. Er wies in seinem Schreiben auf die vielfachen Tugenden Alberts hin und erwähnte, wie er alles, was er beginne, zu einem guten Ende zu führen wisse. Er möge also zur Buße für seine Sünden das schwere Amt auf sich nehmen und in Deutschland, Böhmen und überall, wo die deutsche Sprache herrsche, recht eindrucksvoll die Lage des Heiligen Landes schildern. Er solle dem Volk das Kreuz predigen und es auffordern zur tatkräftigen Hilfe für das Heilige Land.

In zahlreichen anderen Briefen verlieh ihm der Papst alle Vollmachten, die zur Durchführung der Kreuzzugspredigt erforderlich waren. Albert durfte jeden Kleriker zur Predigt heranziehen, den er für geeignet hielt. Durch einen besonderen Papstbrief sicherte sich Albert die Mitarbeit Bertholds von Regensburg. Über die Aufbringung der Kosten für die Mission Alberts wurden genaue Verfügungen getroffen. Die Bischöfe wurden aufgefordert, Albert in jeder Weise zu unterstützen. Diejenigen, die sich das Zeichen des Kreuzes auf die Schulter hefteten und damit für den Kreuzzug anwerben ließen, wurden in jeder Weise geschützt. Überdies erhielt Albert die Vollmacht, von gewissen Kirchenstrafen und Sünden loszusprechen und Ablässe zu verleihen. Über die Sammlung von Geld für Zwecke des Kreuzzuges wurden genaue Anordnungen gegeben. Was überhaupt von seiten des Papstes zur Förderung der Kreuzzugspredigt geschehen konnte, wurde in ausführlichen Bestimmungen verordnet. Innerhalb von sieben Wochen wurden Albert etwa zwanzig Briefe ausgehändigt, die alle die Predigt des Kreuzes betrafen. Der letzte ist datiert vom 22. März 1263. Drei Tage vorher war Kardinal Hugo von Saint-Cher gestorben. Am 1. April war Ostern. Wahrscheinlich hat Albert erst nach dem Osterfest die päpstliche Kurie verlassen.

Er befand sich wieder einmal auf Wanderung. Er war siebzig Jahre alt und trat eine Mission an, die ihn durch ganz Deutschland führen mußte. Man braucht nur die Städte zu nennen, in denen er während seiner Kreuzzugsmission geweilt hat, um die ungeheure Leistung zu ermessen, die der greise Bischof vollbrachte. Wahrscheinlich ging er über den Brennerpaß, war am 5. Mai 1263 im Kloster Polling zwischen Weilheim und Murnau in Oberbayern und am 10. Mai, auf Christi Himmelfahrt, in Augsburg. Am 13. Mai weilte er in Donauwörth. In seiner Begleitung befanden sich der Prior der Predigerbrüder von Augsburg und wahrscheinlich Bischof Hartmann von Augsburg. Zwischen dem Bischof und dem Grafen Ludwig von Öttingen herrschte seit langem Streit wegen einer Forderung, die der Graf gegen mehrere Bischöfe von Augsburg vergeblich geltend gemacht hatte. Albert kannte den Grafen von Öttingen aus der Zeit seines Provinzialats. Bischof und Graf betrachteten die Anwesenheit Alberts als günstige Gelegenheit, den alten Streit aus der Welt zu schaffen. Sie bestellten ein Schiedsgericht von sechs Mitgliedern. Wenn es keine Lösung fand, sollte Albert allein den Spruch fällen. Tatsächlich hat Albert am 13. Mai eine Entscheidung getroffen, die die Ansprüche des Grafen in allen wesentlichen Punkten anerkannte. Der Spruch wurde gefällt in der berühmten Benediktinerabtei Heiligkreuz.

Am 27. Mai befand sich Albert in Würzburg, am 5. Juni in Frankfurt, am 28. Juni wiederum in Würzburg. Von dort zog er den Rhein hinab und verbrachte den Monat August in Köln. Dann hat er sich wahrscheinlich an den Niederrhein begeben, Norddeutschland durchzogen und sich über Brandenburg, wo er am 31. Oktober weilte, wieder nach Süddeutschland gewandt. Ende des Jahres 1263 weilte er in Freiburg im Breisgau, weihte die Pfarrkirche in Adelhausen, ging dann wahrscheinlich nach dem Elsaß, war am 20. Februar 1264 in Speyer und am 18. März in Regensburg. Dort war er Zeuge eines Abkommens zwischen Bischof Leo und seinem Lehnsmann Zacharias von Hage. Von Regensburg wird Albert sich nach Böhmen begeben haben. Am 20. August war er in Mainz, am 4. Dezember 1264 in Würzburg.

Über diesen Reiseweg sind wir so gut unterrichtet durch Urkunden, in

ACHTES KAPITEL

denen Albert für den Besuch von Ordenskirchen oder für die Unterstützung von Kirchenbauten Ablässe erteilte. Dagegen erfahren wir nichts über die eigentliche Mission Alberts. In allen Urkunden nennt er sich »vom apostolischen Stuhl bestellter Prediger des Kreuzes in Deutschland und Böhmen zur Unterstützung des Heiligen Landes«. Die letzte erhaltene Urkunde mit dieser Bezeichnung ist in Mainz am 25. August 1264 ausgestellt. Wir besitzen keine einzige Kreuzzugspredigt Alberts, in keiner Chronik wird diese Tätigkeit Alberts erwähnt. Der Grund hierfür liegt wohl in der Tatsache, daß die Bemühungen des Papstes um einen Kreuzzug erfolglos geblieben sind. Papst Urban IV. starb am 2. Oktober 1264. Der Auftrag Alberts war hierdurch erledigt. Er wurde vom nachfolgenden Papst Klemens IV. nicht erneuert. Dieser Papst hat den Kreuzzugsgedanken später wieder aufgegriffen und König Ludwig IV. zu einem neuen Kreuzzug bewogen. Aber auch dieser letzte große Versuch, die heiligen Stätten von der Herrschaft der Mohammedaner zu befreien, ist gescheitert. Er kostete dem heiligen König das Leben. Die Zeit der Kreuzzüge war vorbei. Schon Albert hatte während seines Wirkens für das Heilige Land diese Erfahrung machen müssen.

Papst Urban IV. hatte Albert noch zwei weitere wichtige Aufträge mit nach Deutschland gegeben. Der eine betraf das Bistum Brandenburg, der andere die Erzdiözese Köln.

Bei der Wahl eines neuen Bischofs von Brandenburg hatten sich die Wähler nicht einigen können. Die eine Partei wählte einen Kanoniker von Brandenburg, Albert von Haresten, die andere den Magister Heinrich, Pfarrer von Berge. Diese zwiespältige Wahl war schon dem Erzbischof von Magdeburg zur Entscheidung vorgelegt worden. Dann hatte man an den Papst appelliert, der den Kardinal Humbert mit der Bearbeitung der Angelegenheit beauftragte. Nach langen Verhandlungen der beiden Parteien vor dem Kardinal hatten sich schließlich die Vertreter des Kanonikers Albert bereiterklärt, keine Einwendungen mehr gegen den anderen Gewählten zu machen und die Wahl des Albert zurückzuziehen. Der Papst beauftragte nun den heiligen Albert, an Ort und Stelle sich davon zu überzeugen, daß die Vertreter des Kanonikers Albert einen rechtsgültigen Verzicht ausgesprochen hatten und tatsächlich bereit waren, den Pfarrer von Berge als Bischof anzuerkennen. Wenn dies zutraf, sollte Albert den Pfarrer von Berge gewissenhaft prüfen, ob er auch geeignet sei zu dem hohen Amt und ihn gegebenenfalls kraft päpstlicher Vollmacht als Bischof von Brandenburg bestätigen. Der Erzbischof von Magdeburg sollte ihn dann zum Bischof weihen. Wenn Albert aber den Pfarrer von Berge ablehnte, sollte er eine neue Wahl vornehmen lassen, deren Ergebnis dem Papst vorgelegt werden sollte. Am 31. Oktober 1263 hat Albert in Brandenburg

die Wahlangelegenheit erledigt und den Pfarrer Heinrich von Berge als
Bischof von Brandenburg bestätigt. Er gab gleichzeitig dem Propst des
Prämonstratenserklosters in Jericho bei Havelberg den Auftrag, für
die Durchführung dieser Entscheidung Sorge zu tragen, und verlieh ihm
alle hierzu erforderlichen Vollmachten.

Der päpstliche Auftrag für die Erzdiözese Köln war wesentlich weiter ge-
spannt. Hier war am 28. September 1261 Konrad von Hochstaden
gestorben. Nach wenigen Tagen schon wählte das Domkapitel seinen
Propst Engelbert von Falkenburg zum Erzbischof von Köln. Engelbert sah
sich als fast unumschränkten Herrn der Stadt Köln dank des rücksichts-
losen Vorgehens seines Vorgängers. Die Hauptvertreter des Bürgeradels
lebten in der Verbannung oder befanden sich in Haft des Erzbischofs. In
der Stadt regierten die Zünftler nach dem Willen des Erzbischofs. Dennoch
war kein Friede, weil diese Zustände durch Eidbruch und Gewalttätigkeit
herbeigeführt waren. Zudem besaß Engelbert in keiner Weise die überragenden Herrschereigenschaften Konrads. Ihm ging es nicht so sehr um
die Idee der Alleinherrschaft als vielmehr um die Erschließung ergiebiger
Geldquellen. Die Herrschaft über die Stadt war ihm gleichbedeutend mit
der Erpressung großer Geldbeträge. Auch er glaubte, die beiden streitenden Parteien, Bürgeradel und Zünfte, gegeneinander ausspielen zu können.
Sobald er aber die Forderung erhob, es sollten ihm 6000 Mark gezahlt
werden, mit denen er die Festungswerke ausbauen wollte, und ferner die
Auslieferung der Mühlen, der städtischen Einfuhr- und Ausfuhrzölle, des
Wegzolls und der Biersteuer verlangte und sich hierfür nur bereit erklärte,
die Maßnahmen Konrads von Hochstaden gegen den Bürgeradel aufzuheben, ging auch den Zünften die Erkenntnis auf, daß es Engelbert nur
um die Knechtung der Stadt zu tun war. Im Besitz starker Befestigungen
und der wichtigsten Einnahmequellen der Stadt vermochte er die Stadtverwaltung ganz nach seinem Gutdünken zu dirigieren. Zünfte und Adel
verbanden sich, stürmten eines Tages die Festungswerke und vertrieben die
erzbischöfliche Besatzung. Engelbert rief seine Vasallen zum Kriege gegen
die Stadt auf, aber kaum einer folgte. Dagegen gelang es der Stadt, ein
Bündnis mit dem Grafen von Berg abzuschließen und dadurch die gefähr-
· lichste Grenze, die nach Osten, gegen einen Angriff zu sichern. Unter
diesen Umständen verstand sich Engelbert am 16. Juni 1262 zu einem
Vergleich. Er erhielt von der Stadt 6000 Mark und stellte dafür die
Verhältnisse wieder her, wie sie zur Zeit Alberts beim Schiedsspruch vom
28. Juni 1258 geherrscht hatten. Damit war das ganze Werk Konrads von
Hochstaden vernichtet. Die verbannten und gefangengehaltenen Adeligen
kehrten zurück und wurden wieder in ihre Rechte eingesetzt. Alberts
Schiedsspruch war wieder voll und ganz in Kraft.

ACHTES KAPITEL

Gegen Ende des Jahres begab sich Engelbert an die päpstliche Kurie, um vom Papst die Bestätigung seiner Wahl zum Erzbischof zu erbitten. Gleichzeitig ließ er sich vom Papst bescheinigen, daß der Friede vom 16. Juni 1262 erzwungen und er selbst nicht zur Beobachtung der Friedensbestimmungen verpflichtet sei.

Dem Papst müssen jedoch auf die Schilderung Engelberts hin gewisse Bedenken gekommen sein, ob es mit der religiösen Betreuung der Erzdiözese auch so gut bestellt sei, wie es sein mußte. Er hatte zwar Engelbert als Erzbischof von Köln bestätigt, hielt es aber doch für geraten, wenigstens vorübergehend für die Erzdiözese einen Mann zu bestellen, der sich der geistlichen Angelegenheiten annehmen sollte. Dieser Mann war Albert. Auf seiner Predigtreise hat Albert den ganzen Monat August 1263 in Köln verbracht. Leider besitzen wir nicht die kleinste Notiz über seine Tätigkeit als »provisor spiritualium« in Stadt und Diözese Köln. Wohl wissen wir, daß er auch noch im Jahre 1264 als päpstlicher Vikar für die geistlichen Angelegenheiten der Erzdiözese angerufen wurde. Sein Auftrag hat also wohl bis zum Tode Papst Urbans IV. gedauert. Während seines Aufenthaltes in Köln im August 1263 war Albert Zeuge des Friedensschlusses zwischen Erzbischof Engelbert und der Stadt Köln. Die Stadt hatte dem oben erwähnten Vertrag vom 16. Juni 1262 kein allzu großes Vertrauen geschenkt. Sie sagte sich, daß Engelbert niemals sich mit diesen Abmachungen abfinden würde. Seine gewalttätige Natur mußte über kurz oder lang wieder zu ernsten bewaffneten Zusammenstößen führen. Sie rüstete sich daher in einer ganz neuen Art und Weise. Sie verlieh einflußreichen und mächtigen Adeligen das Bürgerrecht, zahlte ihnen einen Sold und verpflichtete sie zur bewaffneten Unterstützung der Stadt in allen Streitfällen. Viele Adelige haben mit Freuden das Kölner Bürgerrecht erworben, sie hießen Edelbürger. Als nun Engelbert von seiner Romfahrt nach Köln zurückkehrte, sah er die Kriegsmacht der Stadt von Tag zu Tag wachsen. Er hatte sich zwar die Ungültigkeit des Vertrages vom 16. Juni 1262 bescheinigen lassen, mußte aber doch einsehen, daß er mit Waffengewalt nicht viel ausrichten konnte. Am 25. August 1263 schloß er daher mit der Stadt einen neuen Vertrag, von dem man niemals behaupten konnte, er sei erzwungen worden. Bei diesem Vertrag war Albert Zeuge. Großen Anteil an dem Inhalt des Vertrages hat er jedoch nicht gehabt, da im wesentlichen die Bestimmungen vom 16. Juni 1262 übernommen wurden. Es muß für Albert eine große Genugtuung gewesen sein, zu hören, daß sein Friedenswerk vom Jahre 1258 vollständig wiederhergestellt wurde. Dies wird es auch gewesen sein, was dem Bürgeradel Veranlassung gab, Albert zur Beurkundung des Vertrages einzuladen.

Wie aber im Jahre 1258 die Idee der Gerechtigkeit und Billigkeit nur kurze

Zeit über Gewalttätigkeit und Willkür den Sieg zu behaupten vermochte, so auch jetzt. Albert war noch nicht drei Monate fort von Köln, als Engelbert erneut die Kölner bei Neuß zur Verzollung ihrer Waren zwang, Kaufleute gefangensetzte und sich in eine Verschwörung gegen die Stadtobrigkeit einließ. Engelbert sollte die Ratsherren in seine Pfalz einladen, wo sie der Sitte nach ohne Waffen erscheinen mußten. Der Bruder des Erzbischofs, Dietrich von Falkenburg, sollte dann mit einigen Verschworenen, hauptsächlich Zünftlern, über sie herfallen und sie gefangennehmen. Dieser plumpe Anschlag wurde der Stadtverwaltung verraten. Die Adeligen griffen zu den Waffen und nahmen Dietrich und seine Kumpane gefangen. Engelbert wartete mit Sehnsucht auf seinen Bruder, aber statt seiner erschienen die angesehensten Ratsmitglieder und erklärten Engelbert für gefangen. Im Hause »Zum Roß« in der Rheingasse wurde er vom 28. November bis zum 16. Dezember in Haft gehalten. Es hat bis zum 3. August 1266 gedauert, bis diese Fehde beigelegt wurde. In diese zweite schwere Fehde zwischen Engelbert und der Stadt hat Albert nicht eingegriffen. Er weilte in Würzburg.

Nach Beendigung seiner Kreuzzugsmission im Oktober 1264 hat sich Albert in das Predigerkloster in Würzburg begeben und dort Quartier genommen bis zum Sommer 1267. Nach den aufreibenden Reisen durch ganz Deutschland fühlte er das dringende Bedürfnis, endlich einmal zur Ruhe zu kommen. In Würzburg fand er wahrscheinlich seinen leiblichen Bruder Heinrich und seinen Lieblingsschüler Ulrich von Straßburg. Diese beiden Männer werden es gewesen sein, die ihn veranlaßten, in der Frankenstadt des heiligen Kilian seinen Aufenthalt zu nehmen. Vorwiegend wird sich Albert hier der Schriftstellerei gewidmet haben. Hier hat er seinen berühmten Kommentar zum Lukasevangelium vollendet, wahrscheinlich auch mit seinen metaphysischen Schriften den großen Kommentar zur Philosophie des Aristoteles.

Die beschauliche Ruhe des schriftstellernden Gelehrten ist aber auch in Würzburg oft genug gestört worden. Er hat eben zeit seines Lebens die Tür seiner Zelle weit geöffnet allen, die von der Last des Lebens niedergedrückt waren, und oft genug sind heftig streitende Parteien bei ihm erschienen, um seinen Rat und seine Entscheidung einzuholen. Sie alle kehrten erleichtert und in Frieden nach Hause. Es ist interessant, was alles an Albert herangetragen wurde. Am 4. Dezember 1264 schlichtete er mit dem Dompropst Boppo von Würzburg einen Streit zwischen dem Stift Sankt Johann und Gottfried von Hohenlohe wegen der Propsteirechte in Hopferstadt und Rudershausen. Am 23. Dezember 1264 war er an einem Pfandvertrag zwischen Lupold von Nortenberg und dem Dominikanerinnenkloster Rothenburg beteiligt. Am 10. April 1265 entschied er mit Bischof Iring von

Würzburg in einem Streit zwischen dem Stift Sankt Johann und Kraft von Hohenlohe. Am 1. Juli 1265 bestimmte er mit dem Johanniterkomtur Ulrich von Velleberg, daß die Mauer eines Stalles in Würzburg nur so hoch sein dürfe, daß einem benachbarten Hause das Licht nicht genommen werde. Am 26. August 1265 trat er als Zeuge auf in einem Vertrag, der die Fehde zwischen Bischof Iring und den Bürgern der Stadt beendigte. Albert und Ritter Heinrich von Brauneck wurden in diesem Vertrag beauftragt, die Entschädigung für die Abtei Sankt Burkhard festzusetzen. Am 6. Mai 1267 erteilte er den Besuchern der Kirche der Predigerbrüder in Regensburg einen Ablaß. An einem nicht näher bezeichneten Tage des Jahres 1267 entschied er mit dem Kustos Walter vom Kloster Neumünster in Würzburg und mit Ritter Marquard in einem Streit zwischen dem Johanniterkomtur von Würzburg und Ritter Marquard Crusen wegen einiger Malter Getreide. Im selben Jahre weihte er in oder bei Würzburg einen Altar.

Diese Zusammenstellung, die an Buntscheckigkeit nichts zu wünschen übrigläßt, ist wahrscheinlich nicht vollständig, weil manche Urkunden wohl verlorengegangen sind. Sicherlich wird Albert öfters zur Vornahme von Weihen eingeladen worden sein. Diese Liste beweist aber, daß Albert sich nicht nur für so große Fragen bereit hielt, wie sie in Köln bei den schweren Fehden zwischen Erzbischof und Stadt gestellt wurden. Er widmete sich mit derselben Liebe und Gewissenhaftigkeit auch den kleinsten Streitfragen, auch wenn es sich nur um ein Malter Getreide oder um eine Stallmauer handelte. In allen Fragen sah er das höchste Gut der menschlichen Gesellschaft gefährdet, den Frieden, und wo es den Frieden galt, war Albert mit ganzer Seele dabei. Den Frieden erhalten, den Frieden wiederherstellen ist eine der vornehmsten Aufgaben der Nächstenliebe und der Seelsorge. Der Seelsorge aber gehörte Albert mit Leib und Seele.

Im Juni 1267 begab sich Albert an den Niederrhein, nachdem er vorher vielleicht noch einmal Regensburg besucht hatte. Von seinem Aufenthalt am Rhein kennen wir einige Weihehandlungen, die er vornahm. Diese Weihen werden jedoch kaum die einzige Veranlassung für diese Reise gewesen sein. Die politischen Verhältnisse in Köln waren wenigstens im Sommer 1267 leidlich ruhig, so daß die Politik ihn nicht hierher geführt hat. Der Aufenthalt am Rhein dauerte etwa drei Monate. Am 14. Juli weihte er in der Zisterzienserinnenabtei Burtscheid bei Aachen eine Kapelle und einen Altar für die Kranken. Am 4. August konsekrierte er einen Altar in der Kapelle Maria-Ablaß in Köln. Am 29. September 1267 setzte er sein Siegel unter eine Urkunde, durch die Dietrich von Heinsberg das Patronatsrecht über die Kirchen in Niederkassel und Eitorf an die Johanniter in Köln abtrat. In diesen Tagen bereitete sich der schwere Kampf zwischen Erzbischof Engelbert und der Stadt Köln vor, der erst nach langen Jahren durch Albert beigelegt wurde. Bevor aber die Gegner zu den Waffen griffen, war Albert schon nach Straßburg abgereist. Er scheint nicht einmal an dem Schiedsspruch von Neuß, auf den der Erzbischof mit den Waffen antwortete, beteiligt gewesen zu sein.

Im Oktober oder November 1267 wird Albert nach Straßburg gekommen sein. Auch über die Veranlassung zu dieser Reise sind wir nicht unterrichtet. Wir wissen zwar, daß Papst Klemens IV. Albert und den Bischof von Speyer beauftragt hat, nach Straßburg zu gehen und den Frieden zwischen dem Bischof und der Stadt Straßburg zu vermitteln. Dort waren nämlich ähnliche Streitigkeiten ausgebrochen wie in Köln. Aber weder Albert noch der Bischof von Speyer hat diesen Auftrag ausgeführt, wie wir aus einem späteren Papstbrief wissen. Trotzdem mag der Auftrag des Papstes Albert nach Straßburg geführt haben, da er sicherlich wenigstens den Versuch gemacht hat, ihn auszuführen. In Straßburg hat Albert dann für die folgenden Jahre sein Standquartier aufgeschlagen und bei den Predigerbrüdern gewohnt.

Das Predigerkloster in Straßburg war nächst Köln das bedeutendste Kloster der deutschen Ordensprovinz und besaß eine Studienanstalt, die dem Orden ganz hervorragende Gelehrte geschenkt hat. In Straßburg erhielten die jungen Ordensbrüder aus Süddeutschland ihre theologische Ausbildung, während Köln für die Studenten aus dem Norden und Westen bestimmt war. Hier hatte Hugo von Straßburg gewirkt, der ein Handbuch der Theologie geschrieben hat, das schon im 13. Jahrhundert eine große Verbreitung fand. Hier wirkte jetzt Ulrich von Straßburg als Lesemeister, der Lieblingsschüler Alberts, und arbeitete an seiner großen theologischen »Summe«. Um das Predigerkloster gruppierten sich zahlreiche Dominikanerinnenklöster, Pflanzstätten der Mystik, die von den Brüdern des Straßburger Klosters betreut wurden. Zwar besaß dieses Kloster nicht die internationale Berühmtheit wie das Kölner, sein Einfluß auf die Ordensprovinz und auf die geistlichen Strömungen der Zeit war aber mindestens ebenso groß wie derjenige der Kölner Predigerbrüder.

In diesem Kloster wird sich Albert ebenso heimisch gefühlt haben wie in Köln. Wenn er aber gehofft hat, hier Ruhe zu finden, so hat er sich getäuscht. Immer wieder wurde er nach auswärts gerufen, immer wieder mußte er die Beschwernisse weiter Reisen auf sich nehmen. In der Jugend war er seinen Neigungen gefolgt, hatte die Welt durchstreift, um Gottes Natur kennenzulernen. Als er ein Greis geworden, ging der Ruf Gottes an ihn, den Wanderstab zu ergreifen, wie ein Apostel die Welt zu durchwandern und dem Heil der Seelen zu dienen. Mit der Kreuzzugspredigt im Jahre 1263 begann diese Wanderzeit und dauerte, die kurze Unterbrechung von Würzburg abgerechnet, bis zum Jahre 1277, drei Jahre vor seinem Tode. Er war im wahren Sinne ein Bischof auf der Wanderung, ein echter Predigerbruder, der überall da eingreift, wo die Not der Seelen ruft, wo es gilt, für Gottes Ehre und den Frieden zu wirken.

Wir müssen es uns versagen, auf die zahlreichen Zeugnisse der Tätigkeit Alberts während seiner Straßburger Zeit näher einzugehen. Ein kurzer Überblick wird genügen, um ein Bild von der staunenswerten Arbeitskraft und Arbeitsfreudigkeit des greisen Bischofs zu vermitteln.

In den ersten Monaten des Jahres 1268 weihte Albert den Friedhof und einen Altar der Johanniter in Schlettstadt. Am 29. April konsekrierte er die Kirche der Predigerbrüder in Eßlingen (Württemberg). Am 4. Juni weihte er die Kapelle und einen Altar der Johanniter in Schlettstadt, am 15. Juni einen Altar der Bußbrüder in Straßburg. Bald darauf ging er im Auftrage des Papstes Klemens IV. nach Mecklenburg. Ende Oktober weihte er die Kirche der Johanniter in Kolmar, am 30. Oktober weilte er bei den Minoriten in Villingen (Baden), einige Tage später weihte er den Grundstein der Predigerkirche in Rottweil. Auf dieser oder einer besonderen Reise weihte er auch die Kirche der Aussätzigen in Adelhausen bei Freiburg und einen Altar in der Liebfrauenkirche in Rottenburg. In das Jahr 1268 fällt auch die Weihe eines Altars in der Kirche Jung-Sankt-Peter in Straßburg.

Am 7. April 1269 erteilte Albert in der Kirche der Predigerbrüder in Straßburg 150 Klerikern die Priesterweihe und 400 weiteren Klerikern andere Weihen. Gegen Ende August begab er sich nach Basel und weihte dort die Kirche und den Hauptaltar der Predigerbrüder. In dasselbe Jahr fallen die Weihen der Dominikanerinnenkirche in Unterlinden bei Kolmar, der Minoritenkirche in Kolmar, eines Altars in der Augustinerkirche in Mülhausen und in der Dominikanerinnenkirche in Katharinenthal bei Diessenhofen. Im Jahre 1270 endlich weihte er einen Altar in dem soeben gegründeten Dominikanerinnenkloster Sankt Agnes in Freiburg.

Eine ganz erstaunliche Leistung war die Reise Alberts nach Mecklenburg im Sommer 1268. Er war damals 75 Jahre alt. Albert hat seine vielen Reisen im Greisenalter mit dem Wagen gemacht. Wenn man aber bedenkt, daß die Reisewagen jener Zeit nichts anderes waren als rohe Karren und daß die Straßen und Wege nie gepflegt wurden, so vermag man die ungeheuren Anforderungen zu ermessen, die an die körperliche Leistungsfähigkeit Alberts gestellt wurden. Und alle diese Mühen hat er auf sich genommen, weil der Papst ihn sandte. In seiner Begleitung befand sich ein junger Predigerbruder, Johann von Freiburg. Später schloß sich noch Albert von Havelberg an. Bischof Albert hatte den Auftrag, einen Streit zwischen den Johannitern und dem Slawenherzog Barnim in Mecklenburg zu schlichten.

Die Johanniter hatten im Jahre 1229 von Herzog Barnim von Pommern mehrere Burgen und Dörfer zum Geschenk erhalten, deren Besitz später von dem Slawenherzog und anderen Adeligen und auch von dem Abte von Colbaz angefochten wurde. Die Gegner der Johanniter hatten diese Orte, darunter auch die Stadt Stargard, einfach besetzt. Die Ordensritter wandten sich an den Papst, der Albert anwies, sie wieder in den Besitz der geraubten Güter einzusetzen. Albert hat diesen Auftrag ausgeführt, aber einen dauernden Frieden nicht herstellen können. Sobald er wieder nach Straßburg zurückgekehrt war, kamen Boten der Johanniter und meldeten, ihre Gegner hätten sich wieder in den Besitz des Ordensgutes gesetzt, Albert möge erneut einschreiten. Nun zeigte es sich, daß Albert auch Strafmittel anzuwenden geneigt war, wenn Milde und Überredung nicht halfen. Er sprach am 12. August 1269 die Exkommunikation aus über den Slawenherzog und seinen Anhang. Die Ordensritter besaßen jetzt das Recht, mit Waffengewalt gegen ihre Gegner vorzugehen. Anscheinend aber haben sie zunächst darauf verzichtet; denn sie erwirkten im Jahre 1271, als Albert schon in Köln weilte, eine Verschärfung der Strafen gegen ihre Gegner. Über den weiteren Verlauf der Angelegenheit sind wir nicht unterrichtet. Es ist dies übrigens der einzige Fall, wo Albert mit der schwersten Strafe, die die Kirche kennt, gegen einen Friedensbrecher vorging.

Wir vermögen die vielen Reisen Alberts so gut zu verfolgen, weil uns zahlreiche Ablaßbriefe von ihm erhalten sind. Er hatte vom Papst die Vollmacht erhalten, in gewissen Fällen Ablässe zu gewähren, und hat von dieser Vollmacht gern Gebrauch gemacht. Dominikaner und Dominikanerinnen, Minoriten, Augustinereremiten, Johanniter und Zisterzienserinnen haben solche Briefe von ihm erhalten, in denen allen ein Ablaß verliehen wurde, die die Ordensleute oder ihren Kirchenbau unterstützten. Ebenso erteilte Albert stets einen Ablaß für Kirchenbesuch an bestimmten Tagen, wenn er eine Kirche oder einen Altar geweiht hatte. Die Bedingungen, an die der Ablaß geknüpft war, wechseln vielfach. Meistens ist es der Besuch einer Kirche, für den ein Ablaß erteilt wird. Da aber mit dem Kirchenbesuch meist ein Almosen verbunden war, kam der Ablaß indirekt auch den Besitzern der Kirche, nämlich den Ordensleuten, zugute. Als Probe dieser Ablaßbriefe sei derjenige vom 5. Juni 1268 für die Johanniter in Kolmar in Übersetzung mitgeteilt:

»Albert, durch Gottes Gnade vormals Bischof von Regensburg, allen Christgläubigen, die diesen Brief sehen, Gruß in dem, der da ist das Heil aller gläubigen Seelen.

Da, wie der Apostel sagt, wir alle vor dem Richterstuhl Christi stehen werden, um Gutes oder Böses zu empfangen, je nachdem wir im Leben gehandelt haben, müssen wir uns rüsten auf den Tag der letzten Ernte durch Werke der Barmherzigkeit und im Hinblick auf die Ewigkeit auf Erden säen, was wir im Himmel ernten können, wo uns der Herr es zurückgibt mit vielfacher Frucht. Und wir müssen die feste Hoffnung und Zuversicht haben, daß, wer spärlich sät, auch spärlich erntet, und wer in Segensfülle sät, von dieser Segensfülle auch das ewige Leben erntet.

Da nun die Kirche der Brüder vom Hause des Hospitals in Jerusalem, die in Kolmar wohnen, mit großen Kosten errichtet worden ist, ihre eigenen Mittel aber nicht ausreichen, diese Kirche zu vollenden, bitten wir euch und ermahnen euch im Herrn und tragen euch zur Buße für eure Sünden auf, im Hinblick auf den, der alles Gute vergelten wird, der genannten Kirche die Hand der Liebe zu reichen, damit ihr hierdurch und durch andere gute Werke, die ihr auf Gottes Eingebung tun werdet, zur Freude der ewigen Glückseligkeit gelangen könnt. Wir aber, im Vertrauen auf die Barmherzigkeit des allmächtigen Gottes, lassen allen, die der genannten Kirche zu Hilfe kommen, von der ihnen auferlegten Buße nach, und zwar vierzig Tage Buße für schwere Sünden und ein Jahr für läßliche Sünden. Ferner gewähren wir für den Besuch dieser Kirche an den Sonntagen je zehn Tage Ablaß.

Gegeben im Jahre des Herrn 1268, am 5. Juni.«

Die aufreibende bischöfliche Tätigkeit hat Albert nicht gehindert, sich freudig und selbstlos dem Dienst seiner Brüder im Kloster zu widmen. Sicherlich hat er auch in Straßburg an der Abrundung seines reichen Schrifttums gearbeitet. Er hat aber auch gelegentlich den jungen Ordensbrüdern aus dem großen Schatz seines Wissens mitgeteilt. Der Ruhm seiner Gelehrsamkeit war in den letzten Jahren in einer Weise gewachsen, daß sogar seine Gegner sich seiner Autorität beugten. Mit heiliger Scheu werden daher die jungen Leute den ehrwürdigen Greis betrachtet haben. Hier sprach ein Mann zu ihnen, der mit der Fülle der Wissenschaft eine reiche praktische Erfahrung in der Behandlung der Seelen verband, der nicht in jugendlichem Eifer die Gelehrsamkeit über alles stellte, sondern als Predigerbruder und Bischof die Seelen hinführen wollte zum höchsten Gut.

Der Ordensmeister Johann von Vercelli schrieb Albert damals einen Brief, in dem er ihm den Dank des Ordens für alles aussprach, was er für die Brüder in Straßburg getan hatte: »Ich habe neulich dankenswerte Nachrichten über Euch erhalten, die mich mit tiefer Freude erfüllen. Wie mir nämlich ein viellieber Bruder hat mitteilen lassen, seid Ihr nach Straßburg gekommen und erfreut die Brüder mit Eurer Gelehrsamkeit zu ihrem Fortschritt, zum Nutzen des Ordens und zur Vermehrung Eurer Verdienste; denn dies ist die Euch vom Himmel in ganz besonderer Weise verliehene Gnade. Mit vielfachen Gnaden- und Gunsterweisen sucht Ihr den Konvent zu fördern. Für all dies sage ich Euch nach Kräften Dank und bitte Euch, was Ihr lobenswerterweise begonnen, so fortzusetzen, daß es Euch werde ein Verdienst, den Brüdern eine Förderung, allen aber, die es sehen, ein Beispiel.«

Im Jahre 1269 gelangte wiederum ein Brief des Ordensmeisters an Albert in Straßburg, ein Ruf um Hilfe gegen die Gegner des Ordens. An der Universität Paris hatten die Gegner der Bettelorden nach ihrer schweren Niederlage im Jahre 1256 keine Ruhe gegeben. Zwar hielten sie sich in der Öffentlichkeit zurück, aber das Feuer glimmte unter der Asche weiter. Eine aufrichtige Aussöhnung und eine allgemeine Befriedung waren nicht zu erreichen. Im Jahre 1268 stieß einer der heftigsten Gegner erneut vor und griff die Bettelorden in einer Streitschrift maßlos an. Die Predigerbrüder und Minoriten blieben die Antwort auf diesen Angriff des Gerhard von Abbeville nicht schuldig, und der Federkrieg war wieder lustig im Gange. Die Predigerbrüder besaßen in dieser Zeit keinen überragenden Professor an der Universität. Peter von Tarantaise, der spätere Papst Innozenz V., hatte im Sommer 1269 seinen Lehrstuhl verlassen und die Leitung der nordfranzösischen Ordensprovinz übernommen. Sein Lehrstuhl mußte wieder besetzt werden, und der Ordensmeister verfügte anscheinend nicht über einen geeigneten Mann. Die schwierigen Verhältnisse an der Universität, vor allem die feindselige Haltung der geschworenen Gegner der Bettelorden ließen es dem Ordensmeister geraten erscheinen, dieses Mal den unbesetzten Lehrstuhl nicht einer jungen Kraft anzuvertrauen, sondern einen Mann zu suchen, der kraft seiner Persönlichkeit und seines wissenschaftlichen Rufes den Gegnern die Spitze zu bieten vermochte. Er wandte sich daher an die höchste wissenschaftliche Autorität, die der Orden damals besaß, an Albert, und bat ihn, den Lehrstuhl in Paris zu übernehmen. Albert hatte so viele streitende Parteien schon zum Frieden geführt, er hatte im Jahre 1256 einen weit heftigeren Kampf gegen den Orden siegreich bestanden. Er galt als der Überwinder des Hauptes der Feinde vom Jahre 1256, des Wilhelm von Saint-Amour. Es lag daher nur zu nahe, den erfolgreichen Kämpen Albert auch jetzt wieder gegen die Gegner antreten zu lassen. Der Ordensmeister mag auch damit gerechnet haben, daß die feindlichen Professoren gegen einen Bischof nicht so schroff und rücksichtslos auftreten würden wie gegen einen einfachen Predigerbruder, selbst wenn er noch so tüchtig und beliebt war. Die Berufung eines Mannes auf einen Lehrstuhl in Paris, der bereits die Doktorwürde in der Theologie erworben hatte, war ein Vorgang, der bisher noch nicht dagewesen war, ein deutliches Zeichen, daß die Lage der Predigerbrüder an der Universität nicht zuversichtlich beurteilt wurde. Albert sollte helfen.

ACHTES KAPITEL

Der greise Bischof Albert hat jedoch dem Ruf des Ordensmeisters nicht Folge geleistet. Er mochte annehmen, daß der Kampf einer jüngeren Kraft anvertraut werden müsse. Gerne hätte er sich zur Verfügung gestellt, wenn er sich von seinem Eingreifen einen vollen Erfolg versprochen hätte. Er fühlte sich aber nicht mehr im Vollbesitz der Kräfte, die ein solcher Kampf verlangte. Zwar wußte er auch jetzt noch eine scharfe Feder zu führen, aber man verlangte von ihm eine persönliche Auseinandersetzung mit den Gegnern, einen Kampf von Lehrstuhl zu Lehrstuhl. Trotz alledem würde Albert, wie er dem Ordensmeister erklärte, die schwere Aufgabe übernommen haben, wenn er einen tüchtigen Mitarbeiter und Adjutanten besessen hätte. Der Ordensmeister hat die Gründe Alberts anerkannt und Thomas von Aquino, den Schüler Alberts, auf den gefährlichen Posten in Paris gestellt.

Hätte Albert einen Gehilfen besessen, er wäre nach Paris gegangen. Und hätte er einen Gehilfen besessen, wie Ulrich von Straßburg einer war, er wäre mit Freuden dort hingezogen. Denn Ulrich von Straßburg, der während des Aufenthaltes Alberts in Straßburg das dortige theologische Studium der Predigerbrüder leitete, war ein Mann, mit dem er sich den erbittertsten Feinden entgegengestellt hätte. Ulrich war nicht nur ein gelehriger Schüler Alberts gewesen und hatte in einer groß angelegten theologischen »Summe« ein Zeichen seiner Gelehrsamkeit aufgerichtet, er war vor allem der Freund Alberts. Gewiß hat Albert alle seine Schüler nach Kräften zu fördern gesucht und ist ihnen allzeit ein treuer Führer gewesen durch die Fährnisse des Lebens und der wissenschaftlichen Laufbahn. Mit Ulrich aber war er in ganz besonderem Maße verbunden. In den Jahren von 1248 bis 1254 hatte der junge Straßburger unter Albert in Köln studiert. In späteren Jahren sind Meister und Schüler wiederholt zusammengetroffen. Als Ulrich schon als Lesemeister seine Laufbahn gemacht und sich den Ruf eines gefeierten Lehrers erworben hatte, blieb er doch stets der demütige Schüler seines Meisters, dem er mit inniger Liebe und grenzenloser Verehrung anhing. Wie zu einem Vater blickte er zu ihm auf. Mit kindlichem Vertrauen wandte er sich um Hilfe an ihn. In seinen wissenschaftlichen Schriften erwählte er ihn zum Führer und Berater. Und weil Albert in nie versagender Liebe ihm in allen Lebenslagen zur Seite stand, war das Herz des Schülers mit aufrichtiger und zu allen Opfern bereiter Dankbarkeit erfüllt. Der fünfundsiebzigjährige Meister Albert und sein etwa fünfzigjähriger, zu einem großen Gelehrten herangewachsener Schüler Ulrich stehen als Freundespaar vor uns, dem in dem an großen und heiligen Gelehrten so reichen Mittelalter kein zweites an die Seite gesetzt werden kann.

Wir besitzen Zeugnisse genug von der dankerfüllten Freundschaft Ulrichs zu Albert. In seiner berühmten theologischen »Summe« preist er seinen Lehrer mit den Worten: »Mein Lehrer, der Herr Albert, vormals Bischof von Regensburg, ein Mann in allen Wissenschaften so göttlich, daß er mit Recht ein staunenswertes Wunder unserer Zeit genannt werden kann.« Als Ulrich im Jahre 1272 zum Prior der deutschen Predigerbrüder gewählt worden, machte er Albert in folgendem Brief Mitteilung von der Wahl. Nur widerstrebend hatte er das Amt angenommen. »Gern hätte ich Euch freudige Nachrichten zukommen lassen; denn es ist mein innigster Wunsch, daß Freude allzeit Euer Leben erfülle. Aber eine tiefe Traurigkeit hat mir jeden Grund zur Freude genommen.« Ulrich berichtet dann über seine Wahl und fährt fort: »Als ich nun in dieser Lage mich nach der Hilfe der Menschen umsah und sie nicht fand, fühlte ich mich gedrängt, auf Euch meine Blicke zu werfen wie auf „den Herrn, der auf dem Meere wandelt" und allen anstürmenden Wogen trotzt, der „mächtig ist in Wort und Tat", stark in der Wissenschaft, stärker noch in der Tugend, der es nicht versagen wird, „seine Hand auszustrecken und den zu stützen, der im Wettersturm hin und her geworfen wird". Wahrlich, auf Euch vertrauen, „im Schatten Eurer Flügel" guter Hoffnung leben, treibt mich nicht oberflächliche Bekanntschaft, sondern alte Freundschaft, nicht eine unbestimmte Ahnung, sondern gute Gründe. Seid daher dem unwürdigen Sohne „Eingang und Ausgang", dem Unkundigen „Wagen und Lenker" und schenkt ihm auch fernerhin Eure Gunst, mit der Ihr mich von den Anfängen meines Ordenslebens an gefördert habt. Laßt mir Eure Gunstbezeugungen zuteil werden ohne Ende, damit ich in den aufsteigenden Schwierigkeiten in Eurer Liebe Trost finde. In Eurer Liebe, deren ich mich immerdar würdig zu machen strebe. Ich hoffe, in kurzer Zeit Euch zu sehen, so Gott will, nicht etwa, weil meine Amtsgeschäfte mich zu Euch führen, sondern weil meine Liebe zu Euch mich treibt. Lebt wohl!« Diesen Brief schrieb Ulrich gegen Ende des Jahres 1272. Im Frühjahr darauf hat er Albert in Köln aufgesucht. Er erkrankte in Köln. Seine schwache Gesundheit hatte Ulrich beim Ordensmeister als Grund angeführt, weshalb er das Amt des Provinzialpriors nicht annehmen mochte. Unter der liebevollen Pflege Alberts ist er in Köln wieder genesen. Einige Zeit nach seiner Abreise schrieb er Albert folgenden Brief: »Ich möchte ein guter Schriftsteller sein oder „ein guter Hausvater, der aus seinen Schätzen Neues und Altes den Seinen mitteilt", um Euch den schuldigen Dank zu sagen für die jüngst erwiesenen und bis heute wiederholten Wohltaten. Was weniger aber schuldet der Sohn dem Vater, der Schüler dem Meister, der Diener dem Herrn, das Kind seinem Pfleger, als sich selbst ganz und rückhaltlos! Denn die Güte und das Wohlwollen des Liebenden sind nicht versiegt, sondern „der wohlwollende Gärtner hat mit erfrischendem Wasser seine Pflanze erquickt", als er mich, einen zweiten Lazarus, Euren Tischgenossen, an einen Ort der Erholung führte, so daß ich nun, mit dem Kelch Eurer Güte gestärkt, kein Unheil mehr fürchte mit Gottes Barmherzigkeit.«

In den folgenden Jahren sind Albert und Ulrich wiederholt zusammengewesen. Im Oktober 1273 waren König Rudolph von Habsburg, der Ordensmeister Johann von Vercelli und Ulrich von Straßburg bei Albert im Kölner Konvent. Auf dem Konzil von Lyon im Jahre 1274 haben Albert und Ulrich für den König Rudolph gewirkt. Dann fanden sie sich wieder auf dem Provinzialkapitel zu Antwerpen im Jahre 1276. Im Jahre 1277 oder 1278 ist Ulrich in Paris gestorben. Er war dorthin gesandt worden, um die Würde eines Doktors in der Theologie zu erwerben. Albert hat seinen größten Schüler, Thomas von Aquino, überlebt, er hat auch seinen liebsten Schüler und Freund ins Grab sinken sehen, Ulrich von Straßburg.

DER FRIEDE VON KÖLN IM JAHRE 1271

DIE STREITIGKEITEN des Erzbischofs Engelbert von Köln mit der Bürgerschaft dieser Stadt waren bisher stets veranlaßt worden durch die Sucht des Reichsfürsten, auf jede Weise Geld aus der Bürgerschaft herauszupressen. Im Sommer des Jahres 1267 hatte er wieder seiner Kasse aufzuhelfen versucht, indem er an den Zollschranken am Rhein, besonders bei Neuß, die Güter der Kölner Kaufherren zum Zoll heranzog, obwohl sie nach Reichsrecht ohne Abgaben ausgeführt werden durften. Man griff wiederum zu dem reichlich abgenützten Mittel eines Schiedsspruchs. Die Schiedsrichter traten in Neuß zusammen, und unter Führung des Chorbischofs von Köln und des Domdechanten fällten sie den Spruch, daß Engelbert keinen Zoll von Kölner Kaufgut erheben dürfe. Der Erzbischof hatte mit diesem Spruch gerechnet, aber er war offenbar schon lange entschlossen, es auf einen Waffengang ankommen zu lassen. Er beantwortete den Schiedsspruch mit einem Einfall in das Gebiet des Grafen von Jülich, der gemeinsam mit der Stadt Köln und anderen Mitgliedern des Landfriedens gegen die ungerechten Zölle protestiert hatte. Er besetzte Sinzig, das als Reichsstadt den Grafen von Jülich anvertraut war, und brach von hier aus raubend und brennend weiter in die Grafschaft Jülich vor. Graf Wilhelm von Jülich und seine Verbündeten waren aber bald zur Stelle. Wahrscheinlich bei Zülpich kam es zu einer erbitterten Schlacht. In voller Waffenausrüstung und mit dem Schwerte in der Hand wurde Engelbert von Falkenburg gefangengenommen, sein Heer in die Flucht geschlagen. Auf Burg Nideggen setzte ihn der Graf von Jülich in Haft.

Veranlassung und Verlauf der Fehde zeigen ganz klar, daß es sich nicht um religiöse oder kirchliche Interessen handelte, sondern um die Verteidigung eines Reichsrechtes und um die Abwehr eines räuberischen Überfalls. Die Grafen von Jülich, Berg und Geldern und die Bürgerschaft von Köln legten diese Tatsachen in einer Urkunde im Oktober des Jahres 1267 fest, die von den Prälaten und Kapiteln der Stadt Köln gesiegelt wurde. Die Verbündeten und der Klerus wollten hierdurch den Papst informieren und ihm zeigen, daß der Kampf gerecht und notwendig gewesen war. Erst am 1. März 1268 sandte Papst Klemens IV. einen Nuntius nach Köln, Bernhard von Castaneto, der die Freilassung des Erzbischofs und die Beilegung aller Streitigkeiten zwischen den beiden Parteien betreiben sollte.

Der Nuntius kam im Juni an den Rhein, begab sich aber nicht nach Köln, sondern wählte seinen Aufenthalt in der Pfalz des Erzbischofs in Bonn. Von hier aus forderte er am 30. Juni den Grafen Wilhelm von Jülich und dessen Erstgeborenen auf, den Erzbischof freizulassen; er werde dann über alle Streitpunkte eine Entscheidung fällen. Die Grafen von Jülich und ihre Verbündeten hatten in den letzten zwanzig Jahren gewisse Erfahrungen gesammelt, die es ihnen geraten erscheinen ließen, sich auf solche Bedingungen nicht einzulassen. Sie wollten endlich Ruhe haben vor dem gewalttätigen Erzbischof und wußten wohl, einen wie guten Trumpf sie in den Händen hatten, wenn sie den Erzbischof in Haft behielten. Daher lehnten sie auch die Vermittlung des Erzbischofs von Mainz ab. In ihren Augen war es folgerichtig und entsprach es den gegebenen Tatsachen, daß zuerst über die Streitpunkte verhandelt, eine Einigung erzielt und dann erst der Erzbischof freigelassen wurde. Der Nuntius aber sprach am 2. August 1268 über die beiden Grafen von Jülich den großen Kirchenbann aus. Ihre Vasallen wurden von ihrem Treueid entbunden, jeder Verkehr mit den Grafen verboten und das Interdikt über alle Orte ausgesprochen, wo sie sich aufhielten. Das Interdikt hatte zur Folge, daß überhaupt keine kirchlichen Handlungen vorgenommen werden durften. Mit der gleichen Strafe wurden der Graf von Geldern und die Richter, Schöffen und Ratsherren der Stadt Köln belegt. Damit war über die ganze Stadt das Interdikt verhängt und jede kirchliche Seelsorge, jeder Gottesdienst und jede Sakramentenspendung verboten.

Am 7. August 1268 verlas der Stadtschreiber Gottfried Hagen vor dem versammelten Klerus der Stadt einen feierlichen Protest gegen das Vorgehen des Nuntius und appellierte an den Papst. Er erklärte, der Nuntius führe sich zwar als Beauftragter des Papstes auf, er habe es aber bisher nicht für nötig befunden, sich gehörig auszuweisen. Aber auch wenn er wirklich päpstlicher Nuntius sei, so könne er nicht als unparteiischer Richter betrachtet werden; denn er habe sich in Bonn niedergelassen, wo die erbittertsten Feinde der Stadt sich aufhielten. Mit ihnen pflege er eifrigen Verkehr. Einer Vorladung nach Bonn hätten die beschuldigten Bürger nicht Folge leisten können, weil sie dort ihres Lebens nicht sicher seien. Auch der Graf von Jülich appellierte an den Papst.

Die Erklärung des Meisters Gottfried Hagen, Bonn sei das Zentrum der Feinde der Stadt, war nur zu richtig. Nicht lange nach der Gefangennahme des Erzbischofs hatten der Deutschordensbruder Wolfart und der Pfarrer Heinrich von Sankt Kolumba, zwei unentwegte Parteigänger des Erzbischofs, die schon vor einigen Jahren eine eigenartige Rolle als Verschwörer gespielt hatten, einen Streit unter dem Bürgeradel hervorgerufen, um die innere Geschlossenheit der Stadt zu zerstören und auf diese Weise dem Erzbischof zu helfen. Sie hetzten das Geschlecht der »Weisen« oder »von der Mühlengasse« gegen die Overstolzen auf. Die »Weisen« erklärten sich offen für den Erzbischof. Um es nicht zum Äußersten kommen zu lassen, machte Hermann der Greve den Vorschlag, ein Schiedsgericht zur Beilegung der entstandenen Schwierigkeiten zu bestellen. Das Schiedsgericht fällte auch einen Spruch, in dem den »Weisen« aus einer allgemeinen Steuerumlage zur Abdeckung von Stadtschulden eine Summe von 600 Mark als Preis für den Frieden versprochen wurde. Den »Weisen« lag an diesem Spruch nichts, sie wollten Kampf und Verdrängung des regierenden Geschlechtes der Overstolzen. Als daher die Steuer erhoben werden sollte, wiegelten sie die Zünfte auf und versprachen ihnen volle Freiheit, falls sie ihnen helfen wollten. Die Overstolzen riefen den Grafen von Jülich zu Hilfe, setzten den Bürgermeister Ludwig von der Mühlengasse gefangen, weil er das Stadtsiegel nicht herausgeben wollte, und rüsteten sich zum Kampf. Die »Weisen« aber entzogen sich dem übermächtigen Gegner und retteten sich in die klösterlichen Immunitäten. Es war ein Vorrecht vieler Klöster, daß niemand mit bewaffneter Hand ihren Grund und Boden betreten durfte, weshalb sie oft als Unterschlupf für Verfolgte dienten. Nach einigen Wochen, am 10. Januar 1268, veranstaltete der Graf von Jülich in seinem Hause in Köln ein Festgelage, als die Meldung einlief, die »Weisen« hätten die Klöster verlassen und rückten mit Waffen gegen das Grafenhaus an. Das Fest fand ein rasches Ende, die Teilnehmer retteten sich nach dem Kloster Mechtern in Ehrenfeld, da sie waffenlos waren und einen Kampf nicht wagen konnten. Dann aber kehrten sie in die Stadt zurück und riefen die Adeligen zu den Waffen. Es kam zu einem blutigen Straßenkampf, in dem die Overstolzen wahre Heldentaten verrichteten und die »Weisen« und die von ihnen aufgewiegelten Zünftler zu Paaren trieben. Die »Weisen«, die sich wieder in die Klöster gerettet hatten, wurden gezwungen, die Stadt zu verlassen. Sie gingen nach Bonn.

Hier wurden in den folgenden Monaten, also in der Zeit, als der päpstliche Nuntius dort weilte, die gefährlichsten Pläne gegen die Stadt geschmiedet. Man brachte eine große Verbindung gegen die Stadt zustande, an der sich Herzog Walram von Limburg, Graf Dietrich von Cleve und Dietrich von Falkenburg, der Bruder des Erzbischofs, beteiligten. Ein Schuhflicker mit Namen Habenichts, der unmittelbar neben der Ulrepforte in einem Mauerbogen seine Werkstatt besaß, sollte von seiner Wohnung aus einen Gang unter der Stadtmauer graben, groß genug, um Mann und Perd durchzulassen. Am 14. Oktober 1268 abends sollten sich die Verbündeten an der Stadtmauer einfinden und durch den Gang in die Stadt einbrechen.

Auf dem Marsche zur Stadtmauer sind dem Grafen von Cleve doch Bedenken gekommen, ob sich das ganze Vorgehen mit Ritterehre vereinigen lasse. Er schlug sich seitwärts in die Büsche und verließ ein Unternehmen, das einen so grausigen Ausgang nehmen sollte. Walram von Limburg aber und Dietrich von Falkenburg drangen in die Stadt ein. Ein einfacher Bürger, Hermann Vinkelbart, hatte jedoch Kenntnis erhalten von dem ruchlosen Überfall. Er eilte zu den Overstolzen und meldete, der Feind sei in der Stadt. Sofort riefen sie ihre Freunde zu den Waffen und griffen in dunkler Nacht mit größter Tapferkeit die übermächtigen Feinde an. Sie würden aber niemals den Sieg errungen haben, wenn es nicht Konstantin Krop gelungen wäre, die von den Verschwörern unter die Waffen gerufenen Zünftler zu gewinnen. Er redete ihnen scharf ins Gewissen und sprach: »Seht, Matthias Overstolz und Peter Jude liegen schon in ihrem Blute und sind für euch gefallen. Bedenkt wohl, daß wir zusammen in dieser Stadt geboren, erzogen und aufgewachsen sind. Helft uns und euch gegen den Herzog von Limburg und die übrigen Herren, die wie Diebe in die Stadt geschlichen sind, die Bürger zu vertreiben und sich des gemeinen Gutes zu bemächtigen.« Ein gutgesinnter Zünftler rief: »Wohlan, laßt uns beizeiten dem Feind entgegenrücken, ehe es zu spät ist und das Kind in der Wiege unter dem Mordstahl verblutet!« Dies Wort brachte die Entscheidung. Die Zünftler stellten sich dem Feind entgegen, zu dessen Unterstützung sie zusammengerufen waren. Gemeinsam mit dem Adel schlugen sie die Eindringlinge so entscheidend, daß kaum einer durch den Gang unter der Stadtmauer dem Tode oder der Gefangennahme entging. Noch heute kündet eine Inschrift an der Stadtmauer von dem glorreichen Sieg der in Vaterlandsliebe verbundenen Adeligen und Zünftler.

Die gefangenen Feinde haben ihre Tat mit schweren Lösegeldern büßen müssen. Aber nach und nach erhielten alle ihre Freiheit wieder. Der Erzbischof Engelbert aber befand sich immer noch in Haft auf Burg Nideggen. Weder die Strafen, die der päpstliche Nuntius verhängt hatte, noch irgendwelche Vermittlungsversuche hatten zu einer Lösung geführt. Das Interdikt wurde nicht streng beobachtet, da man an den Papst appelliert hatte und selbst der Klerus mit dem Vorgehen des Nuntius nicht einverstanden war. Bis zum Sommer 1270 hat der päpstliche Nuntius keine neuen Schritte gegen die Stadt unternommen. Er mag anderwärts zu sehr in Anspruch genommen worden sein, oder die Berufung an die päpstliche Kurie hat eine Unterbrechung des Verfahrens veranlaßt.

Am 23. August 1270 aber erfolgte ein Vorstoß des Nuntius, der die Stadt und besonders den Kölner Klerus in eine überaus schwierige Lage brachte. Er ließ in den westdeutschen Diözesen folgende Strafverfügungen verkünden: Der Ausschluß der Grafen von Jülich aus der Kirche wird verschärft in der Weise, daß niemand mit ihnen verkehren, sprechen, speisen, Handel treiben oder sonstwie in Verbindung treten darf. Wer dieses Verbot übertritt, ist ohne weiteres aus der Kirche ausgeschlossen. Über den jeweiligen Aufenthaltsort der Grafen wird das Interdikt erneuert und verschärft. Den Untergebenen der Grafen wird bei Strafe des Ausschlusses aus der Kirche verboten, ihren Herren zu gehorchen. Über den Grafen von Geldern werden dieselben Strafen verhängt. Die Richter, Schöffen und Ratsherren der Stadt Köln werden ebenfalls erneut exkommuniziert, über die Stadt wird das Interdikt verhängt und allen Weltklerikern befohlen, innerhalb zweier Monate die Stadt zu verlassen und vor der Freilassung des Erzbischofs nicht zurückzukehren. Jeglicher Handel mit Kölner Bürgern wird unter Strafe der Exkommunikation verboten. Der Bischof von Münster wird exkommuniziert, weil er sich nicht genügend um die Freilassung des Erzbischofs bemüht habe; seine Diözese wird mit dem Interdikt belegt. Es wird mit der Strafe der Exkommunikation bedroht jeder, der fortan über die Freilassung des Erzbischofs mit der gegnerischen Partei Verhandlungen führt und eine Geldentschädigung in Aussicht stellt; jeder, der dem Erzbischof für seinen Lebensunterhalt Zuwendungen aus seinem Einkommen macht, da der Graf von Jülich sich schon an dem Kirchengut schadlos gehalten habe; schließlich jeder, der die obigen Strafverfügungen in irgendeiner Weise nicht achtet. Da der Erzbischof sich in Haft befindet, wird verboten, Urkunden mit seinem Siegel zu versehen, auch wenn er es selbst befiehlt. Alle Urkunden, die nach der Gefangennahme des Erzbischofs mit seinem Siegel versehen worden sind, werden für ungültig erklärt. Das Siegel des Erzbischofs soll zerbrochen und ein Teil dem Dompropst von Köln, der andere dem Domkapitel übergeben werden. Zum Schluß wurde noch über alle, die gegen irgendeine der getroffenen Bestimmungen verstoßen sollten, die Exkommunikation verhängt.

Gründlicher konnte man sicherlich nicht vorgehen. Ob aber die Maßnahmen des Nuntius klug und von christlicher Liebe getragen waren, ist eine andere Frage. Gewiß war damals eine ganz andere Zeit, wo es an der Tagesordnung war, daß rein weltliche Ziele mit kirchlichen Mitteln und kirchlichen Strafen angestrebt und erzwungen wurden. Aber die Strafe der Exkommunikation war zu häufig angewandt worden und hatte daher im 13. Jahrhundert schon ihre große Wirkungskraft zum guten Teil eingebüßt. Wenn nun der päpstliche Nuntius in so verschwenderischer Weise mit Kirchenstrafen um sich warf, so waren die Veranlassung hierzu wohl mehr seine persönliche Unfähigkeit und Überheblichkeit. Man braucht ihm nicht einmal Parteilichkeit vorzuwerfen. Er war offenbar ein Mann, der in seinen juristischen Formeln gut Bescheid wußte, sie aber in erster Linie dazu benutzte, seinen Mangel an diplomatischem Geschick zu verbergen. Es hat päpstliche Legaten gegeben, die in ähnlichen Fällen wesentlich anders verfahren sind. Aber der Nuntius hatte gesprochen, und es gab scheinbar keinen Ausweg mehr als völlige Unterwerfung.

Am 25. September 1270 wurden die Strafverfügungen des Nuntius im Dom zu Köln verkündet. Die Verlesung wurde jedoch unterbrochen durch einen heftigen Protest der Bürger und erneute Berufung an den Papst. Die Folgen der schweren Strafen machten sich aber trotz der Berufung schon bald bemerklich. Der Nuntius hatte die Stadt an der empfindlichsten Stelle getroffen, der Handel mit ihren Bürgern war verboten. Der Weltklerus geriet in eine unerträgliche Gewissensnot, er sollte die Stadt verlassen. Die Kirchen mußten also geschlossen und jede Seelsorge mußte eingestellt werden. Die größte Stadt Deutschlands mit ihren zahlreichen Kirchen wurde in das größte seelische Elend gestoßen. Zwar blieben die Ordensleute in der Stadt, aber auch ihre Kirchen waren geschlossen. Die Strafen vom 30. Juni 1268 hatte man vielleicht auf die leichte Achsel genommen, auch beim Klerus. Als nun aber viel schärfere Strafen verhängt wurden, werden doch vielen Weltklerikern Bedenken gekommen sein. Die erste Berufung an den Papst hatte nichts gefruchtet, die zweite würde schwerlich zu einer Aufhebung der Strafen führen.

In dieser Not erinnerten sich die Kölner ihres Mitbürgers Albert, der seit drei Jahren nicht mehr bei ihnen gewesen war. Er hatte in den heftigen Kämpfen mit Konrad von Hochstaden der Gerechtigkeit zum Siege verholfen. Er war vor einigen Jahren noch vom Papst als Seelsorgsbischof zu ihnen gesandt worden. Wenn irgendeiner einen Ausweg aus der verfahrenen Lage finden konnte, war er es. Wir wissen nicht, ob sich die Kölner unmittelbar an Albert in Straßburg gewandt und ihn zu Hilfe gerufen haben. Wir besitzen jedoch einen Brief des Ordensmeisters Johann von Vercelli an Albert, der um die Wende des Jahres 1270 geschrieben ist. In diesem Brief erwähnt der Ordensmeister die Berufung Alberts nach Paris vom Jahre 1269 und dankt ihm für seine Bereitwilligkeit, dem Orden zu dienen. Er fährt dann fort: »Ich bitte Euch dringend, in diesem Euren würdigen und guten Vorsatz zu beharren mit dem erwünschten und sicheren Erfolg für die Brüder und nach Köln zu gehen, da der Klerus dieser Stadt Eure Anwesenheit sehnlichst wünscht und wo Ihr die Euch anvertrauten Wasser des heiligen Quells unter vielfacher Förderung der Brüder anderen zuleiten könnt zum Nutzen vieler. Lebt wohl!«

Kein Wort schreibt der Ordensmeister von der trostlosen politischen Lage in Köln, kein Wort von der schwierigen Aufgabe, die Albert dort lösen soll. Begreiflich, denn der Nuntius hatte jede Verhandlung mit den Gegnern des Erzbischofs verboten. Wie also sollte Albert in ein Verfahren eingreifen, für das der Papst bereits einen Nuntius bestellt hatte und in dem schon so schwere Strafverfügungen erlassen worden waren! Albert hätte aber seine ganze Vergangenheit verleugnet, wäre sich selbst untreu geworden, hätte er sich auf die Seite des unerbittlichen, nur juristisch denkenden Nuntius gestellt und sich den Bürgern in ihrer Not und ihrer seelsorglichen Verwahrlosung versagt. Er kannte die päpstlichen Juristen, wußte um den unerbittlichen Gang ihrer Prozesse, wußte, daß bei dem engherzigen, sich nur auf Paragraphen stützenden Nuntius kein Verständnis zu finden war für eine außergerichtliche Lösung der Schwierigkeiten.

Als Albert im Anfang des Jahres 1271 nach Köln kam, werden die Bürger wieder Mut und Hoffnung geschöpft haben. Daß er ihrem Hilferuf gefolgt, war allein schon Trost genug. Der kleine, vom Alter gebeugte Bischof, dem immer noch das Feuer der Liebe und der Energie aus den klaren, klugen Augen leuchtete, muß ihnen wie ein Prophet erschienen sein, wie ein Apostel des Friedens. Auf ihn setzten sie ihr ganzes Vertrauen, in seine Hände legten sie ihr Geschick. Die Art und Weise, wie Albert an die Beilegung des Streites heranging, ist bezeichnend für ihn. Er verhandelt nicht mit dem Nuntius, spricht nicht mit dem Grafen von Jülich, er läßt das ganze bisherige Verfahren vollständig außer acht. Er begibt sich zu dem, der das ganze Unheil auf dem Gewissen hat, zu Erzbischof Engelbert von Falkenburg auf Burg Nideggen.

Wir sind über die denkwürdige Unterredung des heiligen greisen Bischofs Albert mit dem starrköpfigen, auch durch jahrelange Haft nicht gebrochenen Erzbischof Engelbert nicht genau unterrichtet. Gottfried Hagen hat jedoch in seinem Buch von der Stadt Köln einige Angaben gemacht. Er läßt Albert sprechen:

»Bischof von Köllen Engelbrecht!
Bischöfe sollen sein gerecht,
Das ist ein alt beschrieben Recht,
Und guter Taten sein ein Stern,
Zu leuchten nah, zu leuchten fern.
Gut Beispiel soll man an Euch seh'n,
So mag Euch Ehr' und Gut's gescheh'n.
Geschah, was Euer Herz mocht' kränken,
Des sollt Ihr länger nicht gedenken.
Stets haltet Treu' und wahr Euer Wort,
So geh'n Eure Sachen mit Ehren fort.
Was man gelobt, soll man vollbringen
Den Größten wie den ganz Geringen.
Denn wenn ein Mann zum Lügner wird,
Die Seel' und Ehre er verlieret.«

Sicherlich wird Albert in rückhaltloser Offenheit und in apostolischem Freimut Engelbert den Spiegel vorgehalten haben. Was hatte der

Erzbischof bisher Großes geleistet, das ihm als Bischof und Nachfolger der Apostel zum Ruhm angerechnet werden konnte? War er sich überhaupt der Würde und der Pflichten eines Bischofs bewußt gewesen? Gewalttätigkeit und Habsucht hatten seine Regierungstätigkeit beherrscht. Nun trat ihm ein Bischof entgegen, der das Hohelied von der hehren Mission des Bischofs sang, von der Verbundenheit des Bischofs mit den ihm anvertrauten Seelen, von seiner schweren Verantwortung für sie vor dem, der die Bischöfe gesandt hat. Er schilderte das furchtbare Elend in der Stadt, wo keine Glocken zum Gottesdienst riefen, wo keine Sakramente die Gnaden des Himmels vermittelten. Und all das letzten Endes wegen der Zölle, die der Erzbischof gegen alles Recht erhoben hatte. Nur der Erzbischof habe die Macht, so erklärte Albert, dem Elend ein Ende zu machen. Er solle seinen Feinden, die mit Recht die Waffen ergriffen, die Hand des Friedens reichen und seiner Diözese ein würdiger, untadelhafter Bischof sein.

Erzbischof Engelbert hat sich den in Liebe und Offenheit erteilten Ermahnungen Alberts gebeugt. Vielleicht darf man sogar von einer Bekehrung Engelberts sprechen. Er war zu jedem Entgegenkommen bereit und entschlossen, Frieden zu machen mit den Grafen von Jülich und der Stadt Köln. Er vertraute Albert alle nötigen Verhandlungen an und erklärte sich im voraus bereit, seine Vereinbarungen anzunehmen.

In der Woche nach Ostern 1271 kam ein Vertrag mit Graf Wilhelm von Jülich zustande. Engelbert zahlte ein Lösegeld, für das er Pfänder stellte, und gab einige andere Zusicherungen für den Frieden. Am 16. April, dem Donnerstag nach Weißen Sonntag, erließ dann Engelbert von seiner Pfalz in Köln aus eine feierliche Kundgebung, die ihrem Inhalt nach sicherlich auf den Verhandlungen Alberts mit der Stadt Köln fußte. Engelbert erklärte: »Wir, Engelbert, durch Gottes Gnade der heiligen Kölner Kirche Erzbischof, des Heiligen Reiches in Italien Erzkanzler, verkünden allen, die diesen Brief lesen oder hören, daß wir uns mit den geliebten Söhnen, unseren Bürgern von Köln, vollkommen ausgesöhnt haben. Wir sagen uns los von allen Ungerechtigkeiten und Feindseligkeiten gegen die Stadt und verzichten auf jeden Schadenersatz und Durchfechtung der Streitigkeiten, die bisher zwischen uns und den Bürgern der Stadt zu herrschen schienen. Vor allem verzeihen wir von Herzen den Tod unseres Bruders Dietrich von Falkenburg. Sollten der Sohn Dietrichs oder die Erben anderer, die während der Fehde getötet worden sind, an die Stadt Ansprüche auf Schadenersatz stellen, so werden wir nicht dulden, daß solche Ansprüche innerhalb unseres Gebietes geltend gemacht werden, da wir unseren Untertanen den Frieden erhalten wollen.« Ähnliche Erklärungen gab Engelbert bezüglich anderer Gegner der Stadt ab. Er versprach der Stadt, sie gegen alle Angriffe zu verteidigen. Um seinen guten Willen zu zeigen, gelobte er, keine Festungswerke zu errichten in der Nähe der Stadt, um nicht den Eindruck zu erwecken, als wolle er die Wegefreiheit behindern. Dann folgen die Bestimmungen über die Zölle, die inhaltlich übereinstimmen mit dem Schiedsspruch Alberts vom Jahre 1252. Engelbert erklärte dann, er werde sich nicht in die inneren Streitigkeiten der Bürger einmischen, sondern sie in Eintracht zu erhalten suchen und alle ihre Freiheiten und Privilegien achten und schützen. Die Stadt darf zur Abdeckung ihrer Schulden Warensteuern erheben, von denen jedoch die Fremden, Kleriker und Kirchen befreit sein sollen. Die unruhigen Elemente, die in der Bürgerschaft wiederholt Streitigkeiten angezettelt haben, sollen aus dem Erzstift verbannt werden, vor allem der frühere Bürgermeister Ludwig von der Mühlengasse, Rigwin, genannt Grin, Wilhelm von Pulheim, der Pfarrer Heinrich von Sankt Kolumba, Dietrich von Mundorf und der Priester Dietrich, der Sohn der Chirurgin Christine. Gegen die Bundesgenossen der Stadt, die Edelbürger, wird er nicht einschreiten. Die Verträge über die Rheinmühlen bleiben bestehen. Wenn ein einzelner Bürger sich gegen den Erzbischof als Privatperson vergeht, so soll dies nicht der Gesamtheit der Bürger angerechnet werden. Alle Kirchenstrafen, die im Namen des Erzbischofs über die Bürger und die Stadt Köln verhängt worden sind, werden aufgehoben. Der Erzbischof fährt dann wörtlich fort: »Da wir in jeder Weise mit unseren Bürgern von Köln in Eintracht leben wollen und damit wir nicht irgendwie in den Verdacht der Hinterhältigkeit kommen, haben wir in voller Freiheit bestimmt, daß der ehrwürdige Bruder Albert aus dem Predigerorden, vormals Bischof von Regensburg, der Chorbischof Winrich von Köln, der Graf Wilhelm von Jülich und der Edelmann Gerhard von Landskron, unsere Getreuen, eine Entscheidung fällen, sooft es notwendig wird, über alle Streitpunkte zwischen uns und der Stadtgemeinde, die diesen Frieden zwischen uns und der Stadt irgendwie stören könnten. Wenn sie dann uns die Schuld geben, diesen Frieden gebrochen zu haben, werden wir ohne Umschweife und ohne Zögern Genugtuung leisten, keinen Krieg gegen die Stadt führen oder sonstwie ihr unsere Ungnade zeigen. Wird die Stadt für schuldig erklärt, soll sie uns Genugtuung leisten. Damit aber der Schiedsspruch nicht hinausgezögert wird, sollen die erwähnten Männer, die wir ohne Ausnahme für überaus ehrenwert halten, innerhalb zwei Wochen ihren Spruch fällen. Damit aber alles und jedes einzelne unumstößlich sei, haben wir dies alles durch persönlichen Eid auf uns genommen und versprochen, es getreulich zu beobachten. Zur Urkund dessen und zur ewigen Gültigkeit haben wir diesen Brief mit unserem Siegel versehen und außerdem die vorgenannten Herren, den Bruder Albert aus dem Predigerorden, Bischof, den Chorbischof Winrich von Köln, den Grafen

Wilhelm von Jülich und Gerhard, gebeten, das Schiedsamt zwischen uns und unserer Stadt Köln zu übernehmen und ihre Siegel dieser Urkunde anzuhängen.

Wir aber, Bruder Albert aus dem Predigerorden, vormals Bischof von Regensburg, Chorbischof Winrich, Graf Wilhelm von Jülich und Gerhard von Landskron, nehmen auf Bitten des ehrwürdigen Vaters und unseres Herrn Erzbischofs Engelbert von Köln das vorgenannte Amt an und haben unser Siegel dieser Urkunde angehängt, weil wir bei den vorstehenden Erklärungen zugegen waren.

Gegeben im Jahre des Herrn 1271, am Donnerstag nach der Oktav von Ostern.«

Diese feierliche Erklärung des Erzbischofs bedeutet die Ausräumung von Streitpunkten, die seit zehn Jahren immer wieder zu Konflikten geführt hatten. Albert hat nicht versäumt, für alle Zukunft eine Wiederholung der blutigen Fehden unmöglich zu machen, indem er den Erzbischof in aller Form erklären und beschwören ließ, daß er alle Streitigkeiten vor ein Schiedsgericht bringen, sich unbedingt dem Schiedsspruch unterwerfen und ihm nicht, wie er es im Jahre 1267 getan, mit Waffengewalt beantworten werde. Die Unterwerfung des Erzbischofs war so vollständig, daß man an bitteren Zwang denken könnte, wenn nicht Albert die Friedensbedingungen aufgestellt und den Erzbischof zu ihrer Annahme bewogen hätte. Kein Wort der Erklärung Engelberts läßt vermuten, daß er unter einem unmoralischen Zwang gestanden. Durch die ganze Urkunde weht der Geist der Versöhnung. Engelbert will endgültig Schluß machen mit der Gewaltpolitik und auf den Pfaden der Gerechtigkeit wandeln, die ihm von Albert gewiesen worden.

Bisher war von dem päpstlichen Nuntius Bernhard nirgends die Rede gewesen. Aber nach seiner Aussöhnung mit der Stadt Köln erließ Erzbischof Engelbert eine Erklärung, die sich eingehend mit dem Vorgehen des Nuntius befaßte. Engelbert teilte dem gesamten Stadtklerus mit, er habe gegen die Befehle, Strafen und Prozesse des Nuntius beim Apostolischen Stuhl Berufung eingelegt und werde diese Berufung wiederholen. Er sei ferner der Berufung, die Klerus und Stadt Köln sowie der Graf von Jülich gegen die Strafverfügungen des Nuntius beim Papst eingelegt, beigetreten und erachte diese Berufungen für gesetzmäßig. Er befahl daher dem Klerus, für diese Berufung einzutreten und dafür zu sorgen, daß die Strafverfügungen des Nuntius nicht beachtet würden.

Damit war auch die drückende seelische Not von der Bürgerschaft genommen. Zwar lief der Prozeß an der päpstlichen Kurie weiter; denn der päpstliche Nuntius kümmerte sich nicht um die Vereinbarungen zwischen Erzbischof und Stadt. Aber zunächst waren doch wieder Frieden und

Ordnung in die Stadt eingezogen. Niemand hätte diese glückliche Lösung aller Schwierigkeiten vor einem Jahr voraussehen können. Was Albert in diesem Friedensschluß geleistet hat, setzt seinem gesamten politischen Wirken die Krone auf. Wo es für die Gegner des Erzbischofs nur völlige Unterwerfung zu geben schien, wenn sie den Frieden haben wollten, findet Albert einen Ausweg, der ihnen einen völligen Sieg sichert. Er stellt sich auf die Seite der Gegner Engelberts, weil er ihre Sache für gerecht hält. Er stiftet nicht im Wege eines Schiedsspruchs Frieden, zu dessen Annahme sich beide Parteien vorher unter Eid verpflichtet hätten. Das wäre, wie in den Jahren 1252 und 1258, eine rein richterliche Tätigkeit gewesen. In diesem Falle aber hatte er sich zum Ziel gesetzt, trotz des scharfen Vorgehens des päpstlichen Nuntius den Frieden wiederherzustellen, indem er die Partei, von der es am wenigsten zu erwarten war, zum Nachgeben überredet und dadurch den Juristen Bernhard aus dem Sattel hebt. Der Friede von Köln im Jahre 1271 ist Alberts ureigenstes Verdienst, errungen allein durch Klugheit in der Wahl des Weges und der Mittel und durch persönliche Heiligkeit und apostolische Liebe, die einen harten, starrköpfigen Reichsfürsten mit dem Geist der Milde und Versöhnung erfüllt und ihn auf die Bahn des Friedens und bischöflicher Hingabe bringt.

Ab 20. Mai 1271 bestätigte König Richard den Friedensvertrag und erklärte, er werde den Bürgern mit allen Mitteln zur Seite stehen, falls Engelbert seinen Eid brechen sollte. Von der päpstlichen Kurie aber hörte man nichts. Am 23. Juni 1272 wandten sich daher Bischof Albert und der Prior Edmund der Predigerbrüder in Köln an Papst Gregor X. Sie übersandten ihm den Friedensvertrag vom 16. April 1271 und schrieben:

»Zu Füßen Eurer Heiligkeit bitten wir Eure väterliche Klugheit, diesen Vertrag so, wie er abgeschlossen ist, als gültig anzuerkennen. Dies wird dem ewigen Frieden der Stadt Köln und des ganzen Landes dienen. Wenn dies aber nicht geschieht, was ferne sei, so fürchten wir, daß es dem ganzen Lande und der Stadt Köln zu schwerer Verwirrung und Schaden ausschlagen wird.« Eine ähnliche Bitte richteten der Guardian und der Konvent der Minoriten in Köln an den Papst am 23. August 1272.

Nach dem Tode Klemens' IV. im November 1268 war der Päpstliche Stuhl zwei Jahre und acht Monate unbesetzt gewesen. Am 27. März 1272 war der neue Papst Gregor X. in Rom gekrönt worden. Von ihm erhoffte man in Köln eine baldige Beendigung des Prozesses. Der Papst hat diese Hoffnungen enttäuscht und sich weniger auf die Vorstellungen Alberts eingelassen als auf die Berichte des Nuntius. Am 6. September 1272 erklärte er den Vertrag zwischen Erzbischof Engelbert und dem Grafen von Jülich für ungültig, soweit er die Interessen und die Rechte der Erzdiözese verletzte.

Bezüglich der Punkte dieses Vertrages, die Engelbert persönlich betrafen, wurde der Erzbischof von der Einhaltung befreit, weil er unter Zwang und Furcht gehandelt habe.

Erzbischof Engelbert hat es jedoch vorgezogen, den Vertrag mit Wilhelm von Jülich einzuhalten. Er hat auch keinen Versuch gemacht, den Friedensvertrag von 1271 in Frage zu stellen, als König Richard gestorben und König Rudolph von Habsburg die Regierung angetreten hatte. An der päpstlichen Kurie nahm man sich aber viel Zeit bei Führung des Prozesses über die Strafverfügungen des Nuntius. Obwohl der Erzbischof, die Stadt Köln und die Grafen von Jülich in vollem Frieden lebten dank des Vertrages vom Jahre 1271, gingen die päpstlichen Juristen ihren Weg und erreichten sogar, daß am 14. Oktober 1274 die von Bernhard verhängten Strafen erneuert wurden. Vorher war Albert persönlich an der päpstlichen Kurie in Lyon gewesen, hatte aber, falls er für die Stadt Köln eingetreten ist, nichts erreicht. Erst als Erzbischof Engelbert am 20. Oktober 1274 in Bonn gestorben war und Siegfried von Westerburg den Erzbischöflichen Stuhl von Köln bestiegen hatte, wurde der Prozeß rasch erledigt. Siegfried erwirkte vom Papst die Ermächtigung, sämtliche Strafen aufzuheben. Am Pfingstsonntag 1275 wurde die Lossprechung in allen Kirchen der Stadt verkündet. Am selben Tage versprach der Erzbischof, möglichst bald, spätestens aber innerhalb eines Jahres, den Bürgern die erforderlichen Lossprechungsbriefe auszuhändigen. Die Urkunde über dieses Versprechen trägt auch das Siegel Alberts, dessen Namen auf diese Weise auch mit der endgültigen Beilegung der schweren Fehde verbunden ward.

DIE LETZTEN LEBENSJAHRE

DIE NOT DER Bürger hatte Albert nach Köln zurückgeführt. Die Sorge um sie ließ ihn auch nach dem Friedensschluß vom Jahre 1271 in ihrer Stadt verweilen; denn der Friede zwischen Erzbischof und Bürgerschaft war gleichsam in seine Hände gelegt. Es mögen jedoch noch weitere Gründe mitgesprochen haben bei dem Entschluß Alberts, fortan in Köln zu bleiben. Vom Kölner Predigerkloster hatte er seinen Ausgang genommen, er war nach den Ordensgewohnheiten Sohn dieses Klosters. Sein Platz war also bei den Brüdern in Köln. Hier hatte er länger als in irgendeinem anderen Kloster geweilt. Er war vertraut mit allen Räumen des weiten Klosters und liebte die beschaulichen Plätze im Klostergarten. Die Studienanstalt hatte er geschaffen. Hier fand er die Stimmung und Umgebung, die ihm lieb war von Jugend an. Er fühlte sich wohl unter den zahlreichen Studenten, die aus aller Welt hier zusammenkamen, freute sich über das mächtige pulsende Leben der aufstrebenden jungen Generation. Albert war jedoch weit davon entfernt, sich auf sein Altenteil zurückzuziehen und aus beschaulicher Ruhe das Treiben seiner Brüder zu beobachten. Er war kein gebrechlicher, zu Tatenlosigkeit verurteilter Greis, der einer längst vergangenen Periode angehörte. In hohem Alter hatte er noch die Schriften verfaßt, die ihm den Ruf des größten Philosophen seiner Zeit eingetragen haben. Gewiß besaß er nicht mehr die Spannkraft früherer Jahre, aber er fühlte sich noch leistungsfähig und stand noch mitten in der wissenschaftlichen Bewegung, die er so mächtig gefördert hatte. Wie er seit Jahrzehnten gelebt, so dachte er auch weiterhin seine Tage zu verbringen, in Studium und apostolischer Tätigkeit. Er stand daher unter seinen Brüdern nicht als der berühmte Mann, auf dessen Verdienste in früheren Jahren man die jungen Leute hinwies, sondern als der überaus aktive Gelehrte und Seelsorger, der auch jetzt noch durch Leben und Tätigkeit die Jugend zur Nachfolge aufrief.

Albert war nicht allein nach Köln gekommen. Seit einigen Jahren hatte ihm der Provinzialprior einen Sekretär als ständigen Begleiter zugestellt, Bruder Gottfried von Duisburg. Dieser Bruder hat ihm bis zum Tode in Treue und Ergebenheit gedient. Er ging Albert zur Hand bei der Revision und Herausgabe der letzten Schriften, besonders bei der theologischen »Summe«, die Albert nicht vollendet hat. Er besorgte die Korrespondenz seines greisen Meisters, geleitete ihn auf seinen zahlreichen Reisen und pflegte ihn in der Zeit, da die Gebrechlichkeiten des Alters sich einstellten und den baldigen Tod ankündigten.

Dieser Geheimsekretär war die einzige Auszeichnung, die den Bischof

Albert aus der Gemeinschaft der Brüder heraushob. Denn in allem anderen ordnete sich Albert der Klosterfamilie vorbehaltlos ein und lebte wie ein Predigerbruder nach der Regel seines Ordens. Wenn es aber galt, den Brüdern zu dienen, das Kloster und den Orden zu fördern, stand Albert an der Spitze und war bereit, Geld und Gut und seine ganze Persönlichkeit einzusetzen. So hat er seiner Dankbarkeit gegen das Kloster, in dem er die ersten Ordensjahre verlebt hatte und jetzt unter der treuen Liebe seiner Brüder seine Tage verbrachte, ein Denkmal gesetzt in dem Chor der Kirche, das er aus seinen Mitteln erbauen ließ. Die Kirche, die die Predigerbrüder bei ihrem Einzug in Köln von den Stiftsherren von Sankt Andreas als Geschenk erhielten, war ein bescheidener Raum, der nur für die Zwecke des mit ihr verbundenen Hospizes bestimmt war. Sie hatten nach einigen Jahren eine Erweiterung vorgenommen und eine geräumige Hallenkirche geschaffen, die nicht nur den Ansprüchen der großen Klostergemeinde und des Studienhauses genügte, sondern auch die überaus große Gemeinde der Gläubigen bei Predigt und Gottesdienst zu fassen vermochte. Im Laufe der Jahre aber erwies sich diese Kirche als zu klein. Die Studenten wurden immer zahlreicher, die Klostergemeinde wuchs, so daß das Chor nicht mehr allen Brüdern Raum zu bieten vermochte. Wollte man das Chor nicht auf Kosten der Seelsorgskirche erweitern, so mußte man an den Bau eines größeren Chores herangehen. Der Prior des Klosters mag sich schon lange mit diesem Plan getragen haben, aber es fehlten die Geldmittel zur Durchführung. Als Albert im Anfang des Jahres 1271 nach Köln kam, griff er sofort diesen Plan auf und bot sich an, allein die Mittel für den Neubau aufzubringen. Noch im selben Jahre legte er den Grundstein für das neue Chor, das in der Längsachse der Kirche an das alte Chor angebaut wurde. Während die ursprüngliche Hospitalkirche in romanischem Stil erbaut war, der erste Erweiterungsbau der Kirche in sehr einfachem gotischem Stil, wurde für das neue Chor nichts gespart und ein Prachtbau in bestem gotischen Stil errichtet, der mit allen Kirchen der Stadt den Vergleich aushalten konnte. Wer die Baupläne entworfen, wissen wir nicht, wie wir ja auch den ersten Baumeister des Kölner Domes nicht kennen. Albert war an den Plänen jedenfalls unbeteiligt. Wir besitzen ein Bild der Kirche und des neuen Chores auf dem Gemälde von Johann Hulsmann vom Jahre 1624. Das Dach überragte die alte Kirche um einige Meter, die Breite des Chores stimmte mit der Querachse der Kirche überein. Das neue Chor war so geräumig, daß der ganze Konvent der Brüder Platz finden konnte. Das alte Chor konnte also für die Gläubigen hergerichtet werden.
Der Bau des Chores hat mehrere Jahre gedauert. Als Albert im Januar des Jahres 1279 sein Testament errichtete, war der Bau noch nicht vollendet.

Bei seinem Tode aber waren die Bauarbeiten abgeschlossen, es fehlte nur noch die Innenausstattung. Das Chor wurde später mit prachtvollen Fenstern geschmückt. Im Jahre 1288 stiftete Herzog Johann von Brabant ein Fenster. Vorher aber hatte schon der Erzbischof von Köln, Siegfried von Westerburg, ein Fenster geschenkt. Siegfried war seit Beginn seiner Regierung mit Albert in Freundschaft verbunden gewesen. Als Ausdruck seiner Dankbarkeit und Verehrung für den heiligen Bischof setzte er ihm ein Denkmal in diesem Fenster. Es zeigte die Figur Alberts als Bischof. In der Inschrift feierte Siegfried seinen Freund mit folgenden Worten: »Das Chor hat errichtet Bischof Albert, die Blüte der Philosophen und Lehrer, die Schule der Tugenden, der erleuchtete Bekämpfer des Irrtums und der Schutzwall gegen das Böse. Ich bitte Dich, o Gott, nimm ihn auf in die Zahl Deiner Heiligen.«

Albert hat sich auch in anderer Weise um die Ausschmückung der Kirche seiner Brüder verdient gemacht. Zwischen Chor und Schiff der Kirche errichtete er ein großes Kreuz mit dem Bilde des Gekreuzigten. In dieses Kreuz verschloß er mehrere Reliquien. Er selbst weihte dieses Kreuz, das Zeichen der Erlösung, und setzte es an die hervorragendste Stelle der Kirche, um das Volk aufzurufen zur Verehrung des Erlösers, dem er selbst stets eine ganz besondere Andacht und Verehrung gewidmet hat. Der kostbarste Schatz aber, den Albert seinen Brüdern in Köln hinterließ, war ein großes Stück des Kreuzes Christi. Diese verehrungswürdige Reliquie hatte Albert von Ludwig dem Heiligen, König von Frankreich, zum Geschenk erhalten, als er in Paris weilte. Er hatte sie in einer der berühmten Goldschmiedewerkstätten Kölns in Gold fassen lassen. In späterer Zeit erzählte man sich in Köln, Albert habe sich von der Echtheit dieser Reliquie überzeugen wollen, damit nicht er und alle anderen, die ihr ihre Verehrung bezeugten, getäuscht würden. Er ließ daher ein Feuer anzünden und warf die Kreuzreliquie hinein im Glauben, sie könne nicht verbrennen, wenn sie echt sei. Tatsächlich blieb die Reliquie im Feuer unversehrt. In ähnlicher Weise soll Albert eine Kreuzreliquie der Stiftsherren von Sankt Kunibert geprüft haben.

Die Predigerbrüder in Köln verdankten Albert noch andere Reliquien, so einen Dorn aus der Dornenkrone Christi, den Albert ebenfalls von Ludwig dem Heiligen erhalten hatte, die Reliquien der heiligen Undalina und Klementia, Gefährtinnen der heiligen Ursula. Diese Reliquien gehörten wahrscheinlich zu der großen Zahl von Reliquien, die Albert im Jahre 1263 von der Äbtissin von Sankt Ursula, Elisabeth von Westerburg, zum Geschenk erhalten hatte.

Kirche und Kloster der Predigerbrüder bestehen nicht mehr. Die französischen Gewalthaber ließen im Jahre 1804 die Kirche niederreißen. Damit

149

verschwand eine Perle gotischer Baukunst und ein Heiligtum, das den Leib des heiligen Albert barg. Das Kloster wurde zu profanen Zwecken verwandt, unter preußischer Herrschaft zur Kaserne umgewandelt und später niedergerissen, um einem Postamt Platz zu machen. Die Reliquien gelangten zum größten Teil in die Stiftskirche Sankt Andreas, die große Kreuzreliquie kam nach Gründung eines neuen Klosters an die Predigerbrüder zurück. Mehrere Fenster aus dem Chor der Kirche befinden sich heute im Kapitelsaal des Domes. Das Fenster aber mit dem Bilde Alberts ist bis heute nicht wiedergefunden worden, wahrscheinlich ist es durch Nachlässigkeit zugrunde gegangen.

Wie wir bereits oben angedeutet haben, ist Albert im Jahre 1271 nicht nach Köln gekommen, um sich zur Ruhe zu setzen und sich in stiller Zurückgezogenheit auf den Tod vorzubereiten. Mit seinen achtundsiebzig Jahren wird er sicherlich an ein baldiges Ende gedacht haben, aber er sah die beste Vorbereitung auf den Tod in rastloser Arbeit für das Heil der Seelen. Wir finden ihn daher in den folgenden Jahren unermüdlich tätig. Weilte er in Köln, so widmete er sich der Abrundung und dem Abschluß seiner schriftstellerischen Tätigkeit. Hier sind in diesen Jahren der Kommentar zum Buche Job entstanden und die beiden ersten Bücher seiner großen theologischen »Summe«. Jetzt mag er auch an die Sammlung seiner Predigten gegangen sein, die zwei Bände füllen. Im wesentlichen aber war sein Schrifttum vollendet. Gelegentlich wird er auch noch den Studenten Vorlesungen gehalten haben, aber keine abgeschlossenen Kurse, für die ihm die Zeit fehlte. Über seine Tätigkeit außerhalb des Klosters können wir wiederum keine eingehende Schilderung geben. Erzbischof Siegfried hatte Albert die Vollmacht gegeben, in der Erzdiözese alle bischöflichen Funktionen auszuüben. Zwar hatte die Erzdiözese damals schon einen Generalvikar für die rein geistlichen Angelegenheiten. Trotzdem ist Albert häufig zu bischöflichen Handlungen gerufen worden. Als der von allen Bürgern gefeierte Schiedsrichter ist er ebenfalls immer wieder zur Schlichtung von Streitigkeiten gebeten worden. All diese Arbeiten lassen sich bis weit in das Jahr 1279 verfolgen.

Im Jahre 1271 weihte Albert in Utrecht in Holland die Kirche der Predigerbrüder. Am 31. August 1271 siegelte er auf Bitten des Erzbischofs Siegfried einen Vertrag zwischen dem Burggrafen Gernand von Kaiserswerth und dem Erzbischof. Am 29. September 1271 wurde er in einem Streit zwischen Propst Wolfram und dessen Kapitel in Kerpen zum Schiedsrichter bestellt. Am 12. August 1272 siegelte er einen Vertrag zwischen dem Kloster Kamp und dem Schöffen Gerhard Gir in Köln. Im Dezember desselben Jahres war er bei einem Schenkungsvertrag der Äbtissin von Sankt Cäcilien in Köln, Geva von Gerresheim, beteiligt. Im Jahre 1273 erhielt er vom Papst den

Auftrag, den Grundstein für die Kirche der Predigerbrüder in Wimpfen am Berg zu weihen, falls der zuständige Bischof von Worms die Weihe nicht vornehmen wollte. Ob Albert diesem Auftrag entsprechend nach Wimpfen gereist ist, wissen wir nicht. Dagegen weihte er am 9. September die neue Pfarrkirche in Nymwegen in Holland. Im Oktober schlichtete er einen Streit zwischen dem Reuerinnenkloster in Köln und dem Propst der Reuerinnen Wittiko. Das Jahr 1274 stellte an Albert besondere schwere Anforderungen. Im April dieses Jahres begab er sich nach Lyon zum allgemeinen Kirchenkonzil. Im August weihte er den Hauptaltar in Vochem bei Köln und siegelte eine Erklärung der Frau Jutta von Hückeswagen für die Zisterzienserinnenabtei Dalheim. Im selben Jahre weihte er einen Altar in der Abtei Brauweiler. Im Spätsommer begab er sich nach Fulda, um im Auftrage des Papstes eine zwiespältige Abtswahl zu regeln.

Im Jahre 1275 weihte er die Kirche der Abtei Werden an der Ruhr, am 28. April den Hauptaltar in der Abtei Mönchen-Gladbach. Er nahm im Auftrage des Königs Rudolph dem neuen Bischof von Münster den Treueid ab. In einem Vertrag zwischen Erzbischof Siegfried und Gräfin Mathilde von Sayn wurde er zum Schiedsrichter bestellt.

Das Jahr 1276 führte ihn nach Antwerpen zur Weihe der Kirche und einiger Altäre der Predigerbrüder. In denselben Tagen, Anfang September, hielten die Predigerbrüder unter ihrem Prior Ulrich von Straßburg ihr Provinzialkapitel in Antwerpen. Auf der Rückreise weihte Albert in der Predigerkirche in Löwen zwei Altäre. Im Mai desselben Jahres war er in Soest. In Köln war er bei den Verhandlungen über die Aufhebung des Klosters Sankt Mechtern beteiligt.

Im folgenden Jahre 1277 erteilte er ein Gutachten über die Erlaubtheit des Wachszinses, weilte im Mai wiederum in Soest und weihte am 26. September einen Altar in der Sakristei des Domes. In Streitigkeiten zwischen Abt und Konvent der Abtei Brauweiler war er als Schiedsrichter tätig. Im Jahre 1278 fällte er einen Spruch als Schiedsrichter zwischen Erzbischof Siegfried und Gräfin Mathilde von Sayn. Im Jahre 1279 endlich erhob er die Reliquien der heiligen Kordula und siegelte mehrere Urkunden. Außerdem hat Albert zu einer nicht näher bestimmten Zeit das Chor der Viktorskirche in Xanten geweiht und in Köln die Reliquien des heiligen Evergislus übertragen.

Diese Übersicht gewährt einen Einblick in die rastlose Tätigkeit des greisen Bischofs Albert. Bis zum Jahre 1277, also drei Jahre vor seinem Tode, hat er noch Reisen unternommen und keine Müdigkeit gekannt, wenn es galt, den Seelen zu dienen. Um dieses Bild mit mehr Leben zu erfüllen, soll noch auf zwei Punkte eingegangen werden, die Reise Alberts nach Lyon und sein Verhältnis zum heiligen Thomas von Aquino. Nach dem Tode des Königs Richard am 2. April 1272 hoffte der zweite im Jahre 1257 gewählte König, Alfons von Kastilien, die Anerkennung des Papstes als deutscher König zu erlangen. Papst Gregor X. aber lehnte die Forderungen des Spaniers ab und forderte im Juli 1273 die deutschen Kurfürsten auf, bald zur Wahl zu schreiten, widrigenfalls er selbst dem Reich ein Oberhaupt geben werde. Erzbischof Engelbert von Köln war jedoch vorher schon mit König Ottokar von Böhmen in Verhandlungen getreten. Mehrere Kandidaten wurden genannt, und es schien, als wenn auch dieses Mal wieder keine Einigkeit erzielt werden könnte. Man erwartete die Wahl Ottokars; die rheinischen Fürsten einigten sich auf den Pfalzgrafen Ludwig.

Die mittelrheinischen Städte erklärten mit aller Schärfe, sie würden nur einen einmütig gewählten König anerkennen. Diese Erklärung, vor allem aber wohl die Bedenken, die die Kurfürsten gegen die große Macht der beiden bisher genannten Kandidaten hegten, veranlaßte den Burggrafen Friedrich von Nürnberg, den Grafen Rudolph von Habsburg zur Wahl vorzuschlagen. Rudolph entstammte einem uralten Adelsgeschlecht des Elsaß, dessen Macht von den Alpen bis nach dem Unterelsaß reichte. Ihm ging der Ruf eines tüchtigen Kriegers und klugen Regenten voraus. Er war zwar nicht wie die bisherigen Kaiser fürstlicher Abstammung, aber gerade dies und seine nicht allzu starke Hausmacht ließen ihn als den besten Kandidaten erscheinen. Nach langen Verhandlungen über Reichslehen und Rechte der Kurfürsten, über die Kosten für die Wahl, und nachdem der Pfalzgraf durch die Aussicht auf die Ehe mit einer von Rudolphs Töchtern gewonnen war, wurde die Wahl auf den 29. September 1273 ausgeschrieben. Am 1. Oktober wurde Rudolph von Habsburg von den anwesenden Kurfürsten einstimmig zum König gewählt.

Mit dieser Wahl war die Zeit der fremdländischen Könige beendigt, die »kaiserlose, schreckliche Zeit« war vorüber. Die Deutschen hatten wieder einen allgemein anerkannten König. Lange genug hatte der Skandal gedauert, den die Kurfürsten heraufbeschworen hatten. Die Anarchie, die dem Untergang des herrlichen Staufergeschlechtes und des Heiligen Römischen Reiches gefolgt war, war der gesunden Reaktion gewichen, die Wiederherstellung geordneter Verhältnisse, von Rechts- und Verkehrssicherheit war in nahe Aussicht gestellt. Wir vermögen uns kaum eine Vorstellung zu machen von dem Jubel, der damals die deutschen Gaue erfüllte. Am 2. Oktober hielt Rudolph seinen Einzug in Frankfurt, am 24. Oktober wurde er in Aachen zum König gekrönt.

Auf der Rückreise kam Rudolph nach Köln, wo er mehrere Wochen verweilte. In derselben Zeit kam der Provinzialprior Ulrich von Straßburg mit dem Ordensmeister Johann von Vercelli vom Provinzialkapitel in Halberstadt nach Köln. König Rudolph hatte schon als Graf die besten Beziehungen zu den Predigerbrüdern unterhalten, hatte wahrscheinlich auch vorher die Bekanntschaft Ulrichs gemacht und war wohl auch mit Albert während des Aufenthaltes in Straßburg in Verbindung getreten. Nun trafen sich diese Männer in Köln wieder. Ulrich schrieb von hier aus einen begeisterten Brief an die deutschen Predigerbrüder, in dem er die Wahl des Königs schilderte und ihn mit den höchsten Lobsprüchen feierte. Er zitierte ein Wort des Königs bei seiner Wahl: »Heute verzeihe ich allen, die mich geschädigt haben. Es sollen frei sein alle meine Gefangenen. Ich gelobe, ein Freund des Friedens zu sein den Ländern, die mich bisher als unnachsichtigen Krieger gekannt haben.« Ulrich spricht dann von seiner Ankunft in Köln und erzählt, sobald der König von der Anwesenheit des Ordensmeisters im Kölner Predigerkloster Kenntnis erhalten, habe er ihm seine Aufwartung gemacht und von seinen Plänen gesprochen. Er habe seiner Ergebenheit dem Papst gegenüber Ausdruck verliehen und sich bereit erklärt, einen Kreuzzug zur Befreiung des Heiligen Landes zu unternehmen. Mit eindringlichen Worten fordert Ulrich seine Brüder auf, die Sache des Königs zu fördern.

Der Besuch des Königs im Kölner Predigerkloster hat wahrscheinlich aber noch einen anderen Zweck gehabt. König Alfons von Kastilien hielt seine Ansprüche auf die Königskrone immer noch aufrecht. Auf dem Konzil, das Papst Gregor X. auf den 1. Mai 1274 nach Lyon einberufen hatte, sollte über seine Ansprüche und über die Wahl Rudolphs verhandelt werden. Zwar war der Papst nicht geneigt, dem Spanier entgegenzukommen, aber man konnte nie wissen, was eine internationale Diplomatie zustande bringen würde. Es mußte daher Rudolph daran gelegen sein, Fürsprecher zu gewinnen. Der Ordensmeister Johann von Vercelli war bereits informiert. Im Kloster weilte jedoch noch ein Mann, der ebenfalls zum Konzil eingeladen war, Bischof Albert. Daß König Rudolph den greisen Bischof aufgesucht hat, steht außer Zweifel, daß er ihn um seine Vermittlung auf dem Konzil gebeten hat, dürfte ebenfalls sicher sein. Albert war als Bischof zum Konzil eingeladen worden. Vielleicht auch hatte der Papst seine Anwesenheit besonders gewünscht, weil auf dem Konzil theologische Fragen erörtert werden sollten. So war ja auch der heilige Thomas von Aquino eigens nach Lyon berufen worden. Sicherlich hätte sich Albert als entschuldigt halten und dem Konzil fernbleiben können, denn er war kein Jüngling mehr. Daß er trotzdem die weite Reise nach Lyon machte, ist ein Zeichen, daß sein Herz ihn trieb, daß er es für eine ernste Pflicht hielt. Anfang März weilte er noch in Köln, nicht lange darauf aber hat er sich mit seinem Sekretär Gottfried auf den Weg gemacht. Vielleicht hat sich ihm unterwegs Ulrich von Straßburg angeschlossen, der als Provinzialprior zum Generalkapitel des Ordens nach Lyon ging.

Papst Gregor X. hatte dem Konzil die Aufgabe gestellt, die allgemeine Reform der Kirche zu beraten, die Vereinigung mit der griechischen Kirche durchzuführen und einen neuen Kreuzzug ins Heilige Land vorzubereiten. Es war eine festliche Versammlung, die er am 7. Mai 1274 im Johannesdom zu Lyon eröffnete. Erschienen waren König Jakob I. von Aragonien, die Gesandten von Deutschland, Frankreich, England und Sizilien und vieler anderer Fürsten, sodann über 500 Bischöfe und viele Äbte und andere Prälaten. Unter den Kardinälen ragten hervor der heilige Bonaventura und der Predigerbruder Peter von Tarantaise, der spätere Papst Innozenz V. In sechs großen Sitzungen wurden alle Fragen behandelt und entschieden. Den Höhepunkt bildete die vierte Sitzung am 6. Juli. Nach einer Ansprache des Papstes wurden Briefe des griechischen Kaisers, seines Thronfolgers und seiner Prälaten verlesen. Der Gesandte des Kaisers beteuerte unter Eid, sein Herr habe dem Schisma entsagt und kehre zur Einheit der Kirche zurück. Damit war ein großes Ziel, für das mehrere Päpste seit langem gewirkt hatten, erreicht, wenn auch nur für wenige Jahre. Auf dem Konzil erschien auch ein Gesandter des tatarischen Großkhans Abaga, der den Christen ein Bündnis gegen die Mohammedaner vorschlug. Zur Förderung des Kreuzzugs wurde eine allgemeine Kreuzzugssteuer beschlossen.

Die Frage, die die Deutschen in hervorragendem Maße interessierte, die Königsfrage, wurde am 6. Juni in einer Versammlung des Papstes mit den Kardinälen verhandelt. Dieser Sitzung wohnten bei die Gesandten des Königs Rudolph, die Erzbischöfe von Mainz, Köln, Magdeburg, Trier und Bremen, von Bischöfen der greise Albert von Köln. Die königlichen Gesandten beschworen im Auftrage ihres Herrn alle Garantien Ottos IV. und Friedrichs II. für die Kirche, versprachen Schutz dem Kirchenstaat und Frieden mit dem König von Sizilien, Karl von Anjou. Damit war von seiten des Königs alles geschehen, was er zu tun in der Lage war. In den folgenden Verhandlungen traten die Fürsprecher des Königs auf und baten den Papst um Bestätigung des Königs. Dann trat auch Albert vor die hohe Versammlung und hielt eine Ansprache, für die er als Vorspruch wählte: »Siehe, ich sende ihnen den Retter und Vorkämpfer, der sie befreien soll.« Dieser Vorspruch läßt ahnen, in welcher Richtung sich die Gedanken Alberts bewegten. Er vermochte eine Schilderung zu geben von dem ungeheuren Elend, das durch das Interregnum über das deutsche Volk gekommen war. In Köln, Regensburg, Würzburg und Straßburg hatte er die anarchischen Zustände beobachten können, die durch das Fehlen einer starken Reichsgewalt eingerissen waren. Und er war frei von aller Schuld an diesem Elend.

Er war kein Kurfürst und Königsmacher gewesen, hatte nicht gegen Geld das Wohl des Reiches verraten und durfte daher ungestraft eine Strafpredigt halten. Dann aber ging er über zu der Wahl Rudolphs von Habsburg und stellte ihn der Versammlung vor als den Retter aus dem Elend, als den Vorkämpfer für Gerechtigkeit und Ordnung, sprach von den großen Hoffnungen, die alle Gutgesinnten auf ihn setzten, wies hin auf die segensreichen Wirkungen, die allein seine Wahl schon in deutschen Landen hervorgerufen hatte. Das deutsche Volk sehne sich nach Frieden und Ruhe. Die Interessen der Kirche, die Seelsorge verlangten gebieterisch einen allseits anerkannten deutschen König, der die Zügel der Verwaltung fest in Händen halte und gewillt sei, mit aller Strenge gegen die Friedensbrecher vorzugehen. Bei dieser Rede hatte Albert Gelegenheit, sein politisches Programm zu entwickeln, nach dem er in zahlreichen Schiedssprüchen gehandelt hatte.

Es würde sicherlich zu weit gehen, zu behaupten, dem Eintreten Alberts sei es zu danken, daß der Papst die Wahl des Königs Rudolph bestätigt habe. Grundsätzlich war der Papst zur Bestätigung bereit, ehe überhaupt das Konzil zusammentrat. Das Verdienst Alberts wird hierdurch jedoch nicht geschmälert. Er hat die weite Reise nach Lyon nicht gescheut, um für das Wohl seines deutschen Volkes einzutreten. Er hat sich mit seiner ganzen Autorität für den neuen König eingesetzt. Sein Name wird daher für immer mit der glücklichen Beendigung der traurigsten Zeit des deutschen Mittelalters verbunden bleiben.

Nicht lange vor Alberts Abreise nach Lyon gelangte die Nachricht nach Köln, der heilige Thomas von Aquino, der bedeutendste Schüler Alberts, sei auf der Reise zum Konzil in Fossanuova gestorben. Die Legende berichtet hierüber: »Als der Herr Albert der Deutsche an einem Tage der Fastenzeit zu Tische saß, brach er plötzlich in Tränen aus. Als der Prior ihn nach der Ursache seiner Tränen fragte, antwortete er: „Ich muß euch eine traurige Mitteilung machen: Bruder Thomas von Aquino, mein Sohn in Christus, der ein Licht der Kirche war, ist gestorben, wie mir von Gott offenbart worden ist." Der Prior notierte Tag und Stunde, und später erfuhr man, daß tatsächlich Bruder Thomas zu dieser Zeit gestorben war.« Und weiter berichtet die Legende: »Als der Tod des Bruders Thomas in Köln bekannt wurde, weinte Albert bitterlich, und so oft er später den Namen des Bruders Thomas hörte, weinte er und sprach, er sei eine Blüte und Zierde der Welt gewesen. Die Brüder hatten großes Mitleid mit Albert und fürchteten, die tiefe Traurigkeit des Bruders Albert hänge mit einer Geistesschwäche zusammen. Als dann später — es war im Jahre 1277 — die Nachricht nach Köln gelangte, die Lehre des Bruders Thomas werde an der Universität angegriffen, erklärte Albert, er wolle dorthin gehen und die

Schriften des Bruders Thomas verteidigen. Die Brüder aber rieten ihm ab, weil sie glaubten, er würde wegen seiner Altersschwäche die weite Reise nicht aushalten. Zudem fürchteten sie, Bruder Albert würde der schweren Aufgabe, gegen die Feinde des Bruders Thomas aufzutreten, nicht gewachsen sein und leicht von seinem großen Ansehen, das er an der Universität genoß, einbüßen. Schließlich ließ sich Albert doch nicht halten und trat die Reise an in Begleitung des Bruders Hugo von Lucca. In Paris bestieg er vor versammelter Universität den Katheder, pries den Bruder Thomas und erklärte sich bereit, vor den Professoren dessen Schriften zu verteidigen. Nachdem er so für die Lehre des Bruders Thomas gewirkt hatte, kehrte er nach Köln zurück und Bruder Hugo mit ihm. Albert ließ sich dann alle Schriften des Bruders Thomas in bestimmter Ordnung vorlesen. Darauf rief er die Professoren und Studenten zusammen und hielt eine begeisterte Lobrede auf den Bruder Thomas. Zum Schluß erklärte er, Thomas habe die höchste Stufe in der Wissenschaft erreicht; wer nach ihm komme, werde vergeblich sich um einen Fortschritt bemühen.«

Albert hat diese Reise nach Paris nicht unternommen, und die Legende ist in Italien gedichtet worden zur größeren Ehre des hl. Thomas, um dessen Heiligsprechung es damals ging. Sie zeigt aber folgendes: Albert war tatsächlich nicht der Mann, der sein eigenes Können und Wissen überschätzte, sondern gern die Überlegenheit anderer anerkannte. Und er war nicht der hochmütige Professor, der die Leistungen seiner Schüler mißachtet und eifersüchtig über seine Überlegenheit und seinen Ruhm wacht. Allerdings war er weit davon entfernt, die Lehre des heiligen Thomas als der Weisheit letzten Schluß zu preisen, wie die Legende es ihm zuschreibt.

Für die Bedeutung Alberts auch in späten Jahren ist die Legende ein ausdrucksvolles Zeugnis. Die Lehre und Heiligkeit Alberts wurden zu Zeugen angerufen für die Lehre und Heiligkeit des Bruders Thomas. Im Anfang des 14. Jahrhunderts wurde Albert noch als der größere Gelehrte und Heilige angesehen. Aber als Thomas heiliggesprochen war, trat sein Meister immer mehr zurück. Der Schüler war über dem Meister, und so ist es geblieben bis auf den heutigen Tag. Was aber Thomas geleistet hat, war ohne Alberts riesige Vorarbeiten nicht möglich. Ohne Albert hätte es nie einen heiligen Thomas gegeben. Die Gerechtigkeit verlangt, neben dem heiligen Thomas stets den heiligen Albert zu nennen, wie man auch niemals trennen darf Ulrich von Straßburg und seinen Freund und Meister Albert.

ALBERTS TOD

AUS DEN LETZTEN Lebensjahren Alberts besitzen wir zwar zahlreiche Urkunden, die seinen Namen oder sein Siegel tragen, aber sicherlich haben nicht alle ihren Weg in die Archive gefunden oder sind uns bekannt geworden. Sie geben einen Überblick über die ausgedehnte und vielseitige Tätigkeit des greisen Bischofs, sie zeigen aber auch, wie diese Tätigkeit allmählich immer mehr zurücktritt. Seine vom Alter gebeugte Gestalt erscheint immer seltener in den Straßen der Stadt. Er findet nicht mehr den Weg in die Wälder der Umgebung. Wohl steht er noch manchmal versonnen am Ufer des Rheins oder vor den himmelanstrebenden Gerüsten des neuerstehenden Domes. Dann aber kommt eine Zeit, wo er die Schwelle des Klosters nicht mehr überschreitet. Gestützt von seinem Sekretär Gottfried wandelt er durch den Klostergarten, verweilt er bei den Handwerkern, die die Mauern des neuen Chores der Predigerkirche emporführen. Wohl sieht das Volk ihn noch am Altar. Noch immer finden die Bedrückten und Hilfesuchenden Zugang zu seiner Zelle. Aber auch sie erhalten bald von Bruder Gottfried den Bescheid, daß Bischof Albert nicht zu sprechen sei. So vollzieht sich langsam die Loslösung von der Welt außerhalb des Klosters. Albert ist alt geworden. Er fühlt das Alter, ist niedergedrückt von der Last der Jahre. Albert denkt an den Tod. Er sieht die Zeit gekommen, ohne Furcht und mit allem Ernst und aller Gründlichkeit sich vorzubereiten auf den Tag, den ihm Gott gesetzt hat.

Wie ein umsichtiger Hausvater geht er daran, seine irdischen Angelegenheiten zu ordnen. Im Januar 1279 errichtet er sein Testament und schließt mit der Welt und ihren Gütern ab. Eine glückliche Fügung hat uns diese wertvolle Urkunde erhalten. Der Dominikaner Narzissus Pfister aus Süddeutschland schrieb sie im Jahre 1402 in Köln ab, als er dort als Professor tätig war. Sie lautet:

»Allen, die diese Urkunde sehen, entbiete ich, Bruder Albert, vormals Bischof von Regensburg, aus dem Orden der Predigerbrüder in Köln, Gruß mit der Fülle der Liebe.

Es ist allen bekannt und kann nicht in Zweifel gezogen werden, daß ich vermöge der Exemtion vom Orden, die mir der Papst verliehen hat, Realvermögen als Eigentum besitzen und darüber frei nach meinem Gutdünken verfügen kann. Ich habe daher beschlossen, bei körperlicher und geistiger Gesundheit über mein Vermögen zu verfügen, damit es nicht nach meinem Tode durch die Verfügung eines anderen zu anderen Zwecken verwandt werde, als ich selbst seit langer Zeit zu bestimmen gedachte. Den Brüdern des Kölner Konvents, bei denen ich länger als sonst irgendwo gewohnt und gelehrt habe und die sich um mich durch viele Wohltaten und Liebesdienste verdient gemacht haben, muß ich billigerweise ihre Liebe und ihre Dienste mit besonderem Dank vergelten, weshalb ich auch bei ihnen beerdigt werden will. Ihrem Konvent also vermache ich alles, was ich besitze, in folgenden drei Teilen: Alle meine Bücher der Konventsbibliothek, alle meine liturgischen Gewänder und Geräte der Sakristei, Gold, Silber und Edelsteine, die zu Geld gemacht werden können, zur Vollendung des Chores der Konventskirche, das ich mit meinem Gelde begonnen und aufgeführt habe; und ich will nicht, daß es anders verwandt werde. Ich bestimme ferner, daß den drei Frauenklöstern Sankt Markus in Würzburg, Sankt Katharina in Augsburg und dem in Gmünd bei Eßlingen neunzig Pfund Hallisch aus meinem Vermögen gegeben werden, jedem dreißig Pfund.

Wenn aber jemand, was Gott verhüten möge, nach meinem Tode diese meine Verfügungen zu ändern wagt, so möge er wissen, daß der Fluch des allmächtigen Gottes ihn treffen und er mir gegenüber am Tage des Gerichtes vor dem höchsten Richter über die Verletzung sich zu verantworten haben wird.

Zu Testamentsvollstreckern bestelle ich den Prior der deutschen Ordensprovinz, den Prior des Kölner Konvents, ferner Bruder Heinrich, meinen leiblichen Bruder und Prior des Würzburger Konvents, Bruder Gottfried, den Arzt, und Bruder Gottfried von Duisburg. Sie sollen die obenstehenden Verfügungen getreulich und unverändert ausführen, wie ich es von ihnen erwarte.

Zum Zeugnis hierfür habe ich diese Urkunde geschrieben und bekräftigt durch Beisetzung meines Siegels und des Siegels des Konventspriors. Zur weiteren Bekräftigung des Vorstehenden habe ich veranlaßt, daß auch die Siegel der beiden Ritter aus Köln, des Herrn Bruno Hardefust, des Prokurators der Brüder, und des Herrn Daniel Jude, die ich beide neben den genannten Brüdern zu Testamentsvollstreckern bestelle, dieser Urkunde angefügt würden. Verhandelt im Jahre 1279, im Januar.«

Der Abschreiber Narzissus Pfister setzte die Worte hinzu: »Diese Abschrift habe ich gemacht in Köln nach dem Original, Wort für Wort, ohne etwas hinzuzufügen oder auszulassen, im Jahre 1402, am 29. Januar, am Sonntag Sexagesima.«

Dieses Testament ist ein prachtvolles Zeugnis der Bruderliebe und Dankbarkeit und der Anhänglichkeit an ein Kloster, mit dem Albert von den ersten Tagen seines Ordenslebens an so innig verbunden war. Die genannten drei Frauenklöster lebten nach der Dominikanerinnenregel. Weshalb Albert gerade sie bedachte, wissen wir nicht. Unter den Testamentsvollstreckern befinden sich zwei Mitglieder des Bürgeradels. Bruno

Hardefust war damals gleichsam der Rechtsvertreter der Predigerbrüder, ihr Rechtsanwalt. Daniel Jude aber gehörte zu den einflußreichsten Männern der Stadt; er war im Jahre 1284 Bürgermeister. Es ist bezeichnend, daß Albert auch Vertreter des Bürgeradels zu Vollstreckern seines letzten Willens bestellte und ihr Siegel an sein Testament hängen ließ. Er wollte damit seine innigen Beziehungen zu der Stadt zum Ausdruck bringen, deren Bürger er geworden war.

Im Januar 1279 war Albert körperlich und geistig noch wohlauf. Der Kräfteverfall hatte zwar schon eingesetzt, hinderte aber nicht, daß Albert noch am 14. Februar die Reliquien der heiligen Kordula im Garten der Johanniter erhob und im Mai und August die Abschriften von Urkunden beglaubigte. Dann aber versiegen die Geschichtsquellen, und die Legende versucht die Lücke auszufüllen:

»Als der ehrwürdige Albert schon sehr alt geworden war und eines Tages im Kloster der Predigerbrüder vor zahlreichen Hörern eine Vorlesung hielt, verließ ihn plötzlich sein Gedächtnis. Alle waren über die Maßen erstaunt, Albert aber, der eine Weile geschwiegen, gab ihnen, geistig neu gestärkt, folgende Erklärung:

»Hört, vielliebe Brüder, ich bitte euch, von Neuem und Altem will ich euch erzählen. Als ich noch Novize war, war ich geistig sehr beschränkt. Im Studium konnte ich es meinen Mitstudenten nicht gleichtun und blieb ein Dummkopf. In knabenhafter Ungeduld mit meiner Beschränktheit und weil ich noch keine Gelübde abgelegt hatte, gedachte ich, den Orden zu verlassen. Als ich in dieser Absicht immer mehr bestärkt wurde, wurde mir im Schlaf folgende Vision:

Es schien mir, ich lehnte eine Leiter an die Mauer des Klosters, um zu entfliehen. Als ich die Leiter schon hinaufgeklettert war, erblickte ich mir gegenüber vier ehrwürdige Personen mit verklärtem Aussehen. Die erste trieb mich die Leiter hinab, daß ich beinahe gestürzt wäre. Ich versuchte, wiederum hinaufzusteigen, da trieb mich die zweite hinunter. Als ich nun zum dritten Male den Aufstieg unternahm, sprach die dritte zu mir: „Was treibt dich zu diesem unverschämten Unterfangen?" Ich antwortete: „Ich bin ein Schwachkopf und bleibe im Studium hinter den anderen zurück. Aus Scham verlasse ich den Orden." Sie entgegnete: „Sieh, mit uns ist die süße Gottesmutter Maria, die Mutter der Barmherzigkeit, deren Dienerinnen wir sind. Wenn du zu ihr deine Zuflucht nimmst, wollen wir unsere Bitten mit den deinigen vereinen, damit du erlangest, was du wünschest." Ich war erfreut über diese Worte und sprach: „Gerne befolge ich euren Rat; ich bitte euch aber, sprecht bei ihr für mich und mein Anliegen." Sie baten also die Gottesmutter für mich, die sich zu mir wandte: „Um was bittest du?" Ich antwortete: „O Herrin, ich bitte um die Wissenschaft der Philosophie durch deine Fürsprache." „Deine Bitte ist erhört", sprach sie, „sei aber fleißig im Studium." Ich blieb also im Orden, und was mir verheißen, erlangte ich durch die Gnade Gottes in Studium und Gebet. Was ich im Studium nicht zu erkennen vermochte, fand ich sehr oft im Gebet. Die Gottesmutter und Mutter der Barmherzigkeit bat ich häufig in flehentlichem Gebet, ich möchte durch ihre Fürbitte vom Lichte der göttlichen Weisheit erleuchtet werden, sie möchte mein Herz in der Festigkeit des Glaubens erhalten, damit ich nicht, in die Philosophie verstrickt, im Glauben an Christus wankend würde. Schließlich erschien mir die gütigste Mutter und tröstete mich: „Sei getreu im Studium und beharrlich in der Tugend. Gott will durch deine Wissenschaft die ganze Kirche erleuchten. Damit du aber im Glauben nicht wankest, wird vor deinem Tode alle Philosophie von dir genommen werden. In kindlicher Unschuld und Aufrichtigkeit und in der Wahrheit des Glaubens wird dich Gott von dieser Welt nehmen. Und dies soll dir das Zeichen sein, daß deine Zeit gekommen ist: In öffentlicher Vorlesung wird dich dein Gedächtnis verlassen."

Vielliebe Brüder, dies ist nun eingetreten, und ich weiß, daß meine Zeit gekommen ist. Daher bekenne ich und erkläre feierlich: Ich glaube fest und rückhaltlos alle und jeden Artikel des christlichen Glaubens. Ich bitte euch flehentlich und demütig, reicht mir die Sterbesakramente, wenn die Zeit da ist. Wenn ich aber hinfort etwas sage oder schreibe, was dem Glauben widerspricht, so achtet es nicht.«

Nach diesen Worten weinte er und verließ den Lehrstuhl. Als dieser Vorfall dem Erzbischof von Köln, Siegfried von Westerburg, der Albert in großer Liebe zugetan war, gemeldet wurde, ward er von tiefem Mitleid gerührt und weinte.

Diese wundersame Legende muß als das aufgefaßt werden, was sie sein will, nämlich eine fromme Erklärung für die unerhörte, staunenswerte Gelehrsamkeit Alberts und ein Nachweis, daß alle Angriffe gegen seine Rechtgläubigkeit und Frömmigkeit haltlos seien. Sie ist als Gegenstoß zu verstehen gegen die Versuche, Albert zum Schwarzkünstler zu stempeln und damit seine Frömmigkeit und heilige Wissenschaft in Zweifel zu ziehen. Sie ist daher ein wertvolles Zeugnis für die Beurteilung des großen Mannes durch die spätere Zeit.

Diese Legende darf aber in einem Punkte als geschichtlich zuverlässig angenommen werden. In den letzten Lebenstagen Alberts ist wahrscheinlich ein Ereignis eingetreten, das den baldigen Tod des großen Mannes ankündigte. Wenn sich auch der Kräfteverfall langsam und zunächst unmerklich vollzog, so muß doch einmal der Zeitpunkt gekommen sein, da Albert sich dem Tode nahe fühlte. Von dieser Zeit an war er tot für die Welt. Nicht einmal seinen Freund, den Erzbischof Siegfried von Westerburg, wollte er in diesen Tagen mehr sehen, und als der Kirchenfürst einmal ins Kloster kam, um Albert zu besuchen, und an seine Zelle klopfte, mußte er die Antwort vernehmen: »Bruder Albert ist nicht hier.« Erschüttert zog sich der Erzbischof zurück und sprach unter Tränen: »Wahrlich, Albert ist nicht mehr hier.«

Die Legende berichtet weiter. In der Einsamkeit seiner Zelle bereitete sich Albert mit allem Ernst auf den Tod vor. Sein Tag verfloß in stetem Gebet und in der Sehnsucht nach seinem Schöpfer, nach seinem Erlöser Jesus Christus. Mit Vorliebe betete er das Totenoffizium und ließ sich zu der Begräbnisstätte seiner Klosterbrüder führen, wo er die Toten grüßte, zu denen er bald versammelt werden sollte. Er bannte so die Furcht vor dem Tode, die auch den Menschen erfüllt, der auf ein längeres Leben zurückblicken kann als alle seine Mitbürger. Furcht vor dem strengen Gericht Gottes aber vermochte seine Seele nicht zu erschüttern. Nicht, weil er sich sagen durfte, er habe mehr geleistet als alle seine Mitbrüder, habe Gott in Reinheit des Lebens und in unerschütterlicher Treue gedient und in der Nachfolge des Heilandes sich Schätze gesammelt, die ihm nun ein Anrecht verliehen auf einen Platz zur Rechten des ewigen Richters. Was dem dahinwelkenden Manne die Ruhe und den ewigen Frieden der Seele erhielt, war das rückhaltlose Vertrauen auf die Barmherzigkeit Gottes und die Zuversicht, daß die Gottesmutter, unter deren Schutz er sein Leben gestellt hatte, ihn im Tode nicht verlassen werde. Die Größe des Gelehrten und der Ruhm, der die Welt erfüllte, traten zurück vor der Majestät des Todes. Albert war wie ein Kind, das sich allein der Güte und Barmherzigkeit der Mutter überläßt.

Es war am Freitag, dem 15. November des Jahres 1280. In stürmischen Schlägen rief die Klosterglocke die Brüder zur Zelle Alberts. Die Zeit war gekommen, da er seine Seele in die Hände des Schöpfers zurückgeben sollte. Sie fanden Albert in einem Lehnstuhl sitzend. Sein Haupt war auf die Schulter herabgesunken. Schwer ging sein Atem. Bruder Gottfried von Duisburg und Bruder Gottfried, der Arzt, bemühten sich um ihn. Aber das Bewußtsein war geschwunden. Nur schwach noch kämpfte die Natur gegen die Loslösung der Seele vom Körper. Die Hand des Todes hatte ihn berührt.

Mit halblauter Stimme begannen die Brüder die Sterbegebete. Mit der Litanei von allen Heiligen riefen sie die Hilfe des Himmels auf den sterbenden Bischof herab. In erschütternden Gebeten flehten sie den Schöpfer um Gnade und Barmherzigkeit an und empfahlen ihren Bruder Albert der Güte und Erbarmung des Erlösers. Und dann kam der feierliche Augenblick, da mit dem letzten Atem die Seele sich vom Leibe trennte und auf den Flügeln der Engel zum Himmel emporgetragen wurde. Bruder Albert war nicht mehr. Er war eingegangen in die Freuden seines Herrn, um in der Anschauung des dreieinigen Gottes die Seligkeit zu genießen, die der Heiland allen denen verheißen hat, die in seiner Nachfolge und in seinem Dienste ausharren bis zum Ende.

Groß war die Trauer im Konvent der Predigerbrüder. Die Zierde und der Ruhm des Kölner Klosters und des ganzen Ordens war von ihnen genommen. Der treusorgende Vater Albert, ihr lieber Bruder und Freund, hatte sie verlassen. Nur eines tröstete sie in ihrem Schmerz, die feste Zuversicht, daß Bruder Albert in den Chor der heiligen Bekenner aufgenommen sei und mit seiner Fürsprache bei Gott allzeit mit ihnen und ihrem Kloster sein werde.

Wie ein Lauffeuer verbreitete sich die Kunde vom Hinscheiden Alberts durch die Stadt. Nun zeigte es sich, wie fest der greise Bischof mit seiner Stadt verbunden war, wie tief die Liebe zu ihm die Herzen aller Bürger erfüllte. Tiefer Friede herrschte in der Stadt, aber die Erinnerung an die Kämpfe in vergangener Zeit, an Alberts hochherziges Bemühen um den Frieden, an seine unvergänglichen Verdienste um das Wohl der Stadt lebte wieder auf und verband Stadtverwaltung und Bürgerschaft in aufrichtiger Trauer um den Vater der Stadt.

Nicht zuletzt aber wurde der Erzbischof Siegfried von Westerburg von der Nachricht vom Tode Alberts schwer getroffen. Zwar war ihre Bekanntschaft nur wenige Jahre alt, aber diese kurze Zeit hatte sie zu Freunden gemacht, sie vereint in der Sorge um das Seelenheil der Bürger und um den Frieden. Freudig hatte er sich vor dem hinreißenden Beispiel des apostolischen Bischofs gebeugt und ihn zum Ratgeber und Freund erwählt. Und mit ihm klagten die Kleriker und Ordensleute aller Kirchen und Klöster der Stadt, daß der seeleneifrige, wahrhaft priesterliche Greis aus ihrer Mitte geschieden war.

Die Beerdigung Alberts wurde auf den 18. November festgesetzt. In der Mitte des Chores vor dem Hauptaltar zur Kirche hin gruben die Brüder das Grab. Sie senkten einen Steinsarg hinein, der den Holzsarg mit der Leiche aufnehmen sollte. Am Morgen versammelten sich die Brüder, um den Erzbischof Siegfried zu empfangen, der es sich nicht hatte nehmen lassen, persönlich die Exequien zu halten und die Leiche seines Freundes der Erde zu übergeben. Die Stadtverwaltung und die vornehmsten Vertreter des Bürgeradels, die Pröpste der Stifte und Klöster, Vertreter des Pfarrklerus, die Zünfte und eine unübersehbare Schar von Gläubigen füllten die Kirche. Auch aus der näheren Umgebung der Stadt waren die Adeligen und Prälaten herbeigeeilt.

Die Leiche Alberts war im Chor aufgebahrt, mit bischöflichen Gewändern bekleidet, die Mitra auf dem Haupte, einen einfachen Bischofsstab in den Händen. Eine kleine Kreuzreliquie hatte man auf seine Brust gelegt, daneben ein Agnusdei aus Wachs und eine Münze, die mit einem Nagel von der Kreuzigung des Herrn durchbohrt war. Diese frommen Beigaben waren durch einen Faden verbunden, der um den Hals geschlungen war. Das Leiden Christi, das Albert so eifrig betrachtet und verehrt, und die Nachfolge des Heilandes, die sein ganzes Leben erfüllt hatte, sollten in diesen Beigaben angedeutet und gefeiert werden. Nach dem Requiem wurde der Holzsarg verschlossen und unter den feierlichen Zeremonien der Kirche in den Steinsarg versenkt. Man schüttete Erde auf den Sarg und verschloß das Grab mit einer schweren Steinplatte. Sie trug die Inschrift: »Im Jahre des Herrn 1280, am 15. November, starb der ehrwürdige Bruder Albert, vormals Bischof von Regensburg, aus dem Predigerorden, Doktor der Theologie. Er ruhe in Frieden. Amen.«

Hier ruhte nun Bruder Albert inmitten seiner Brüder und eines Volkes, das seine Verehrung und Liebe schon bald in Wallfahrten zum Grabe und in Gebeten um seine Fürsprache bei Gott zu bekunden begann. Der Vater der Armen und Bedrängten, der Seelenhirt und Friedensstifter hatte zeit seines Lebens mit der Hilfe Gottes sich als Helfer in der Not und Bringer des Guten erwiesen, jetzt, da er in der Glorie des ewigen Lebens am Throne Gottes weilte, konnte er unmöglich sein Volk vergessen, konnte er seine Hilfe nicht versagen, wenn man ihn demütig um seine Fürsprache beim Herrn des Himmels anflehte. So dachte das Volk und handelte danach. Und wie man in Köln Bruder Albert als Heiligen verehrte, so auch in Lauingen, seiner Vaterstadt, wo man schon bald sein Geburtshaus in eine Kapelle verwandelte, mit Altären schmückte und Messen zu seinen Ehren stiftete.

In der Folgezeit ist das Grab Alberts wahrhaft glorreich geworden. Es erschienen Leute im Kloster, die erklärten, sie seien auf die Fürbitte Alberts wunderbar von Krankheiten geheilt worden. Andere schrieben die Rettung aus größter Not seiner Hilfe zu. Es bildete sich eine Gemeinde treuer Anhänger, die für die Ausbreitung seines Ruhmes und seiner Verehrung wirkten. Und als der Ordensgeneral Salvus Cassetta im Jahre 1483 nach Köln kam, baten ihn Professoren der Universität, die Albert zu ihrem Patron und Führer in der Wissenschaft erwählt hatten, das Grab zu öffnen und die Seligsprechung des großen Meisters zu betreiben. Am 11. Januar 1483 wurden die Gebeine des heiligen Albert erhoben und zur Verehrung ausgestellt. Einige Zeit später errichtete man ein prachtvolles Hochgrab vor dem Hauptaltar und legte die Gebeine in einen Glasschrein. Im folgenden Jahre 1484 wurde Albert von Papst Innozenz VIII. seliggesprochen und die feierliche liturgische Verehrung in den Predigerkirchen Köln und Regensburg gestattet.

Im 17. Jahrhundert setzten die Bemühungen um die Heiligsprechung ein. Im Jahre 1622 erreichte der um die Ausbreitung der Verehrung Alberts hochverdiente Bischof Albert IV. von Törring die Ausdehnung des Albertfestes auf die Kathedralkirche Regensburg. In Köln feierte man das Fest am 15. November 1624 mit besonderer Pracht, schmückte den Schrein mit einem kostbaren Bogen für Kerzen und brachte auf dem Hauptaltar das schöne Bild Alberts an, das der Maler Johannes Hulsmann gemalt hatte und das heute in der Kirche Sankt Andreas zu Köln in der Albertkapelle hängt.

Seit dem Jahre 1925 wurden von Eminenz Kardinal Frühwirth die Arbeiten für den Heiligsprechungsprozeß wieder aufgenommen. Sowohl beim Predigerorden wie bei den Kölner Bürgern hat er hierfür die wirksamste Unterstützung gefunden. Am 16. Dezember 1931 hat Papst Pius XI. Albert den Großen heiliggesprochen und mit dem Titel eines Kirchenlehrers ausgezeichnet. Wir brauchen nicht weiter auf die große Bedeutung dieses Ereignisses einzugehen. Die ganze katholische Welt und zahlreiche wissenschaftliche Gesellschaften suchten durch prächtige Feiern die hohe Auszeichnung des deutschen Heiligen zu würdigen. Die Gebeine Alberts wurden am 15. November 1954 durch den Erzbischof von Köln, Eminenz Kardinal Frings, in die wieder ausgegrabene Krypta von Sankt Andreas übertragen und unter dem Hauptaltar in einen antiken Sarkophag gebettet. Das deutsche Volk ist sich der Ehrenpflicht bewußt geworden, die es dem heiligen Albert gegenüber zu erfüllen hat, und erkennt, daß Albert der Deutsche, der große soziale Heilige und Friedensbringer, gerade in unserer Zeit als Patron und Führer seines Volkes verehrt und angerufen zu werden verdient. Der Stadt Köln aber gilt das Wort, das der Drucker Johann Koelhoff an den Schluß der von ihm gedruckten Albertlegende des Predigerbruders Rudolph von Nymwegen setzte:

»Gaude, felix et sancta Colonia, quae iubar et gloriam omnium Alemannorum prae aliis omnibus tu sola meruisti possidere.

Freue dich, glückliches und heiliges Köln, daß du vor allen anderen für würdig befunden wurdest, den Glanz und den Ruhm aller Deutschen zu besitzen.«

DIE PERSÖNLICHKEIT ALBERTS

DIE ÄUSSERE GESTALT Bruder Alberts spielt in einer hübschen Legende eine Rolle. Albert wurde einmal einem Papst vorgestellt. Der Papst, der den berühmten Mann noch nie gesehen hatte, begrüßte ihn freundlich und sprach: »Herr Albert, steht auf.« Albert antwortete: »Herr Papst, ich stehe schon.« So klein war also Bruder Albert, daß der Papst glaubte, er habe einen knienden Mann vor sich. Dies kann stimmen für ein Alter von 70 und mehr Jahren, nicht aber für die frühere Zeit. Die Untersuchung der zahlreich erhaltenen Gebeine hat nämlich ergeben, daß Albert etwa 175 cm, also normal groß war, im Alter jedoch hat sich die Wirbelsäule infolge Arthrose stark nach vorne gekrümmt, so daß die äußere Gestalt Alberts in sich zusammengesunken erschien, das Haupt nach vorne gebeugt war. Das starke Knochengerüst mag ein Erbteil seiner Vorfahren gewesen sein. Albert war nicht korpulent wie sein Schüler Thomas von Aquino, sondern hager. Unter einem Auge hatte er ein Muttermal.

Seine eiserne, unverwüstliche Gesundheit war ein besonderes Geschenk der Natur. Von keiner Krankheit ist uns berichtet, ein Alter von 87 Jahren hat Albert erreicht, und der Tod fand den Weg zu ihm nicht über eine akute Erkrankung, sondern über den natürlichen, langsamen Verbrauch der Lebenskräfte. Die überaus kräftige körperliche Konstitution gibt zum guten Teil die Erklärung dafür, daß Albert bis in sein hohes Alter hinein trotz der hohen Anforderungen, die die Strenge des Klosterlebens an ihn stellte, Leistungen zu vollbringen vermochte, die uns in Erstaunen setzen. Man denke nur an die vielen Reisen, die er noch in den letzten fünfundzwanzig Jahren seines Lebens gemacht, man denke an die aufreibende Lehrtätigkeit und an die unübersehbare Menge von Schriften, die er entweder selbst niedergeschrieben oder diktiert hat. Kein Wunder also, daß der Ordensmeister Humbert von Romans von »Gigantenschultern« Alberts sprach.

Die staunenswerten Leistungen Alberts auf allen Gebieten zwingen zur Annahme, daß in ihm vor allem die Leidenschaften ausgebildet waren, die den Menschen anreizen und befähigen, gegen alle Widerstände kühn anzugehen und alles daranzusetzen, sie zu überwinden. Man wird den beweglichen, für alles interessierten Bruder Albert den Sanguinikern zurechnen dürfen. Bei aller Beherrschtheit vermochte er zu gegebener Zeit auch mit der Faust auf den Tisch zu schlagen und seiner Entrüstung deutlichen Ausdruck zu geben. So fand er einmal recht unliebenswürdige Worte gegen gewisse Gegner, die behaupteten, er vertrete ohne Einschränkung die Lehre des Aristoteles. Er sagt, er habe in seinen Kommentaren zu Aristoteles das System der Peripatetiker darlegen wollen, nicht seine eigene Lehre, und fährt dann fort: »Das sage ich wegen einiger Faulen, die eine Entschuldigung für ihre Faulheit suchen und darauf ausgehen, in den Büchern nur Stoff zur Kritik ausfindig zu machen. Obwohl sie in Faulheit erstarrt sind, möchten sie doch den Anschein erwecken, als ob nicht sie allein der geistigen Öde verfallen seien, und suchen auch den Tüchtigen eins anzuhängen. Derartige Menschen haben den Sokrates umgebracht, Plato aus Athen vertrieben und gegen Aristoteles intrigiert und ihn zum Auszug gezwungen ... Das sage ich jenen, die im Kollegium der Gelehrten das sind, was die Leber im Körper ist. Wenn nämlich die Galle, die von der Leber ausgeht, in den Körper dringt, macht sie ihn bitter. So gibt es auch unter den Gelehrten stets einige sehr bittere und gallige Menschen, die alle anderen mit ihrer Bitterkeit überschütten und nicht leiden können, daß sie in süßer Harmonie nach Wahrheit streben.«

Eine Anekdote, die uns gleichzeitig Zeugnis gibt von dem heiligen Eifer für die Armut, gehört hierher. Schon im 13. Jahrhundert gingen viele Prälaten darauf aus, sich in den Besitz mehrerer Pfründen zu setzen, um ihr Einkommen zu vermehren. So gab es manche Prälaten, die mehrere Pfarrstellen innehatten, sie aber durch schlecht bezahlte Kapläne verwalten ließen. Eines Tages brüstete sich ein Kölner Kanoniker in Gegenwart Alberts, er sei an der päpstlichen Kurie gewesen und habe die Dispens erhalten, mehrere Pfründen zu besitzen. Er mußte von Albert die bittere Zurechtweisung einstecken: »Früher konntet Ihr ohne Erlaubnis zur Hölle fahren, jetzt könnt Ihr es mit Dispens.«

Mit dem Namen Albertus Magnus verbinden wir unwillkürlich die Vorstellung von einem Gelehrten, der mit ganz außerordentlichen Geisteskräften ausgestattet ist. Dieses Bild aber bietet nicht das Charakteristische der intellektuellen Begabung Alberts. Geistesriesen waren auch Thomas von Aquino und Bonaventura, die Zeitgenossen Alberts. Wenn also Ulrich von Straßburg ihn »das staunenswerte Wunder seiner Zeit« nennt, so müssen wir schon tiefer schauen.

Das Große, Einzigartige in Albert ist die wunderbar harmonische Verbindung aller intellektuellen Begabungen. Bei ihm fehlt die glänzende Einseitigkeit, die so viele spekulative Köpfe auszeichnet. Gewiß verfügt er über eine Klarheit und Schärfe des Verstandes, die ihn sicheren Schrittes die Höhenpfade der subtilsten Spekulation wandeln läßt. Er bietet Lösungen von philosophischen und theologischen Problemen, die durch ihre Kühnheit überraschen und für immer in das Erbgut christlicher Philosophie und Theologie aufgenommen worden sind. An spekulativer Begabung steht er hinter keinem Zeitgenossen zurück, wenn er auch nicht die Zeit gefunden hat, jene zahllosen Einzelarbeiten zu leisten, durch die sein Schüler Thomas von Aquino das große System zur Vollendung führte.

Albert ist jedoch mehr als spekulativer Gelehrter. Bei ihm ist der praktische Verstand nicht minder gut ausgebildet und verleiht seinem Seelenbild erst die rechte Vollendung und Wärme. Spekulative Erkenntnis drängt an sich zur Formung eines praktischen Urteils, aber im Schrifttum der meisten spekulativen Gelehrten ist der Schritt zur Praxis nur selten getan. Albert dagegen erweist sich in vielen Schriften als glänzenden und sicheren Führer in der Anwendung spekulativer Erkenntnisse auf das Leben. In seinem ganzen Leben finden wir die außerordentliche praktische Begabung Alberts bestätigt. Er ist kein Kathedergelehrter, der vor den Realitäten des Lebens hilflos dasteht wie ein Kind. Ihn charakterisiert die Frontstellung zu seiner Umwelt, in der er fest und sicher sich bewegt und deren Erscheinungen er gegenübertritt in der Sicherheit der Erkenntnisse, die ihm die Spekulation vermittelt. Diese auf das Handeln gerichtete Haltung zeigt sich nicht weniger klar in seiner Bastelstube. Vom Katheder weg geht er in sein Experimentierzimmer und baut Apparate, analysiert Metalle, macht Tierversuche. Im Garten des Klosters belehrt er den Gärtner über die Pflege des Weinstocks und der Gemüse. Den Bauern gibt er Ratschläge für die Viehzucht. Er richtet Falken ab und vertreibt in Hildesheim die Fliegen aus dem Speisesaal des Klosters. Albert ist also nicht nur spekulativer Philosoph und Theologe, er besitzt sogar handwerkliche Fertigkeiten. Gerade diese Seite der Persönlichkeit Alberts hat die Legende immer wieder angeregt zu Dichtungen und hat ihm später den Ruf eines Schwarzkünstlers eingetragen.

Die intellektuelle Gesamthaltung Alberts wäre jedoch nicht voll erkannt, wenn nicht ganz besonders auf seine Forschereigenart hingewiesen würde. Denn als Forscher vor allem hat er sich den Ruhm erworben, »Weiser und Philosoph der Abendländer« zu sein. In seinem Forschungsdrang hat er die Welt durchwandert und die Natur studiert. Seine Forschung führte ihn in das Schrifttum der jüdischen, arabischen und griechischen Philosophen. Ihm verdankten seine Zeitgenossen das System des Aristoteles. Wie scharf die Folgezeit beobachtet hat, zeigen die Fabeln, die zu berichten wissen, daß Albert mit Alexander dem Großen die ganze Welt durchzogen und sogar sich die Gnade erfleht habe, ins Fegfeuer versetzt zu werden, um auch diesen Ort seiner Foschung zu unterwerfen.

Über den körperlichen Kräften und hinter den intellektuellen Begabungen Alberts steht ein eiserner, zielsicherer Wille, der sie zu Leistungen antreibt, die die Bewunderung der Welt erregen. Fast zwei Jahrzehnte arbeitet er an der Kommentierung der Werke des Aristoteles. Bedeutete schon der Beginn des Riesenwerkes ein Wagnis, das nur von einem wahrhaft großen

Willen übernommen werden konnte, so verlangte die Durchführung eine Energie und Zähigkeit, die nur selten in diesem Ausmaße zu finden ist. Alberts ganzes Leben steht unter dem Zeichen eines mächtigen Willens. Die Früchte seiner Arbeit sind ihm nicht mühelos in den Schoß gelegt worden, sie sind erarbeitet in entsagungsvollem, von einem standhaften Willen getragenem Schaffen. Es ist nicht leicht, bei der harmonischen Ausbildung aller Seelenkräfte ein bestimmtes Talent als besonders charakteristisch für Albert hinzustellen. Wenn man aber Albert einer Kategorie zuteilen will, so wird man ihn am ehesten den Tatmenschen zurechnen müssen.

Die wunderbare Harmonie der Kräfte ist in Albert verklärt durch ein sonniges, frohes Gemüt. Er war in wahrem Sinne eine Frohnatur, kein melancholischer Grübler, kein in seiner Wissenschaft erstarrter, gefühlloser Verstandesmensch, kein rücksichtsloser, alles niederwerfender Tatmensch. Er war von Natur aus ein liebenswürdiger, umgänglicher Mensch, aus dessen Augen die Güte hervorleuchtete. Stets schwang sein Herz, sein Gemüt mit, auch wenn er strafte oder wenn er als guter Schwabe einmal grob und heftig wurde. Das Tugendleben Alberts zu schildern, also darzustellen, wie er unter der Führung des Heiligen Geistes und mit Hilfe der Gnade die reichen Naturanlagen entfaltet und sich zu einem vollkommenen, heiligen Menschen emporgearbeitet hat, ist außerordentlich schwer, weil die geschichtlichen Quellen versagen. Zwar besitzen wir zahlreiche Schriften, in denen Albert die Theorie des religiösen Lebens, wie sie sich in seinem Geiste gebildet, aufgestellt hat. Aber aus den Schriften eines Menschen läßt sich sein Leben nicht ableiten. Wir müssen uns daher bescheiden und wollen nur die Linien aufweisen, die in seinem Leben sichtbar werden.

Alberts religiöses Leben hat seine Grundform erhalten vom Predigerorden. Der Predigerorden aber war wesentlich Seelsorgsorden, sein belebendes, alles beherrschendes Element das Streben nach Rettung der Seelen, der Seeleneifer. Von hier aus muß die Erklärung von Alberts Leben versucht werden. Wir werden sehen, daß seine Persönlichkeit restlos aus dem Seeleneifer abgeleitet werden kann.

Vom Seeleneifer sagt Albert: »Wahrer und vollkommener Seeleneifer ist dann vorhanden, wenn jemand durch heilige Beschauung und glühendes Verlangen, durch Tränen und Gebete, durch Nachtwachen und Fasten, durch Predigen und Beichthören, durch gute Ratschläge, heilsame Belehrungen und durch andere gute Werke für das Heil der Seelen arbeitet.« Hier haben wir eine gedrängte Biographie Alberts.

Durch Jordan von Sachsen, den großen Apostel, war Albert zum Predigerorden geführt worden und damit zum leuchtendsten Vorbild des Seeleneifers im Mittelalter, dem heiligen Dominikus. Die Devise des Ordens »Salus animarum per praedicationem«, Heil der Seelen durch die Predigt, steht klar und fest über dem Leben Alberts. Sie bestimmt sein religiöses Leben und führt ihn zum Dienst am Volk in der priesterlichen Seelsorge. Albert ist jedoch in einem Punkt über das Vorbild des heiligen Dominikus hinausgegangen. Er weitet das Ziel des Ordens, indem er neben das Apostolat des Priesters durch die Tat das Apostolat des Gelehrten durch Lehre und Schrift setzt.

Die ganze natürliche Begabung Alberts drängt zu der Annahme, daß er sich nicht damit begnügt hat, den Anschluß an den Predigerorden nur äußerlich zu vollziehen. Wir brauchen nur sein Gebetsleben zu erforschen, um zu erkennen, daß er innerlich hineinwachsen wollte in die hohe Mission der Seelsorge, daß er in seinem Herzen den Seeleneifer zu einer Glut entfachte, die durch keine noch so weit abseits führende Beschäftigung erstickt werden konnte.

Albert kommt innerlich an die Seelsorgsmission heran durch die Betrachtung des Leidens Christi. Hier schaut er die Tiefe und Weite der Sendung des göttlichen Erlösers: Rettung der Menschheit aus der Sünde. Das Zeichen der Erlösung hat er groß und mächtig aufgerichtet in der Kirche der Predigerbrüder in Köln, eine Predigt für die Gläubigen, eine Predigt auch für seine Brüder. Die große Reliquie vom Kreuze Christi, die er seinen Brüdern hinterließ, ist das Symbol der Erlösung, aber auch das Symbol der Seelsorgsmission, in die Albert, durch die Liebe zum Erlöser gedrängt, eingetreten ist. Denn priesterliche Seelsorge ist Zuwendung der Erlösungsgnade Christi an die Menschen, ist also Fortsetzung des Erlösungswerkes des Heilandes.

Albert findet aber noch weitere starke Anregung zur Seelsorge. Als Priester und Predigerbruder liest oder hört er täglich die heilige Messe, feiert er das Geheimnis der Eucharistie. Messe und Eucharistie aber besagen eine wesentliche Beziehung zur Gemeinschaft der Gläubigen, zur Seelsorge, und so hört Albert auch in der heiligen Messe immer wieder den Ruf zur Seelsorge. Wir müßten an dieser Stelle näher eingehen auf das herrliche Werk, das Albert der heiligen Messe und der Eucharistie gewidmet und das ihm für alle Zeiten den Ruf eines Sängers der Eucharistie gesichert hat. Es möge aber genügen, ein Gebet mitzuteilen, das Albert verfaßt und in das er seine ganze Liebe und Verehrung hineingelegt hat: »Allmächtiger, ewiger Gott, eingeborener Sohn Gottes, Du hast aus uns, von uns und für uns Fleisch und Blut und eine menschliche Seele angenommen.

Der Prophet Jeremias, den Du im Mutterschoße geheiligt hast, hat uns nach Deinem gnädigen Willen verkündet, Du wollest die Seele Deiner Priester stählen mit göttlicher Kraft und Dein Volk segnen mit der Fülle Deiner Gaben. Durchdringe unsere Seele mit Deinem heiligen Leibe wie mit einem Sauerteige, stille mit Gütern unser Verlangen und verleihe, daß das wunderbare Sakrament Deines Fleisches und Blutes in uns all seinen Reichtum wirke: Wahrheit und Tugend, Einheit und Liebe, Reinheit und Frömmigkeit, Hingabe und Heiligkeit.

Du bist im Vater, und der Vater ist in Dir. Du wohnst in uns nach Deiner unwandelbaren Gottheit, laß uns in Dir bleiben durch Deines Leibes und Deiner Seele unversehrte Reinheit. Laß uns in Deinem heiligen Leibe Dir eingegliedert werden, damit die Vereinigung mit Dir uns Heil bringe und wir uns der Teilnahme an Dir innigst erfreuen.

Dein heiliges Blut benetze unsere Seele, auf daß alle, auch unsere geheimsten, Flecken abgewaschen und getilgt werden. Deine heilige Seele sei der Preis unserer Erlösung und unserer Rettung, durch den wir losgekauft und mit Dir und dem Vater und dem Heiligen Geiste ausgesöhnt werden. Dein Geist, der Dich belebt, belebe uns; er bringe unseren Sinnen Erleuchtung, in unseren Seelen erneuere er das heilige Leben, das wir verloren haben.

Durch Deine heiligste Gottheit mögen wir Dir wohlgefällig sein, damit in uns jegliche Tugend wachse und zur Vollendung komme.

Du hast Deinen Aposteln und Jüngern mit eigener Hand dieses heilige Sakrament gereicht und ihnen Anteil gegeben an den Schätzen, die in diesem Gefäße Deiner Gnade beschlossen sind. Laß auch uns schöpfen von diesem Segen, laß uns von Deiner Fülle empfangen Gnade um Gnade. Auf die Fürbitte all jener, die bei Dir Ruhe und Freude des Geistes gefunden haben, laß uns innewerden und erfahren, wie sehr Du die Deinen heimsuchst und erquickest. Bewirke in uns den Glauben und die Liebe; schenke uns frommen Sinn, salbe und stärke uns mit geistiger Kraft, daß wir uns ganz Dir weihen.

Einst hat Dir beim Gastmahle Maria Magdalena in Liebe gedient; gib uns solche sorgende Liebe, solch unermüdlichen Eifer, solch aufmerksame Bereitschaft, Deinen Brüdern zu dienen; dann werden wir, wenn Du, der Du unser Haupt bist, es verleihst, die süße Nähe Deiner Gegenwart in überschwenglichem Maße empfinden. Wie Dir der Vater das Reich bereitet hat, so hast Du Dein Reich mit Deinen Gütern gesegnet, damit Deine Getreuen essen und trinken an Deinem Tische. Wie glücklich sind, die im Reiche Gottes das Brot essen, das Du bist. Laß uns einstens bei Dir sein mit Lazarus und allen, die dort droben mit Dir ausruhen.

Rüste uns aus mit dem furchtlosen Eifer, der beim letzten Abendmahle den heiligen Petrus erfüllt und ihn gewappnet hat gegen den Verräter; mit jenem Eifer, der alles verzeiht und alles tilgt, was Deinem Willen entgegen ist.

Wenn Du uns hilfst, werden wir unser Herz losschälen von den Vergnügungen dieser Welt, uns finden zu vollkommener Gelassenheit, uns an Dir freuen wie Dein heiliger Evangelist Johannes, daß wir liegen an Deiner Brust, schöpfen am Born Deiner Weisheit und kosten Deine alles übersteigende Milde und Güte.

Auf die Fürsprache Deiner Apostel und Jünger, die aus Deiner Hand dieses Sakrament empfangen haben, bewirke in uns den rechten Glauben, feste Hoffnung, vollkommene Liebe.

Gib, daß wir stets zurückschrecken vor dem Verrat des Judas, daß unsere Seele durchströmt werde von der heilbringenden Kraft dieses Sakramentes, durch die Du Dich den Seligen im Himmel nach Deiner Gottheit vereinigt und in ihnen die ganze Fülle ihres Glückes bewirkst, der Du mit Deinem lieben Vater und dem Heiligen Geiste lebst und herrschest von Ewigkeit zu Ewigkeit. Amen.«

Noch eine dritte Andacht muß hier erwähnt werden, die Andacht zur Gottesmutter. Auch sie ist für Albert charakteristisch. Wir haben bereits im zweiten Kapitel darauf hingewiesen, daß die Lehre von der Muttergottes in den Schriften Alberts einen außerordentlich weiten Raum einnimmt. Wir wissen, daß Albert häufig im Klostergarten umherwandelte und Hymnen an die Gottesmutter dichtete oder hersagte. Wenn er in seinen rein wissenschaftlichen Werken auf die hehre Jungfrau zu sprechen kommt, so ruht seine Feder eine Weile, sein Herz geht ihm auf, und der trockene Stil der gelehrten Untersuchung verwandelt sich in eine Häufung von Lobeserhebungen für seine Herrin, seine Mutter. Der große Gelehrte wird zum Kind, das seine Mutter anfleht, wird zum Herold, der das Lob seiner Herrin aller Welt verkündet. Alberts Name ist mit der Verehrung der Gottesmutter untrennbar verknüpft. Auch hier hat wieder die Legende scharf gesehen und richtig geschildert, wenn sie das Leben Alberts immer wieder mit der Gottesmutter in Verbindung bringt und den Eintritt in den Orden, die Gabe der Wissenschaft und die Mahnung an den Tod auf die persönliche Vermittlung der Gottesmutter zurückführt. Aber auch aus der Verehrung der Gottesmutter schöpft Albert starke seelsorgliche Motive. Er hat die Lehre von der allgemeinen Gnadenvermittlung der Gottesmutter klarer und bestimmter vertreten als alle Theologen vor ihm. Er hat ihr damit einen wichtigen Platz auch in der Fortführung des Erlösungswerkes Christi zugewiesen und ihr den Ehrentitel »Mutter aller Gnaden« verschafft.

Es wäre nun vollständig verkehrt, anzunehmen, Albert habe sein Gebetsleben in diese drei Andachten aufgeteilt. Diese Andachten waren nicht eine

Zusammenstellung schöner Gebete, die an bestimmten Tagen in einer halben Stunde rezitiert wurden. Diese Andachten wie das ganze Gebetsleben waren für Albert ein Element, das das ganze Tagewerk durchdrang. Gewiß hat er das mündliche Gebet eifrig gepflegt. Viel mehr Wert aber legte Albert auf die innere Gebetshaltung, die aus der Demut herauswächst. Seine Arbeit ist Gebet, weil sie im Dienste der Verherrlichung Gottes steht. Seine Arbeit ist Gebet, weil er sie als Antwort auf den Gnadenruf Gottes auffaßt. Seine Arbeit wird zum Gebet, weil sie ihn immer wieder hinweist auf die Hilfe Gottes, ohne die er weder anfangen, fortsetzen noch vollenden kann. Daher unterbricht er oft sein Studium, um vor dem eucharistischen Heiland im Tabernakel die Schwierigkeiten auszubreiten, die sein Verstand nicht zu bewältigen vermag. Er selbst bekennt, durch Gebet und Frömmigkeit finde man in der Theologie die Lösung mancher Schwierigkeit leichter als durch Studium. Nicht als ob er in seinen theologischen Untersuchungen sich auf Privatoffenbarungen stützte, auf mystische Erkenntnisse, nein, er nimmt seine Zuflucht zum Gebet, um vor Gott Erleuchtung und Stärkung des Verstandes zu erflehen.

Dennoch ist Albert auch aufgestiegen zu der Höhe mystischer Beschauung, in der ihm aus seiner rückhaltlosen Hingabe an Gott in der Liebe die Geheimnisse des Allerhöchsten offenbar wurden. Er hat sehr wohl um diese wundersame Quelle göttlicher Erkenntnisse gewußt, die nicht durch mühsames theologisches Studium erschlossen wird, sondern allen offensteht, die in Demut und Selbstentäußerung sich Gott nahen und in vollkommener Liebe ihn umfangen. Er sprach einmal: »Will man fragen nach den Geheimnissen Gottes, so frage man nach dem ärmsten Menschen, der auf Erden weilt und der mit Freuden arm ist aus Liebe zu Gott; der weiß von Gottes Geheimnissen mehr denn der weiseste Gelehrte auf Erden.« So spricht der große Theologe, der die dialektische Methode mit aller Schärfe auf die Gotteswissenschaft angewandt hat und selbst zu den größten Theologen gerechnet wurde. Nicht der Verstand allein führt zur Erkenntnis Gottes, nicht der Theologe allein dringt vor in die Geheimnisse der Dreifaltigkeit, eine viel lebendigere Erkenntnis Gottes strömt dem Menschen zu, der Gott vollkommen liebt. Seine besten und stärksten theologischen Schriften hat Albert der Mystik gewidmet, in denen er die Grundlagen für eine solide, sicher schreitende Mystik gelegt hat. Es sind uns keine der gewöhnlichen äußeren Merkmale mystischen Lebens von Albert berichtet, sein intensives Gebetsleben und seine Vollkommenheit des Lebens sind aber Beweis genug, daß er nicht nur mystischer Schriftsteller war, sondern auch persönlich in mystischer Schau mit und aus Gott lebte. Gebet war für ihn die Quelle, aus der er immer wieder neue Kraft schöpfte, die ihn jung erhielt und ihm die Ausdauer verlieh auf den harten Wegen, die Gottes Hand ihn führte.

Wir könnten uns mit diesen Darlegungen über das religiöse Charakterbild Alberts begnügen; denn ein solches Gebetsleben ist der fruchtbare Boden, auf dem alle Tugenden sich wunderbar entfalten. Bei der Universalität der Veranlagung Alberts und bei der Universalität seiner Tätigkeit erscheinen alle Tugenden bei ihm in prachtvoller Harmonie ausgebildet. Berücksichtigen wir jedoch seine reiche seelsorgliche Tätigkeit als Priester und Bischof, als Prediger und Friedensstifter, als Lehrer und Schriftsteller, so möchte man annehmen, daß Klugheit und Gerechtigkeit Albert in ganz hervorragendem Maße ausgezeichnet haben. Ebenso ist es sehr schwer, eine der Gaben des Heiligen Geistes als charakteristisch für ihn hinzustellen. Diese Gaben, die die Seelenkräfte befähigen, den Anregungen des Heiligen Geistes leicht und willig zu folgen, waren Talente, mit denen Albert gewuchert hat. Sie alle finden wir in seinem Leben in voller Entfaltung, einige allerdings in einer Prägnanz, die uns zu der Annahme berechtigt, daß sie Albert in besonders reicher Fülle zuteil geworden sind: die Gabe der Wissenschaft, die ihn befähigt, die Geschöpfe in ihrem Wert für das Streben zu Gott richtig zu beurteilen; die Gabe des Rates, die ein richtiges Urteil in schwierigen Fragen ermöglicht, besonders wenn es sich um das Seelenheil handelt; die Gabe der Weisheit, die die Seele für die Schau Gottes und zur Betrachtung alles Außergewöhnlichen im Lichte der ewigen Wahrheit bereitet.

Die reichen Kräfte, die Natur und Gnade dem heiligen Albert verliehen, haben eine wundersame Entfaltung gefunden in einem langen, mühevollen Leben. Sie sind nicht verborgen geblieben, verschlossen in der Brust des Begnadeten. Die Persönlichkeit Alberts hat hinausgewirkt in die weite Welt, weil er im Dienste der Seelsorge stand. Christliche Vollkommenheit war ihm nicht eine Angelegenheit, die ausschließlich zwischen ihm und seinem Schöpfer spielte. Sein Leben ist die Erfüllung des größten Gebotes, Gott zu lieben aus ganzer Seele, und des gleich großen Gebotes, den Nächsten zu lieben wie sich selbst, zu lieben mit der ganzen Seele eines Priesters, eines Predigerbruders.

Diese Nächstenliebe beginnt im engsten Kreise, der Albert umgibt, im Konvent seiner Brüder, sie offenbart sich auf der Kanzel der Kirche und auf dem Lehrstuhl der Universität, sie feiert ihre Triumphe im Beichtstuhl und im Schiedsgericht. Gewiß hat Albert seine Nächstenliebe auch betätigt in den Werken der leiblichen Barmherzigkeit, soweit es ihm die beschränkten Mittel eines Bettelbruders gestatteten. Sein eigenstes Gebiet aber waren die Werke der geistlichen Barmherzigkeit und die priesterliche Seelsorge. Hier zeigt sich auch wieder die Universalität Alberts. Er beschränkt sich nicht auf die rein priesterlichen Funktionen. Er ist nicht nur am Altar, auf der Kanzel und im Beichtstuhl unermüdlich und vorbildlich tätig, er zieht seinen Wirkungskreis viel weiter und sucht auch die Vorbedingungen für eine fruchtbare priesterliche Seelsorge zu schaffen. Dieses Ziel führt ihn hinaus aus Kloster und Kirche, hinein in die menschliche Gesellschaft und in die Politik. Der Friede unter den Menschen, sozialer und politischer Friede, ist ihm die unumgängliche Voraussetzung für eine gedeihliche Seelsorgsarbeit. Der Friede Christi im Reiche Christi ist die Devise, unter die er seine gesamte soziale und politische Tätigkeit stellt. Dieser Friede drängt ihn zur Übernahme der schwierigen Aufgaben als Schiedsrichter in zahllosen Fällen, er treibt ihn zum Konzil nach Lyon. Albert ist der große Friedensbringer für die Einzelseele und die menschliche Gesellschaft.

Wir dürfen diesen Punkt nicht verlassen, ohne auf die »Sprüche« Alberts hinzuweisen. Diese Sprüche sind in den Sammlungen von Aussprüchen Heiliger und Gottesgelehrter enthalten, die in den Klöstern weit verbreitet waren. Sie werden wohl alle aus Predigten stammen, die Albert vor Klostergemeinden gehalten hat. Wer erwartet, aus diesen Sprüchen tiefe mystische Wahrheiten zu vernehmen, wird enttäuscht sein. Daß man aber gerade diese Sprüche gesammelt hat, ist ein Beweis, daß man in früheren Jahrhunderten Albert nicht nur als Professor und Gelehrten zu würdigen wußte, sondern auch als den großen Weisen. In der Neuzeit haben die Sprüche Alberts durch die Albertitafeln, die in Kirchen aufgestellt wurden, eine große Verbreitung auch unter dem Volk gefunden: »Es sind zwölf guter Stücke. Das erste ist: Wer da gibt einen Pfennig in der Liebe unseres Herrn in diesem Leben, das ist Gott wohlgefälliger und dem Menschen nützer, denn er gäbe nach seinen Tode so viel Goldes und Silbers, als möchte reichen von diesem Erdreich bis an den Himmel. Das andere ist: Wer ein hartes Wort geduldiglich erträgt in der Liebe unseres Herrn, das ist Gott wohlgefälliger, denn daß er zerschlüge auf seinem Rücken so viel Besen, als auf einem ganzen Acker gewachsen sind.

Das dritte ist, daß du dich demütigest vor Gott unter alle Kreatur; das ist Gott wohlgefälliger, denn du gingest von einem Ende der Welt bis an das andere, und deine Fußstapfen wären gerötet von Blut.

Das vierte ist, daß du Gott stete Reue bietest in deiner Seele mit seiner Gnade; das ist Gott wohlgefälliger, denn du renntest von einem Ende der Welt bis an das andere.

Das fünfte ist, daß der Mensch weine einen Tropfen aus lauter Liebe; das ist Gott wohlgefälliger, denn daß du weinest aus Schmerzen einen Bach, so groß wie die Donau.

Das sechste ist: Geh selber zu Gott; das ist dir nützer, denn daß du alle die Heiligen und alle die Engel hinsendest, die im Himmel sind.

Das siebente ist: Verurteile niemand; das ist Gott wohlgefälliger, denn daß du dein Blut vergießest sieben Stunden am Tag.

Das achte ist, daß du empfangest mit Geduld, was Gott über dich verhängt; das ist Gott wohlgefälliger, denn daß du verzückt wirst bis in den dritten Himmel wie Sankt Paulus.

Das neunte ist: Hab' Mitleid mit deinen Mitmenschen; das ist Gott wohlgefälliger, denn daß du speisest so viele Kranken, als in einem ganzen Lande sein mögen.

Das zehnte ist, daß, wenn du heilige Werke und andere reine Tugenden siehst und kennst bei deinem Nächsten, du dich freuest in rechter Liebe; das ist Gott wohlgefälliger, denn daß du mit Gott dich freutest im Himmel.

Das elfte ist, daß du strebst, die Sünder von ihren Sünden zu bringen; das ist Gott wohlgefälliger, als wenn du mit Gott selber im Himmel zu Tische säßest.

Das zwölfte ist, daß du dich selber erkennest und dich selber zu Gott ziehest und bringest; das ist Gott wohlgefälliger, als wenn du die ganze Welt zu den ewigen Gnaden brächtest, du selber aber ewiglich verdammt würdest.«

Die seelsorgliche Tätigkeit Alberts hat aber, wie wir bereits andeuteten, noch eine weitere, wesentliche Ausweitung erfahren. Alberts wissenschaftliche Tätigkeit ist im tiefsten Grunde apostolisch, seelsorglich bestimmt, sie ist herausgewachsen aus der Gabe der Wissenschaft.

Über die wissenschaftliche Bedeutung Alberts brauchen wir eigentlich kein Wort zu verlieren, denn mit dem Namen Albertus Magnus verbindet man gemeinhin den Begriff des überragenden Gelehrten, des Lehrers in allen Wissenschaften. Seine Schriften, die etwa fünfzig Bände in der Größe eines Lexikonbandes füllen, sind das Erbe eines Geistesriesen, wie er in dieser Universalität nicht wieder über diese Erde gewandelt ist. Das Wirken seines Geistes und seiner Lehre über seinen Tod hinaus und bis in unsere Zeit hinein zu schildern, ist nicht Aufgabe einer Biographie; die Stellung, die Albert in der geistesgeschichtlichen Entwicklung des Mittelalters eingenommen hat, habe ich bereits im zweiten Kapitel umrissen. Hier seien nur zwei Fragen beantwortet: Wie haben die Zeitgenossen Alberts über ihn als Gelehrten geurteilt, und welches war seine ethische, sittliche Haltung als Gelehrter?

Wir kennen bereits das schöne Wort von Ulrich von Straßburg, der seinen Lehrer Albert als »das staunenswerte Wunder seiner Zeit« bezeichnete. Wir wissen, daß Albert alle Gelehrten seiner Zeit weit überragte. Der kritiklustige, bissige englische Minorit Roger Bacon, der Albert und den übrigen Gelehrten aus den Mendikantenorden nicht gewogen war, fühlt sich doch zu der Anerkennung gedrängt: »Albert wird von der Masse der

Studenten und von vielen, die für sehr weise gehalten werden, und von vielen guten Leuten — mögen sie auch einer Täuschung zum Opfer fallen — in einer Weise gefeiert, als sei die Philosophie schon den Abendländern vermittelt und in die lateinische Sprache übertragen. Sie ist in meiner Zeit geschrieben und in Paris verbreitet worden, und als Verfasser wird genannt, der sie doch nur zusammengestellt hat. Denn wie Aristoteles, Avicenna und Averroes in den Schulen zitiert werden, so auch er. Er lebt noch und hat in seinem Leben ein Ansehen, wie niemals ein Mensch es in der Wissenschaft gehabt.« An einer anderen Stelle erklärt er: »Das Studentenvolk glaubt, Albert und Alexander von Hales hätten alle Wissenschaft gehabt, und hängt an ihnen, als wenn sie Engel wären. Denn diese beiden werden in Disputationen und Vorlesungen wie die großen Autoritäten zitiert, am meisten jener Albert, der noch lebt und in Paris im Rufe eines Lehrmeisters steht und an der Universität zitiert wird als Autorität.« Man muß hier berücksichtigen, daß die Gelehrten in ihren Schriften fast nie lebende Zeitgenossen mit Namen nannten. Erst recht nicht führten sie die Schriften eines lebenden Gelehrten zum Beweis ihrer eigenen Thesen an. Bei Albert aber machte man eine Ausnahme und stellte ihn als Autorität gleichberechtigt neben die großen Philosophen Aristoteles und Plato und die arabischen Größen. Die Jahrzehnte nach dem Tode Alberts haben immer wieder mit den höchsten Lobeserhebungen den großen Meister von Köln gepriesen. Ein Chronist preist ihn als »die lichtvolle Fackel auf einem Leuchter im Hause des Herrn, die die Finsternis vertreibt und wie der Morgenstern mit seiner Fülle leuchtet«. Heinrich von Herford nannte ihn »aller Philosophen der ganzen Christenheit glänzendste Sonne«. Bei den Arabern und Juden sprach man von Albert als »dem Weisen und Philosophen der Abendländer«.

Albert hat alle Gebiete des Wissens erforscht. Man nannte ihn »groß in der Naturwissenschaft, größer in der Philosophie, am größten aber in der Theologie«. Sämtlichen Wissenschaften hat er umfangreiche Schriften gewidmet, ausgenommen die Jurisprudenz, was sehr bezeichnend ist. Man könnte nun fragen, wie es sich mit dem Charakter Alberts als Priester und Predigerbruder vertrage, daß er die gesamte Natur erforscht und beschrieben, daß er die Philosophie eines Heiden so eifrig gepflegt und verbreitet hat. Damit kommen wir zu einem wichtigen charakteristischen Merkmal Alberts.

Die Priesterweihe wird nicht erteilt und ist nicht erforderlich zum Studium der Wissenschaften, selbst nicht der Theologie. Der Priester ist als Priester Spender der Sakramente und Verkünder des Wortes Gottes. Der Predigerbruder war nach der Auffassung des heiligen Dominikus Seelsorger, Prediger, hatte also priesterliche Funktionen. An dieser alten

Auffassung haben die ersten Predigerbrüder streng festgehalten und das Studium der Philosophie abgelehnt, von den Naturwissenschaften ganz zu schweigen. Nun kommt Albert und gilt in der Welt als Philosoph ersten Ranges. Er erforscht die Natur, studiert heidnische Philosophen, trägt sogar die Philosophie in großem Umfange in die Theologie hinein. Wie konnte der Predigerorden eine solche Persönlichkeit in seinen Reihen dulden! Es ist schon richtig, daß Albert auch innerhalb seines Ordens Gegner gehabt hat, die von einer dialektischen Theologie und von Philosophie nichts wissen wollten. Es sind uns mehrere Geschichten überliefert, in denen das Studium der Philosophie verlästert und abgelehnt wurde, und diese Geschichten stehen in dem klassischen Erzählungsbuch der Predigerbrüder, in dem »Leben der Brüder«. Und als Albert in Paris in geradezu beängstigender Weise, wie manche Brüder urteilten, sich der Philosophie hingab, erschien eines Tages einer jener Eiferer und warnte ihn vor den großen Gefahren seiner angeblich gottlosen Beschäftigung. Albert hat den Bruder in liebenswürdiger Weise eines Besseren belehrt. Er hat den Kampf aufgenommen und alles darangesetzt, daß der Orden ihm folgte, die neue Richtung billigte und sogar offiziell in den Ordensschulen einführte. Albert steht am Anfang jener Entwicklung, die den Predigerorden vom rein theologischen Gebiet hinübergeführt zur Sphäre der profanen Geisteskultur und ihm den Ehrentitel eines »Ordens der Wahrheit« eingetragen hat.

Wie kommt Albert zu dieser neuen Einstellung? Albert ist in jeder Hinsicht ein universaler Geist, der aus der Enge der priesterlichen Seelsorge hinausstrebt, ohne sie jedoch geringzuachten oder auch nur zu vernachlässigen. Wie sein Ordensstifter Dominikus forscht er nach den Forderungen seiner Zeit und findet, daß angesichts der gewaltigen geistigen Bewegungen, angesichts der gefährlichen Unruhe, die von der Philosophie her in die Theologie hineingetragen worden war, ein wahrhafter Nachfolger des heiligen Dominikus seine Augen nicht verschließen darf vor der Not, die die Geister bedrückt. Er weiß, daß diese Geistesnot, die Gefahr, durch eine neue Philosophie irre zu werden an der Wahrheit der geoffenbarten Religion, nicht allein von der Theologie her gebannt werden kann. In der Universalität seines Geistes und in der Kraft des Heiligen Geistes durch die Gabe der Wissenschaft wächst Albert hinein in die große Kulturmission, die ihm von der Vorsehung zugedacht war: Alle Wahrheitskeime, die über die ganze Welt verstreut sich bei christlichen und nichtchristlichen Denkern finden, heimzuholen und einzubauen in den Kosmos der Wahrheit; den Nachweis zu führen, daß Philosophie und Theologie, Wissen und Glauben sich in ewiger Harmonie befinden, und so den Geistern jenen Frieden zu bringen, der die Voraussetzung ist für die gläubige Haltung der Gebildeten. Albert wird Naturforscher und Philosoph, um die Gefahren für die Seelsorge, die aus einer Säkularisierung des Geistes drohen, zu bannen und die Einheit der christlichen Geisteskultur zu retten. So ist seine wissenschaftliche Mission apostolisch, seelsorglich bestimmt.

Albert steht also vor uns als eine Persönlichkeit von geradezu wunderbarer Geschlossenheit und Kraft. Seine Universalität ist eine Universalität der Anlagen und Kräfte, eine Universalität der Interessen und Betätigungen, aber diese Universalität ist geordnet durch das entscheidende Lebenselement, den Seeleneifer, ist zusammengehalten durch die mächtige Klammer der Liebe zu Gott und den Seelen. Der Gelehrte Albert und der Heilige und Predigerbruder Albert lassen sich nicht trennen.

INHALT

INHALT

INHALT

und schmückt es aus — Schriftstellerische Tätigkeit — Bischöfliche
Funktionen — Schiedsrichterliche Tätigkeit — Reisen — Albert auf
dem Konzil von Lyon 1274 — Sein Eintreten für König Rudolph von
Habsburg — Über die Reise Alberts nach Paris, wo er seinen Schüler
Thomas von Aquino verteidigt.

Das Testament Alberts — Legende über den Verlust des Gedächtnis-
ses und die Mahnung an den Tod — Vorbereitung auf den Tod — Albert stirbt am 15. November 1280 — Beerdigung durch Erzbischof
Siegfried von Westerburg — Das Grab — Verehrung Alberts — Seine
Heiligsprechung am 16. Dezember 1931.

Die äußere Gestalt Alberts — Natürliche Veranlagung — Tempera-
ment — Die intellektuelle Begabung — Verbindung von spekulativen
und praktischen Anlagen — Albert als Forscher — Willenskraft —
Gemüt — Das religiöse Leben durch den Predigerorden bestimmt —
Der Seeleneifer, die alles beherrschende Tugend — Die Andachten
zum Leiden Christi, zum Altarssakrament und zur Gottesmutter —
Gebet Alberts zu Christus im Altarssakrament — Gebetshaltung und
Demut — Mystik — Tugendleben — Gaben des Heiligen Geistes —
Sprüche Alberts über katholische Lebensweisheit — Die seelsorgliche
Haltung Alberts in seiner Wissenschaft.